Wild

Das große Wildbretkochbuch

Sebastian Dorfmeier

Wildrezepte

Das große Wildbret Kochbuch mit köstlichen Rezeptideen. Inklusive großem Einleitungsteil und Tipps und Trick für die Zubereitung.

Veröffentlicht
1. Auflage: Jänner 2021

Copyright 2020 ©| Sebastian Dorfmeier|
Alle Rechte vorbehalten

Inhaltsverzeichnis

1. Einleitung 1
Für die Perfekte Zubereitung 14
    2.1 WILD RICHTIG LAGERN 14
    2.2 WILDFLEISCH VORBEREITEN 14
3. Wild Cooking 16
4. Hasenrezepte 17
    4.1 Klassischer Hase 17
    4.2 Toskanische Hasen-Sauce und Pappardelle 19
    4.3 Hase Krishna 21
    4.4 Hase nach sardinischer Art 22
    4.5 Bohnen mit wildem Hasen 23
    4.6 Hasencurry 24
    4.7 Hasenpfeffer mit Knödeln 25
    4.8 Deutsches Kaninchen 27
    4.9 Spanischer Eintopf 28
    4.10 Griechischer Haseneintopf. Kouneli Stifado 29
    4.11 Schokoladen geschmorte Hasenkeule auf cremiger Polenta 30
    4.12 Leckerer Hase mit Wein 32
    4.13 Hasenkuchen 33
    4.14 Hase mit schwarzen Johannisbeeren 35
    4.15 Gehackter Hase 36
    4.16 Hase mit Knoblauch und Rosmarin, serviert mit Bruschetta 37
    4.17 Gebratener Wildhase mit Pilzen und Speck 38
    4.18 Nudeln mit Hase und Radicchio 39
    4.19 Hase & Weineintopf 40
    4.20 Geschmorter Hase mit Bratwurst und weißen Bohnen 41
    4.21 Belgischer Hase 43
    4.22 Kompott des Wildhasen 44
    4.23 Hase mit Bohnen und Senf 45
5 HIRSCH 46
    5.1 Hirsch Chili 46
    5.2 Hirsch Koteletts 47
    5.3 Dörre Hirsch 48
    5.4 Einfacher Hirsch für den Slow Cooker 49
    5.5 Griechische Wildsteaks 50

5.6 Gebratene Hirschkeule	51
5.7 Perfekt gebratenes Hirschfilet	52
5.8 Hirschsteak für Anfänger	53
5.9 Gegrilltes Hirschherz mit Paprika	54
5.10 Langsam gekochte Hirschschulter	56
5.11 Würzige Hirschfleischbällchen	58
5.12 Hirtenkuchen aus Hirsch	59
5.13 Hirsch- und Wildpilzeintopf	60
5.14 Hirsch Steak vom Grill mit leckerer Marinade	61
5.15 Hirsch mit Chilli	62
5.16 Wildsteaks vom Hirsch	63
5.17 Leckere Hirschsuppe	64
5.18 Hirsch Auflauf	66
5.19 Wildbret Carbonnade	67
5.20 Wildsteaks mit Bourbon-Sauce	68
5.21 Hirschrezept aus Kuba	69
5.22 Hirschbraten	70
5.23 Geräucherter Wildbraten	71
5.24 Wildbretburger	72
5.25 Mit Speck umwickelte Wildbret Medaillons	73
5.26 Wildbret Lende	74

6 Fasan Rezepte ... 75

6.1 Gebratener Fasan	75
6.2 Geräucherter Fasan	77
6.3 Fasan Cacciatore	78
6.4 Fasan mit Pilzen	79
6.5 Fasanen Nuggets	80
6.6 Gegrillter Fasan	81
6.7 Cranberry Fasan	82
6.8 Geschmorter Zitronenfasan	83
6.9 Fasanentorte	84
6.10 Fasan Phungi	86
6.11 Fasan mit „klebrigen" Fingern	87
6.12 Slow Cooker Fasan mit Pilzen und Oliven	88
6.13 Fasan mit Pesto Pasta	89
6.14 Cremiger Fasan mit Nudeln	90
6.15 Einfacher Fasanenauflauf	91
6.16 Geschmorter Fasan	92
6.17 Panierte Fasanen Nuggets	93
6.18 Mit Äpfeln gefüllte Fasanenbrust in Apfelessig-Pflaumen-Sauce	94

6.19 Fasan mit Kaffeelikörsauce...95

6.20 Sautierter Fasan mit Pfirsich-Balsamico-Sauce...96

6.21 Fasanenfleischbällchen mit Orzo..97

6.22 Fasanenbrust à l'Orange mit getrockneten Aprikosen und Schinken................98

6.23 Fasanenballotine..99

6.24 Fasan, Lauch & Speckkuchen..101

6.25 Gebratener Fasan mit Ricotta & Parmaschinken...102

7 Innereien 103

7.1 Tartar aus Wild Herz..103

7.2 Teuflische Hirschnieren..104

7.3 Giblet Bolognese..105

7.4 Knusprige gebratene Wildentenzungen...107

7.5 Traditionelle Leber nach griechischer Art...108

7.6 Entenleber mit Birnen...109

7.7 Entenherz Tatar..110

7.8 Wildbretpastete...111

7.9 Wildsteak mit Hirschnieren...112

7.10 Hirschherz Katsu..113

7.11 Eingelegte Hirschzunge...114

7.12 Rehherzen..115

7.13 Wildleber mit Reis..116

7.14 Geschmorte Hirschzunge...117

7.15 Geschmorte Hirschzunge...118

7.16 Gebratene Rehnieren..119

8 Kaninchen Rezepte 120

8.1 Kaninchen Cacciatore..120

8.2 Tontopf Kaninchen...122

8.3 Frühlingskanincheneintopf..123

8.4 Gebackenes Kaninchen..125

8.5 Geschmortes Kaninchen..127

8.6 Geschmortes Kaninchen mit Knoblauch..128

8.7 In Buttermilch gebratenes Kaninchen..129

8.8 Griechischer Kanincheneintopf. Kouneli Stifado...131

8.9 Deutscher Kanincheneintopf...132

8.10 Toskanisches Hasen Ragout mit Pappaderelle...133

8.11 Hasencurry..135

8.12 Mit Speck gedünstetes Kaninchen...136

8.13 Weißes Chili Kaninchen...137

8.14 Kaninchen Ragù mit Garganelli...138

8.15 Kaninchen mit Sauce..139

8.16 Geschmortes Kaninchen mit Pflaumen ... 140
8.17 Paniertes Kaninchen ... 142
8.18 Geschmortes Kaninchen mit Karotten ... 143
8.19 Kaninchen mit Schinken aus dem Ofen ... 144
8.20 Kaninchen mit Ananas ... 145
8.21 Kaninchen in Tomatensauce ... 146
8.22 Kaninchen aus dem Ofen mit Apfel & Zimt ... 147
8.23 Gebratenes Kaninchen ... 148
8.24 Bratenkaninchen mit Kartoffeln ... 149
8.25 Kaninchenreis ... 150
9 Wildschwein ... 151
9.1 Geschmorte Wildschweinschenkel ... 151
9.2 Geschmortes Wildschwein ... 153
9.3 Wildschwein Ragu ... 155
9.4 Wildschwein Carnitas mit Jicama-Mango Salsa ... 156
9.5 Crepinettes mit Wildschwein ... 158
9.6 Wildschwein Filet mit Spargelsauce ... 160
9.7 Wildschwein Fleischbällchen mit Quinoa ... 162
9.8 Gebratenes Wildschwein ... 163
9.9 Wildschwein Chile Colorado ... 164
9.10 Ungarische Wildschweinschulter ... 166
9.11 Geschmorter Wildschweinbauch mit knusprigen Yukon-Goldkartoffeln ... 167
9.12 Wildschweinpilz Schweizer Burger ... 168
9.13 Wildschwein aus dem Slow Cooker ... 169
9.14 Wildschweineintopf mit Pastinaken und Pilzen ... 170
9.15 Wildschweineintopf mit Blaubeeren ... 172
9.16 Eber Nachos mit Chipotle Creme ... 173
9.17 Wildschwein Ragu mit Käsepolenta ... 174
9.18 Wildschwein Lakritz ... 176
9.19 Gebratene Wildschweinkeule ... 177
9.20 Wildschweinmedaillons mit eingelegtem Kürbis und püriertem Knollensellerie ... 179
9.21 Wildschweinwurst und Shrimps Jambalaya ... 181
9.22 Wildschweineintopf ... 183
9.23 Wildschwein-Bolognese-Sauce ... 184
9.24 Wildschweineintopf mit Spätzle ... 185
9.25 Wildschwein-Fleischbällchen ... 186
10 Ente ... 188
10.1 Klassische Entenbrust ... 188
10.2 Geräucherte Ente ... 191
10.3 Entenconfit ... 192

- 10.4 Wilde Ente 193
- 10.5 Langsam gebratene Ente 196
- 10.6 Asiatische in Tee geräucherte Ente 198
- 10.7 Ente mit Ahorn-Bourbon-Soße 200
- 10.8 Klassisches italienisches Enten-Ragu 202
- 10.9 Wildreis mit Ente 204
- 10.10 Klassische französische Ente a L'Orange 206
- 10.11 Gebratene Ente mit Frühlingszwiebeln 208
- 10.12 Vietnamesische Entensuppe 209
- 10.13 Chinesische Entenbeine 211
- 10.14 Enten Rillettes 212
- 10.15 Thailändische rote Curry-Ente 214
- 10.16 Deutsche geschmorte Ente 215
- 10.17 Enten Tacos nach mexikanischer Art 216
- 10.18 Leckere Entenbrust 217
- 10.19 Entenherz-Tartar 218
- 10.20 Leicht angebratene Entenleber 219
- 10.21 Gekochte „Maulwurf" Ente 220
- 10.22 Ente mit Orangensauce 222
- 10.23 Rosmarinente mit Aprikosen 223
- 10.24 Enteneintopf 224

11 Reh Rezepte 225
- 11.1 Rehrücken mit Cumberland-Sauce 225
- 11.2 Rehwildsteaks mit karamellisierten Zwiebeln und Pilzen 227
- 11.3 Reh Stroganoff mit Spätzle 229
- 11.4 Filet vom Reh mit Ancho-Sauce 231
- 11.5 Griechisches Souvlaki 232
- 11.6 Rehwild Tartar 233
- 11.7 Äthiopisches gebratenes Rehfleisch 234
- 11.8 Chinesisches Reh und Brokkoli 235
- 11.9 Scharfes Reh mit Chilli 236
- 11.10 Reh Lasagne 238
- 11.11 Rehrücken 240
- 11.12 Rehbraten 241
- 11.13 Reh mit Preiselbeersauce 242
- 11.14 Reh Filet mit Rotweinsoße und Kräuterkartoffelpüree 243
- 11.15 Reh Ragout 244
- 11.16 Reh in Wurzelsauce 245
- 11.17 Reh Keule 246
- 11.18 Geschmorte Rollbraten aus der Rehkeule 247

- 11.19 Rehragout mit Blutorangen 249
- 12 Gämsenrezept 250
  - 12.1 Gämsengulasch 250
  - 12.2 Gams mit grünem Apfel und Spinat 251
  - 12.3 Gamstatr mit Saffron Rositto und Pecorino Käse 252
  - 12.4 Trüffel Fleisch Rollen 253
  - 12.5 Gams mit gesundem Gemüse 254
  - 12.6 Gams mit Truciolotti Paste 255
  - 12.7 Gämsefleischspieße mit Limette 256
  - 12.8 Gämserippen mit Kohl 257
  - 12.9 Gebratenes Gämse Filet mit Auberginen 258
  - 12.10 Gämselende mit Pilzen 259
  - 12.11 Gämsefleisch „Straccetti" 260
  - 12.12 Gämsefleischbälle 261
  - 12.13 Gämse Steak 262
- Nachwort 263

1.Einleitung

Das Wort "Wildbret" kommt aus dem Mittelhochdeutschen und bedeutet "Wildfleisch". In Deutschland bezieht es sich auf das Fleisch aller Wildtiere, die unter die deutsche Jagdgesetzgebung fallen. Dazu gehören hauptsächlich Wildschweine, Rehe und Rotwild, aber auch Feldkaninchen, Fasane und Stockenten. Für jedes Tier gelten unterschiedliche Jagdsaisons, die gesetzlich geregelt sind und vom natürlichen Lebensrhythmus der Tiere abhängen. Obwohl also nicht das ganze Jahr über von allen Tieren frisches Wild erhältlich ist, gibt es während der gesamten Saison mindestens eine Wildart.

Wenn es um Wild geht, sind die Jäger in der Gegend die Personen, mit denen sie zuerst Kontakt aufnehmen sollten. Denn Wild, das Sie von den lokalen Jägern erhalten können, ist immer ein erstklassiges Naturprodukt. Wildfleisch ist natürlich auch im Supermarkt erhältlich. In der Regel handelt es sich jedoch um ausländisches Fechtwild. Das bedeutet, dass die Tiere in ihrer Bewegungsfreiheit eingeschränkt sind und zusätzliches Futter erhalten. Hinzu kommen lange, umweltbelastende Transportwege, da dieses beispielsweise oft aus Neuseeland kommt.

Das Thema „Wildtierhygiene" ist seit langem ein fester Bestandteil der Jagdausbildung. Jäger beobachten das Wild sehr genau und erkennen es, wenn es krank ist. In diesem Fall sollte es natürlich nicht zur Weiterverarbeitung verwendet werden.

Der Jäger selbst untersucht das Wild vor und nach dem Erlegen auf Veränderungen und stellt sicher, dass das Wild hygienisch behandelt wird. Insbesondere Wildschweine werden einer Sonderuntersuchung durch das Distrikt-Veterinäramt unterzogen. Wenn der Jäger das bereits gefällte Wild dem Endverbraucher anbieten möchte, gelten spezielle EU-Vorschriften zur Lebensmittelhygiene.

Auch ein Qualitätssiegel bietet Käufern zusätzliche Orientierung und erleichtert Jägern die Vermarktung. Schließlich wird mit einemsolchen Siegel versichert, dass das Wildfleisch aus der Gegend stammt und von einem Experten inspiziert, zerkleinert und verarbeitet wurde.

Wer sich gesund ernähren will, der isst Wild

Wild ist ein hochwertiges, regionales Lebensmittel, das gut schmeckt, gesund ist und die Umwelt schützt. Es ist gesund, es ist mager, kalorien- und cholesterinarm und besitzt zusätzlich viel an Eiweiß, Vitaminen und Mineralien. Wild eignet sich demnach als leichte Kost, da es gut und leicht verdaulich ist.

Umweltfreundlich ist es, weil Wild im Normalfall keine langen Transportwege hat. Es besteht kein Bedarf an Chemikalien und Medikamenten, wie in der konventionellen Tierhaltung üblich, und die Energiebilanz ist extrem niedrig.

Es gibt also viele gute Gründe, Wild öfter zuzubereiten. In der Vergangenheit war die vorherrschende Meinung, dass das Wild nur für die Feiertage gedacht war. Abhängig von der Schonzeit ist unterschiedliches Wild jedoch das ganze Jahr über erhältlich.

Die Saisonzeiten von Wild im Überblick

	Rotwild	Rehwild	Gams	Wildschwein	Hase	Wildkaninchen	Fasan	Wild-Ente
Jan	✓	✓		✓*		✓	✓	✓
Feb						✓		
Mär								
Apr								
Mai	✓	✓						
Jun	✓	✓						
Jul	✓	✓	✓					
Aug	✓	✓	✓	✓				
Sep	✓	✓	✓	✓				✓
Okt	✓	✓	✓	✓	✓	✓	✓	✓
Nov	✓	✓	✓	✓	✓	✓	✓	✓
Dez	✓	✓	✓	✓	✓	✓	✓	✓

* Frischlinge können ganzjährig erlegt werden

Hirsch

Rotwild besitzt ein fettarmes, festes, eher dunkles Fleisch und begeistert viele Wildfleischliebhaber.

Charakteristika:

Wildarten, bei denen die Männchen ein Geweih tragen, das sich jedes Jahr erneuert, gehören zur Familie der Hirsche, insbesondere sind das. Rehe, Rentiere, Rothirsche, Damhirsche und Elche. Unterschiede gibt es in der Größe sowie auch in der Struktur des Fleisches. In diesem Abschnitt wird sich auf den Rothirsch bezogen, da es sich hierbei um die größte einheimische Hirschart und eine der häufigsten Hirscharten der Welt handelt.

Die Rothirsche leben, anders als Rehe, in Rudeln zusammen und gehören zur Gattung der Edelhirsche, fachgerecht auch Cervus genannt. Ihre Haupt-Jagdsaison beginnt im August und endet im Januar.

Im ausgewachsenen Stadium erreichen männliche Rothirsche eine Schulterhöhe von 120 cm - 150 cm. Ihr Gewicht liegt zwischen 100 kg - 300 kg, im Schnitt also mehr als doppelt so viel wie Hirschkühe, die meist zwischen 70 kg - 100 kg wiegen. Kälber hingegen erreichen ein Gewicht von 30 kg - 70 kg.

Rothirschmännchen tragen ab dem Alter von zwei Jahren ein Geweih, das mit zunehmendem Alter länger und stärker wird.

Einkauf und Lagerung:

Beim Kauf von frischem Wildfleisch muss darauf geachtet werden, dass das Fleisch nicht schwärzlich verfärbt ist und die Oberfläche nicht glänzt. Sollte das Fleisch beim Jäger erworben werden und eine minderwertige Qualität aufweisen, kann die Beschwerde direkt beim Jäger selbst abgegeben werden. Dies ist beim Kauf im Supermarkt meist nicht möglich, denn die Beschwerden werden von den Supermärkten nicht an den Jäger selbst weitergegeben, sondern an die Lieferanten, die das Fleisch für den Supermarkt weiter aufbereiten.

Frisch gekauftes Fleisch kann bis zu drei Tage im Kühlschrank bei einer Temperatur von etwa 7°C aufbewahrt werden, danach muss es verarbeitet werden. Gefrorenes Fleisch ist bis zu 12 - 16 Monate haltbar.

Der große Vorteil von Tiefkühlfleisch ist, dass es nicht so schnell verdirbt. Das Mindesthaltbarkeitsdatum sollte beim Kauf allerdings mindestens noch acht Wochen in der Zukunft liegen. Es ist auch wichtig zu wissen, dass die Jagdsaison für Hirsche in der südlichen Hemisphäre eine andere ist als bei uns in Europa, sie findet dort von Februar bis Mai statt. Aus diesem Grund muss die Herkunft von Wildfleisch auch auf der Verpackung angegeben werden.

Verwendung:

Der Rothirsch hat ein dunkles, rötlich-braunes, mageres Fleisch mit einer robusten Struktur und langen Fasern. Das zarte und feinkörnige Fleisch von Jungtieren wird in der Küche sehr geschätzt - insbesondere von Hirschkälbern und einjährigen Tieren.

Hals: Dieser kann in seiner Gesamtheit geschmort werden. Wenn die Halswirbel gelöst sind, können sie als Ragout zubereitet oder gebraten werden.

Schulter: Vom älteren Rothirsch, ausgelöst und in Stücke geschnitten, eignet sich die Schulter sehr gut zum Schmoren, kann aber auch für Farcen verwendet werden. Schultern von jüngeren Tieren können ganz oder in Stücken geröstet werden.

Rücken: Dies ist der edelste Teil des Hirsches. Das Fleisch ist fest, aber - besonders bei jüngeren Tieren – noch sehr zart. Er kann ganz gebraten werden, mit oder ohne Fettschicht. Häufig werden auch die beiden Rückenfilets entfernt und ganz im Ofen oder in der Pfanne gebraten. Eine weitere Methode ist über die Fasern das Fleisch in Medaillons zu schneiden und auf beiden Seiten kurz backen oder auf den Grill zu legen.

Rippen: Das losgelöste Fleisch eignet sich sehr gut für Gulasch, Ragout oder Rollbraten. Am besten findet es seine Anwendung allerdings im Kochen von einer würzigen Brühe aus den Knochen.

Keule: Wie der Rücken ist auch die Keule eines der besten Stücke, die der Hirsch zu bieten hat. Die Keule eines erwachsenen Rothirsches wiegt etwa 15 kg und ist daher in der Regel zu groß, um im Ganzen zubereitet zu werden, weshalb sie gewöhnlich zerlegt wird. Hirschfleisch aus dem Unterschenkel wird für Ragouts oder Gulasche verwendet. Er eignet sich sehr gut zum Braten, beispielsweise für kleingeschnittene Schnitzel. Zusätzlich eignet sich auch die Nuss hervorragend zum Braten, sie kann aber auch zu Steaks verarbeitet werden.

Reh

Rehe sind wahrscheinlich das beliebteste Wild. Es hat eine fein fasrige Struktur, ist dunkelrot in der Farbe und sehr aromatisch im Geschmack.

Charakteristika:

Die Rehe gehören zur Familie der Hirsche. Sie sind Einzelgänger, leben aber manchmal auch in kleinen Gruppen. Im Winter sind sie dann in Verbänden anzutreffen. Das Reh ist fast überall in Europa und Kleinasien anzutreffen, nur auf den Inseln im Mittelmeer, auf dem Peloponnes und in Irland ist es "verschwunden", da es sehr stark bejagt wird. In diesem Land stammt das zum Verkauf angebotene Rehfleisch hauptsächlich aus heimischen Jagdrevieren. Die Haupt-Jagdsaison ist von Mai bis Januar, wobei es zur Weihnachtszeit seine Hochsaison hat.

Die Schulterhöhe kann von 60 cm - 90 cm hoch werden. Das männliche Tier (Rehbock) wiegt im Durchschnitt 15 kg - 30 kg, das weibliche Tier (Ricke) mit 13 kg - 22 kg ein bisschen weniger. Die Kitze wiegen normalerweise zwischen 8 kg - 14 kg. Die "Hörner" des Rehbocks sind, wie bei allen Hirscharten, Geweihe, die jährlich abgeworfen werden.

Einkauf und Lagerung:

Auch beim Kauf von Wildfleisch muss darauf geachtet werden, dass das Fleisch nicht schwärzlich gefärbt ist und die Oberfläche nicht glänzt.

Frisches Rehfleisch kann bis zu drei Tage im Kühlschrank aufbewahrt, danach muss es verarbeitet werden. Gefrorenes Rehfleisch ist 12 - 16 Monate haltbar.

Tiefgekühltes Fleisch hat den großen Vorteil, dass es langsamer verdirbt. Auch hier sollte beim Kauf das Mindesthaltbarkeitsdatum mehr als acht Wochen in der Zukunft liegen.

Verwendung:

Das kurz fasrige Fleisch der Rehe ist mager rötlich braun und kann vielseitig verwendet werden.

Besonders die Keulen und der Rücken lassen sich in vielen Variationen zubereiten. Jungtiere bis zu einem Jahr sind in der Küche besonders beliebt. Das kernige Fleisch von älteren Tieren wird größtenteils geschmort.

Rehschulter: Nachdem die Haxe gelöst wurde, wird die Schulter oft im Ganzen geschmort oder gebraten. Das Fleisch eignet sich aber auch sehr gut für feine Ragouts, Terrinen und Pasteten.

Rippen und Bauchlappen: Besonders Ragouts werden mit den Rippen und Bauchlappen hergestellt. Das Fleisch kann jedoch auch aus den Rippen entfernt und zu einem gerollten Braten verarbeitet werden. Selbst die Knochen können zur Herstellung von Wildfond dienen.

Rücken: Das edelste Stück Fleisch des Rehs ist der Rücken, der als Ganzes klassisch gebraten wird. Aus den losen Rückenfilets lassen sich fantastische Medaillons zum Braten, Grillen oder Pochieren machen. Darüber hinaus sind die feinen Rehrückenfilets eine grandiose Garnierung für Pasteten und Terrinen.

Keule: Das Schmoren oder Braten der Keulen, ob als Ganzes oder in Teilen, ohne Knöchel und Schlossknochen ist eine beliebte Variante der Zubereitung. Der obere und untere Teil kann aber beispielsweise auch als Steak zubereitet werden.

Gams

Der Gams ist in den Alpen weit verbreitet deshalb allerdings auch nicht einfach zu jagen. Das dunkle, saftige und durch sein aromatisches Fleisch, von jüngeren Tieren und Kitzen ist in der Küche sehr beliebt.

Charakteristika:

Die Rupicapra besteht aus mehreren regional unterschiedlichen Unterarten der Gämse und der Pyrenäen-Gämse. Beide Tierarten gehören zur Gattung der Hornträger und zur Unterfamilie der Ziegenarten. Ihr Lebensraum sind die Hochgebirge sowie auch Mittelgebirge Europas und in Kleinasien.

Der ziegenartige, stämmige, kräftige Gams erreicht eine Schulterhöhe zwischen 70 cm - 85 cm. Die Böcke wiegen 30 kg - 50 kg, Geiße sind etwas leichter mit 25 kg - 40 kg und Kitze wiegen im Durchschnitt12 kg - 18 kg. Beide Geschlechter tragen Hörner auf einem Knochenzapfen, deren Jahresringe das genaue Alter der Tiere anzeigen. Die Hörner werden normalerweise in den ersten fünf

Jahren trainiert, später wachsen sie nur langsam. Die Farbe ihres Fells ändert sich zweimal im Jahr, im Sommer ist es rotbraun, im Winter wird es dunkel oder schwarzbraun. Der dunkle Streifen auf dem Rücken ist bei den Böcken im Winter besonders lang, die bis zu 25 cm langen Haare bilden den sogenannten Gamsbart.

Einkauf und Lagerung:

Beim Kauf von Gamsfleisch ist es wichtig, dass es nicht schwärzlich gefärbt ist und die Oberfläche nicht metallisch funkelt.

Frisches Fleisch kann man bis zu drei Tage im Kühlschrank aufbewahren, danach muss es verarbeitet werden. Gefrorenes Gamsfleisch ist bis zu zwölf Monate haltbar.

Tiefgekühltes Fleisch hat den Vorteil, dass es länger hält und nicht so schnell verdirbt Das Mindesthaltbarkeitsdatum sollte zum Zeitpunkt des Kaufs mindestens acht Wochen entfernt sein.

Verwendung:

Das Gamsfleisch ist dunkel und sehr aromatisch, kann aber etwas fettig (talgig) sein. Das Fleisch von jüngeren Tieren schmeckt weniger streng und ist zarter als Rindfleisch. Wenn es von älteren Tieren stammt, ist es manchmal zäh, schmeckt etwas nüchtern und wird deshalb oft zur Zubereitung in Beize gelegt.

Hals: Der Hals wird oft für aromatische Brühen und Suppen genutzt, weniger ausgelöst kann er aber auch für Ragout verwendet werden.

Schulter: Wenn die Schulter samt Knochen geschmort wird, kann daraus ein saftiger Braten oder ein knochenloses Ragout zubereitet werden. Auch für Farce oder Hackfleisch ist die Schulter gut geeignet.

Rücken: Ähnlich wie die Schulter, kann auch der Rücken mitsamt den gebraten werden. Wenn die Rückenfilets von den Knochengelöst werden, ergeben sie auch einen feinen Braten. Für die Zubereitung in Medaillons kann das Fleisch im rechten Winkel zu den Fasern geschnitten und dann durch Braten oder Grillen weiter zubereitet werden.

Keule: Aufgrund der Größe wird die Keule oft entbeint und zum Braten in einzelne Teile geschnitten. Diese können auch für Steaks für Kurzgebratenes verwendet werden.

Haxe: Die Haxe wird normalerweise für Fonds verwendet.

Wildschwein

Das feine Fleisch von Jungtieren und Überläufern wird bevorzugt. Denn das Fleisch älterer Tiere ist meistens trocken und zäh.

Charakteristika:

Reinrassige Wildschweine leben in Europa, Nordafrika und Asien. Die anzutreffenden Tiere in anderen Gebieten, wie Australien oder den Philippinen, stammen von Hausschweinen ab, die in die freie Wildbahn entlassen wurden. Das Wildschwein gilt als der Vorfahre des Hausschweins, variiert jedoch erheblich von der Qualität des Fleisches sowie im Aussehen. Obwohl der Fettgehalt höher ist als bei anderem Wild, ist das Fleisch von Wildschweinen magerer und fester strukturiert als das von Hausschweinen.

Einkauf und Lagerung:

Als Voraussetzung für gutes Fleisch ist der Indikator, dass es nicht schwärzlich gefärbt ist und die Oberfläche nicht metallisch glänzt. Außerdem ist wichtig, dass das Wildschweinfleisch keinen unangenehmen Geruch besitzt. Wenn das doch der Fall sein sollte, bedeutet es, dass es während der Brunftzeit gejagt wurde. Die dadurch entstehenden geschlechtsspezifischen Gerüche machen, das Fleisch ungenießbar.

Frisches Wildschweinfleisch kann man bis zu drei Tage im Kühlschrank aufbewahren, danach muss es aber verarbeitet werden.

Wildschweinfleisch ist natürlich auch gefroren erhältlich. Hier ist allerdings Vorsicht geboten, denn das Mindesthaltbarkeitsdatum sollte nicht länger als vier Wochen in der Zukunft liegen. Aufgrund des hohen Fettgehalts kann tiefgekühltes Wildschweinfleisch schnell ranzig werden. Wenn Sie Wildfleisch selbst einfrieren möchten, müssen Sie zunächst alles oberflächige Fett entfernen, damit es während der Einfrierphase nicht ranzig wird. Das eingefrorene Fleisch sollte nicht länger als sechs Monate im Tiefkühlfach verharren.

Verwendung:

Das Fleisch des reinrassigen Wildschweins ist dunkelrot, aromatisch und saftig. Das Fleisch junger Tiere ist bei Kennern begehrt, da es sehr zart sind. Je älter das Wildschwein, desto zäher ist das Fleisch, sodass die Wahl des Gargrades nicht zuletzt eine Frage des Alters bleibt. Fleisch von Tieren über fünf Jahren sollte nurmehr geschmort werden.

Wenn Jungtiere nicht schwerer als 20 kg sind, können sie im Ganzen gebraten oder gegrillt werden.

Nacken: Der Nacken, auch als Träger bezeichnet, wird wegen seines kurzfaserigen, saftigen Fleisches als Braten oder Schmorbraten geschätzt. Außerdem eignet es sich sehr gut zum Braten oder Grillen von Steaks. Wenn es frisch verarbeitet wird, kann es eine dünne Fettschicht auf dem Fleisch hinterlassen.

Rippen: Wenn das Fleisch entlang des Küstenbogens von den Knochen getrennt wird, eignet es sich ausgezeichnet für Ragouts und Rollbraten.

Schulter: Die Schulter ist ideal für das Braten oder die Zubereitung von Ragouts oder Gulasche. Es ist auch das richtige Stück für Wildschwein-Hackfleisch. Aus den entbeinten Knochen lässt sich am besten eine kräftige Wildbrühe kochen.

Rücken: Der Rücken wird im Ganzen geröstet oder gedämpft. Als T-Bone Steak geschnitten, ist es auch zum Schmoren und Grillen geeignet.

Filets: And der Unterseite des Rückens werden Filets gelockert. Sie sind ausgezeichnet zum Braten oder auch für Medaillons geeignet. Äußerst beliebt ist auch das Räuchern von Filets.

Keule: Kleine Keulen werden meist mit den Knochen gebraten, größere Keulen werden für gewöhnlich ausgebeint. Koteletts oder Steaks können zum Braten oder Grillen aus der Ober- und Unterschale sowie aus der Nuss herausgeschnitten werden. Der äußerst zarte und bekannte Wildschweinschinken stammt ebenfalls von der entbeinten, parierten und abgebundenen Keule.

Haxe: Zum Schmoren oder für deftige Eintöpfe ist die Haxe ideal. Außerdem kann die Haxe des Wildschweins auch - mit Gemüse und Kräutern verfeinert - zur Zubereitung einer kräftigen Wildbrühe verwendet werden.

Innereien: Die Leber wird in der Regel gebraten, das Herz wird geschmort und zu einem Ragout gemacht. Die Nieren werden in halbiert, 10 - 30 Minuten lang mit Wasser besprüht und dann gebraten oder gedünstet.

Hase und Wildkaninchen

Bei Hasen, bis zum Alter von acht Monaten, ist das Fleisch rot und von besserer Qualität als das dunkelrote Fleisch älterer Tiere. Es hat einen ausgeprägten artspezifischen Geschmack. Wildkaninchenfleisch ist fein rosa und hat einen etwas süßlichen Geruch, der sich vom Kaninchenfleisch unterscheidet. Die Zubereitung ist identisch mit der von Kaninchen. Es hat jedoch eine kürzere Kochzeit.

Charakteristika:

Im ausgewachsenen Zustand kann ein bis zu fünf kg wiegen, wird aber am besten im jungen Alter von drei bis acht Monaten gejagt. Da nicht sicher ist, wo der Hase seine Mahlzeiten eingesammelt hat, lautet die Empfehlung: Es ist besser, keine Innereien zu essen, besonders weil diese schädliche Stoffe aus Wald und Feld enthalten könnten.

Einkauf und Lagerung:

Einheimische Hasen sind von Oktober bis Januar erhältlich. Die Zahl der Wildkaninchen in unserem Land nimmt jedoch ab, sodass oft Tiere aus anderen Ländern (beispielsweise Argentinien) angeboten werden - und im Wild- und Geflügelhandel geschieht dies oft das ganze Jahr über.

Das Filet hat rötlich-braunes, sehr aromatisches fruchtiges Fleisch. Es sollte saftig und frisch sein, einen matten Glanz ohne dunkle Flecken oder Ränder aufweisen und nicht zu stark nach Wild riechen. Frisch ist am besten und es sind auch einige gute Tiefkühlprodukte erhältlich.

Zu Hause sollten die Kaninchen sofort ausgepackt und in eine zugedeckte Porzellanschüssel in den kältesten Teil des Kühlschranks gelegt werden. Dieser befindet sich direkt über den Aufbewahrungsboxen für Gemüse. Auf diese Weise bleibt das Fleisch ein bis zwei Tage lang frisch. Bei längerer Aufbewahrungszeit sollte das Fleisch mariniert werden.

Verwendung:

Um zu verhindern, dass das magere Fleisch während des Kochens austrocknet, ist es möglich, die zarten Teile wie den Rücken mit einer Speckschicht zu schützen, die nach dem Braten im Abfall landet. Die Italiener und Franzosen haben uns gelehrt wie Kaninchen zu braten sind: mit viel Gemüse in einer feinen Sauce.

Damit alles schön und saftig bleibt, sollte der Händler den Hasen in kleine Stücke schneiden. So nimmt es beim Kochen genügend Flüssigkeit auf und kann gar nicht erst trocken werden.

Rücken und Beine: Am besten werden Rücken und Beine in einer fruchtig-würzigen (Sahne-) Sauce gebraten.

Schulter und Rippen: Für Ragouts eignen sich besonders Schulter und Rippen, aber auch die Bauchlappen können zu einem hervorragenden Ragout zubereitet werden.

Filet: Für das Zubereiten von Filets wird das magere Fleisch aus dem Rücken genutzt und der Fettstreifen reichlich gewürzt. Dies eignet sich sehr gut für Saucen.

Fasan

Das Fleisch des Fasans ist am zartesten während der Jagdsaison. Feinschmecker stufen das Fleisch von Hähnen höher ein als das von Hühnern, obwohl das Fleisch der Hühner im Allgemeinen zarter ist als das von Hähnen. Das Fleisch von älteren Fasanen ist, im Gegensatz zu dem von Jungtieren, meist trocken und sehr zäh, hat aber einen Eigengeschmack und wird daher oft für Brühen und Suppen verwendet.

Charakteristika

Der Fasan hat den Ursprung in Zentralasien und wurde wahrscheinlich von den Römern nach Europa eingeführt. Die Männchen besitzen ein buntes Gefieder, währenddessen das der Hühner einfarbig braun ist. Junge Fasane haben zudem einen kegelförmigen und stumpfen Sporn, ältere Hähne haben im Gegensatz dazu einen spitzen und langen Sporn. Ab dem 18. Jahrhundert wurden die Vögel auch in Deutschland gehalten, um sie für die Jagd freizulassen. Auch heute noch werden die meisten Tiere speziell für diesen Zweck gezüchtet. Eine der wichtigsten Fasanenarten ist der Jagdfasan, der Ringhalsfasan und der Mongolische Fasan. Hähne werden bis zu 85 cm groß, Hühner deutlich kleiner mit etwa 60 cm. Als Delikatesse gelten Jungtiere, die zwischen 700 g – 1300 g wiegen. Ältere Tiere können 1000 g – 1500 g schwer werden.

Einkauf und Lagerung:

Fasane und Fasanenbrüste sind frisch bei Wild- und Geflügelhändlern erhältlich, aber auch tiefgefroren. Das Fleisch ist sehr reich an Nährstoffen wie Eisen, Kalzium, Phosphor und B-Vitamine. Wichtig beim Kauf zu beachten ist, dass das Fleisch nicht schmutzig ist oder einen faulen Geruch hat.

Frisches Fasanenfleisch hält sich wie anderes Wild ein bis zwei Tage im Kühlschrank. Tiefkühlware darf ungefähr drei Monate in der Kühltruhe gelagert werden.

Verwendung

Das dunkelrote, magere Fleisch mit einem feinen, milden Wildgeschmack ist charakteristisch für den Fasan. Fasane können – unter Anderem gefüllt – im Ofen oder in der Pfanne angebraten werden, wobei sich Vögel bis zu einem Jahr am besten dafür eignen. Das Fleisch älterer Vögel ist oft zäh und daher besser für Pasteten und Suppen geeignet.

Um beim Braten vor dem Austrocknen zu schützen, hilft eine Schicht Speck.

Rotkohl, Kroketten, Serviettenknödel, Pfifferlinge, Trüffel, Weintrauben, Kastanien, Hagebutten Sauerkraut passen alle ausgezeichnet als Beilagen. Weißwein oder ein guter Sherry kann auch dazu getrunken werden.

Wildente

Wildenten liefern aromatisches mageres und dunkles Fleisch. Ältere Enten sind meist zäher als Jungtiere, die mit je fast einem Kilogramm Gewicht für zwei Portionen vollkommen ausreichen.

Charakteristika:

Die bekanntesten Wildenten sind Stockenten. Dies liegt wahrscheinlich daran, dass sie zu den am meisten vertretenen Wildenten in unserem Land gehören. Es gibt keine Qualitätsunterschiede zwischen Enten und Erpel, aber es gibt Unterschiede zwischen jungen und alten Vögeln. Junge Enten haben noch sehr dünne Schwimmhäute, die leuchtend orangefarben sind.

Das Idealgewicht bei Jungtieren liegt bei 1500 g – 2000 g, wobei der Fettanteil unter der Haut ausschlaggebend für ein gutes Gericht ist.

Die fliegende Ente, die der beliebteste Vertreter der Barbarie-Ente ist, besitzt aufgrund der starken Flugmuskeln allerdings mehr Brustfleisch und weniger Fett. Sie sind besonders in der klassischen und neuen französischen Küche so beliebt. Eine Besonderheit ist die Pekingente, die nicht nur den Namen eines chinesischen Gerichts trägt, sondern auch der Name der häufigsten und fettesten Entenart unter den Haus- und Baumenten ist.

Einkauf und Lagerung:

Gute Enten kommen aus "Freilandhaltung", frisch vom Landwirt, Markt oder Metzger. Sie haben eine straffe, helle Haut und einen weichen bis leicht flexiblen Brustbeinfortsatz an der Vorderseite. Flecken, Risse oder Stoppeln und eine allgemein erschlaffte Haut sind bei Enten nicht üblich und weisen demnach auf einen Mangel an Qualität hin, der meist durch ein Gefrierbrand wegen falscher Verpackungsweise entstanden ist.

Frisches Geflügel, ganz gleich, ob Brust, Keule oder ganzer Vogel sollte nicht länger als zwei Tage im Kühlschrank gelagert werden. Bevor sie im Kühlschrank gekühlt werden, ist es wichtig, vorher die Innereien herauszunehmen und die Enten zu waschen. Getrocknet und zugedeckt oder in Frischhaltefolie eingewickelt werden sie am besten auf einem Rost im Kühlschrank aufbewahrt.

Für die Perfekte Zubereitung

2.1 WILD RICHTIG LAGERN

Die beste Methode, den schnellen Verderb zu unterbinden, besteht darin, das Fleisch einzufrieren. Für gefrorenes Fleisch gelten die jeweiligen Lagerzeiten. Je früher das Produkt jedoch verbraucht wird, umso besser ist dessen Qualität. Gefrorenes Wild lässt wird am besten mit einem Untersatz im Kühlschrank aufgetaut. Die entstandene Flüssigkeit sollte weggeschüttet werden.

Haltbarkeiten bei gefrorenem Fleisch im Überblick

Rotwild	bis zu 12 Monate
Wildschwein	bis zu 5 Monate (das oberflächige Fett vorher entfernen)
Hase	bis zu 8 Monate
Geflügel	bis zu 5 Monate
Herz	bis zu 6 Monate
Leber	bis zu 6 Monate

2.2 WILDFLEISCH VORBEREITEN

BRATEN

Entfernen Sie vor dem Braten die Sehnen und die dünne Haut mit einem Messer vom Fleisch.

Verwenden Sie einen Bräter, um eine gute, gleichmäßige Wärmeverteilung und Bräunung zu erreichen. Größere Stücke, die nicht in die Bratpfanne passen, können einfach in der Fettpfanne des Ofens gebraten werden. Begießen Sie sie regelmäßig mit Bratensaft, Brühe oder Wildfond oder decken Sie sie mit Speckscheiben ab, um das Austrocknen zu vermeiden. Bei Ober- und Unterhitze kann das Wild schön gleichmäßig garen.

Braten in der Pfanne

Ideal für flache Wildfleischstücke (Schnitzel und Medaillons) und für Koteletts. Braten Sie das Fleisch kurz an, reduzieren Sie die Hitze und garen Sie die Stücke fertig.

Braten im Ofen

Geeignet für größere Teile, wie Bein, Rücken oder Schulter. Zuerst wird das Fleisch unter hoher Hitze angebraten, dann wird es bei einer niedrigeren Temperatur gebraten.

POCHIEREN

Kochen Sie das Wild langsam in reichlich Flüssigkeit. Die Kochflüssigkeit sollte nicht sprudeln. Diese Methode eignet sich für zarte Filets, Wildbret Knödel und Wildvögel.

DÄMPFEN

Besonders ernährungsfreundliche und kalorienarme Zubereitung für zarte Stücke, wie beispielsweise aus dem Rücken geschnittene Medaillons, wobei der Geschmack erhalten bleibt.

SCHMOREN

Sehr gut geeignet für das Fleisch von älteren Tieren. Durch Anbraten und häufiges Reduzieren des Bratfetts entsteht ein intensives Aroma.

GRILLEN

Auf dem Grill, am Spieß oder in einer Grillpfanne; zarte, kleinere Stücke von Wildfleisch wie Koteletts, Medaillons oder Spareribs erhalten eine schöne Kruste.

RÄUCHERN

Für geräucherte, zarte Filets vom Rücken oder für Brust und Keulen.

WÜRZEN

Kräuter und frische Gewürze geben dem Wildfleisch das gewünschte Aroma und betonen den Eigengeschmack.

Wacholderbeeren, Lorbeerblätter, Thymian und Rosmarin sind besonders gut dafür geeignet.

3. Wild Cooking

Das Wild Cooking Team besteht aus vier Leuten, die eine gemeinsame Leidenschaft zum Kochen entwickelt haben.

In unserem Buch wollen wir euch unser Wissen weitergeben und den Spaß am Kochen. Wir legen einen hohen Stellenwert auf Qualität wir wollen nicht nur den Spaß am Kochen wecken, sondern auch auf die wilde unberührte Natur aufmerksam machen die das Erlebnis im freien erst so einzigartig macht. In diesem Sinn wünscht euch das Wild-Cooking Team viel Spaß beim Nachkochen und Guten Appetit.

Warum wir keine Bilder verwenden

Bevor ihr Kritik übt bzw. unsren Buch schlechte Rezensionen gebt, wollen wir euch erklären warum wir keine Bilder verwenden.

Die meisten Kochbücher Illustrieren ihre Bücher mit Hochglanzfotos die Lust auf die Gerichte machen sollen. Aber für solche Kochbücher werden zum Teil 30 Euro oder mehr verlangt. Wir wollen euch ein gutes Kochbuch zu einem günstigen Preis anbieten des Weiteren wollen wir Druckkosten und somit auch auf die Umwelt und Nachhaltigkeit schauen. Ich hoffe ihr bringt Verständnis für unsere Überlegung mit und habt trotzdem viel Spaß am Kochen bei unseren Rezepten.

Inhalt

4. Hasenrezepte

4.1 Klassischer Hase

Zutaten

1 Hase

Blut des Hasen, gemischt mit etwas Rotweinessig (optional)

2 Karotten, gerieben

2 Selleriestauden, gehackt

1 große Zwiebel, gerieben

3 Lorbeerblätter

1 Esslöffel getrockneter Thymian

1 Esslöffel gehackter frischer Rosmarin

30 ml Brandy

1 Flasche Rotwein

Mehl zum Abstauben

120 g Speck oder Pancetta

5 Esslöffel Entenfett oder Butter

30 g getrocknete Pilze

1 Esslöffel Zucker

1 Teelöffel Quatre Epices

60 ml Brühe

120 g frische Pilze

1 Zwiebel, in Scheiben geschnitten

1 Esslöffel Sahne

1 Esslöffel gehackte Petersilie

Salz und schwarzer Pfeffer

Zubereitung:

1-2 Tage marinieren

1 Den Brandy und den Wein in einen Topf geben und zum Kochen bringen. Lassen Sie dies einige Minuten kochen, damit der größte Teil des Alkohols verdampft. Schalten Sie dann die Hitze aus.

2 Schneiden Sie den Hasen in große Stücke: Hinterbeine, Vorderbeine, Schulter in mehrere Abschnitte - fühlen Sie zwischen den Wirbeln nach Stellen, an denen Sie mit einem Hackmesser oder einem schweren Messer hacken können. Leicht salzen.

3 Während die Wein-Brandy-Mischung noch warm ist, gießen Sie sie in einen Behälter, der groß genug ist, um den Hasen aufzunehmen. Fügen Sie die Zwiebel, die Karotte und den gehackten Sellerie sowie den Rosmarin, die Lorbeerblätter und den Thymian hinzu. Gut mischen.

4 Wenn die Weinmischung Raumtemperatur hat, fügen Sie die Hasenstücke hinzu. Decken Sie diese ab und lassen Sie es einen oder sogar zwei Tage im Kühlschrank marinieren.

Zubereitung:

5 Fügen Sie die Pancetta oder den Speck und das Gemüse hinzufügen. Geben Sie die getrockneten Pfifferlinge, die Quatre-Epices und den Zucker hinzu. Stellen Sie sicher, dass alles gleichmäßig verteilt ist.

6 Wenn Sie glauben, dass Sie mehr Flüssigkeit benötigen, fügen Sie die Wild-, Gemüse- oder Rinderbrühe hinzu. Zum Kochen bringen und nach Salz abschmecken bei Bedarf etwas hinzufügen.

7   Abdecken und in den Ofen stellen und 2 1/2 bis 3 Stunden im Ofen lassen.

8   Sobald der Hase zart ist und fast vom Knochen fällt, nehmen Sie ihn vorsichtig aus dem Topf und legen Sie ihn zum Abkühlen beiseite.

9   Während das Fleisch abkühlt, verwenden Sie einen Mixer um die Sauce fein zu mixen. Sie können danach die Flüssigkeit durch ein Sieb abseihen, um Rückstände herauszufiltern. So wird die Sauce Flüssig.

10 Nimm das Fleisch von den Knochen des Hasen. Versuchen Sie, das Fleisch in großen Stücken zu halten und achten Sie darauf, kleine Rippen und dergleichen zu finden. Werfen Sie die Knochen weg.

11 Geben Sie den ab gesiebten, gemischten Eintopf in den Topf zurück und fügen Sie die Chilipaste, die Zwiebel, die Sie in Halbmonde geschnitten haben, sowie die frischen Pfifferlinge hinzu. Zum Kochen bringen, abdecken und 20 Minuten kochen lassen oder bis die Zwiebeln schön weich sind.

12 Die Hasenstücke wieder in den Topf geben. Fügen Sie großzügige Mengen frisch gemahlenen schwarzen Pfeffers hinzu.

13 Wenn der Hase wieder warm ist, schalten Sie die Platte aus. Warten Sie, bis sich die Sauce nicht mehr köchelt. Mit etwas Sahne abschmecken. Dazu passen gekochte Kartoffeln oder Klöße.

Nährwerte:

Kalorien: 240kcal | Kohlenhydrate: 15g | Protein: 5 g | Fett: 5 g

4.2 Toskanische Hasen-Sauce und Pappardelle

Zutaten:

3 Esslöffel Olivenöl

1,5 kg Hasenschenkel

Salz

200 g gehackte Zwiebel

120 g gehackte Karotte

120g gehackter Sellerie

2 Esslöffel Salbeiblätter, gehackt

2 Esslöffel Rosmarin, gehackt

2 Lorbeerblätter

1 Handvoll getrocknete Steinpilze, ca. 1 Unze, gehackt

2 Esslöffel Tomatenmark

2 Esslöffel Rotweinessig

500 g zerkleinerte Tomaten

120 ml Rotwein

Petersilie und geriebener Käse zum Garnieren

Zubereitung:

1. Wenn Sie die Hasen Stücke einweichen müssen, tauchen Sie sie über Nacht in Buttermilch. Hacken Sie sie am nächsten Tag mit einem Hackmesser oder einer Küchenschere in große Stücke. Dadurch kochen sie schneller und fallen leichter vom Knochen. Spülen Sie den Hasen unter kaltem Wasser ab und tupfen Sie ihn mit Papiertüchern trocken.

2. Das Olivenöl in einem großen Kochtopf bei mittlerer bis hoher Hitze erhitzen. Die Hasenstücke gut anbraten. Nehmen Sie sich Zeit und tun Sie dies in Chargen. Lassen Sie die Teile sich nicht berühren, damit sie schön braun werden. Salzen Sie dabei.

3. Wenn das Fleisch gebräunt ist, fügen Sie die Zwiebel, die Karotte und den Sellerie hinzu und kochen Sie unter gelegentlichem Rühren, bis das Gemüse anfängt zu bräunen. Das Fleisch wieder in den Topf geben, dann den Salbei, den Rosmarin, die Lorbeerblätter und die getrockneten Pilze. Gut mischen und eine Minute kochen lassen.

4. Tomatenmark und Wein verquirlen und in den Topf geben. Fügen Sie den Essig hinzu. Stellen Sie die Hitze auf hoch, um alles zum Kochen zu bringen, und fügen Sie dann die Dose mit den zerkleinerten Tomaten hinzu. Gut mischen, die Hitze auf ein Minimum reduzieren bis nur ein paar Blasen an die Oberfläche kommen – abdecken und kochen lassen, bis das Hasenfleisch vom Knochen fällt, ca. zu 3 1/2 Stunden.

5. Wenn das Fleisch zart ist, fischen Sie die Lorbeerblätter heraus und werfen Sie sie weg. Entfernen Sie die Hasenstücke und ziehen Sie das Fleisch von den Knochen. Geben Sie es zurück in den Topf. Etwa 1/3 bis 1/2 der Sauce ausschöpfen und anschließend pürieren. Das Püree wieder in den Topf geben.

6. Mit Nudeln Ihrer Wahl servieren.

Nährwerte

Kalorien: 267kcal | Kohlenhydrate: 15g | Protein: 27 g | Fett: 8 g

4.3 Hase Krishna

Zutaten:

30 g Butter oder Pflanzenöl

1 kg Hasenfleisch Knochen abschneiden und in Stücke schneiden

Salz

200 g Zwiebel

2 Esslöffel gehackter Ingwer

2 Esslöffel gehackter oder Tomatenmark

100 g Naturjoghurt nach griechischer Art ist am besten

400 ml Wasser

2 Lorbeerblätter

1 gehäufter Teelöffel Kurkuma

30 g Madras Curry Paste oder 2 Esslöffel Madras Curry Pulver

1 Esslöffel Garam Masala

30 g gehackter Koriander zum Garnieren

Zubereitung:

1. Erhitzen Sie die Butter in einem breiten Topf (wie einem Soßentopf oder einer hoch seitigen Pfanne mit Deckel) bei mittlerer bis hohe Hitze. Die Hasenstücke mit Papiertüchern trocken tupfen und gut anbraten. Das Fleisch beim Kochen salzen. Nach dem Bräunen in eine Schüssel geben.

2. Fügen Sie die Zwiebel hinzu und braten Sie sie ca. 5 Minuten lang an, bis sie an den Rändern braun wird. Fügen Sie den Ingwer und den Knoblauch hinzu und kochen Sie es eine weitere Minute.

3. Das Fleisch wieder in den Topf geben und Tomatenmark, Wasser, Lorbeerblätter, Kurkuma und Madras-Curry-Paste hinzufügen. Joghurt einrühren und leicht köcheln lassen. Nach Geschmack Salz hinzufügen und 30 Minuten köcheln lassen.

4. Zum Schluss den Garam Masala und den Koriander unterrühren. Mit Reis servieren.

Nährwerte:

Kalorien: 501 kcal | Kohlenhydrate: 13g | Protein: 52 g | Fett: 25 g

4.4 Hase nach sardinischer Art

Zutaten

1-2 Hasen

4 Esslöffel Olivenöl

60 g gehackte Petersilie sowie eine weitere 30 g zum Garnieren

5 Knoblauchzehen, gehackt

1 große Zwiebel, gehackt

30g Kapern

Große Prise Safran

120 ml warmes Wasser, zum Verrühren mit dem Safran

30 ml hochwertiger Rotweinessig

Salz

Zubereitung:

1. Die Hasenstücke gut salzen und 30 Minuten bei Raumtemperatur beiseitestellen. Das Olivenöl bei mittlerer Hitze in einem großen Topf heiß werden lassen. Die Hasenstücke trocken tupfen und im Topf gut anbräunen. Möglicherweise müssen Sie die Hitze auf mittel stellen. Braten Sie das Fleisch in Chargen an. Legen Sie die gebräunten Stücke in eine Schüssel. Das Anbraten kann 30 Minuten dauern.

2. In der Zwischenzeit die Hälfte der Kapern hacken. Lassen Sie Ihr Leitungswasser so heiß wie möglich laufen und füllen Sie ein Glas. Zerdrücken Sie den Safran in der Handfläche und streuen Sie ihn ins heiße Wasser. Dann gut umrühren.

3. Sobald das Fleisch vollständig gebräunt ist, geben Sie es in eine Schüssel. Fügen Sie die Zwiebel hinzu und braten Sie sie an, bis sie braun ist. Fügen Sie den Knoblauch hinzu und kochen Sie ihn 1-2 Minuten lang.

4. Alles in den Topf geben, außer die zusätzliche Petersilie, die Hasenstücke fest einbetten. Wenn die Flüssigkeit nicht mindestens auf halber Höhe der Hasenstücke austritt, fügen Sie etwas mehr Wasser hinzu. Fügen Sie keinen Wein oder Brühe hinzu - es geht darum, hier reine Aromen zu haben. Abdecken und bei schwacher Hitze mindestens 90 Minuten leicht köcheln lassen. Überprüfen Sie das Fleisch nach 2 1/2 Stunden; es sollte fast vom Knochen fallen. Wenn dies der Fall ist, ziehen Sie das Fleisch heraus und ziehen Sie es vom Knochen ab.

5. Mit der zusätzlichen Petersilie in den Topf geben und gut mischen. Schalten Sie die Platte aus und decken Sie in fünf Minuten lang ab. Mit Polenta, Couscous, sardischen Fregula-Nudeln oder mit knusprigem Brot servieren.

Nährwerte:

Kalorien: 243 kcal | Kohlenhydrate: 4 g | Protein: 64 g | Fett: 16 g

4.5 Bohnen mit wildem Hasen

Zutaten:

1 Wilder Hase

3 große Zwiebeln

350g getrocknete Bohnen

3 Lorbeerblätter

Zubereitung:

1. Die Bohnen über Nacht in reichlich Wasser einweichen.
2. Legen Sie die Bohnen in eine Pfanne, um sie mit Wasser zu kochen. Decken Sie die Pfanne nicht zu, da die Verdunstung hilft, die Bohnen sämiger zu machen.
3. Schälen und schneiden Sie die Zwiebeln.
4. Braten Sie den Hasen in einem Bräter in reichlich Öl an dann fügen Sie die Zwiebeln hinzu, bis diese weich sind.
5. Nun geben Sie die Bohnen und die Lorbeerblätter in den Bräter und geben den Bräter zugedeckt für 2 Stunden in den auf 180 Grad vorgezeigten Backofen.
6. Nach der Backzeit aus dem Ofen nehmen. Das Fleisch fällt nun vom Knochen ab.

Nährwerte:

Kalorien: 160 kcal | Kohlenhydrate: 17 g | Protein: 43 g | Fett: 12 g

4.6 Hasencurry

Zutaten

30 g Butter

1 kg Hasenfleisch

Salz

220 g Zwiebel

2 Esslöffel gehackter Ingwer

2 Esslöffel gehackter Knoblauch

300 ml Tomaten in der Dose

120 ml Naturjoghurt nach griechischer Art ist am besten

220 ml Wasser

2 Lorbeerblätter

1 gehäufter Teelöffel Kurkuma

30 g Madras Curry Paste oder 2 Esslöffel Madras Curry Pulver

1 Esslöffel Garam Masala

30 g gehackter Koriander zum Garnieren

Zubereitung:

1. Erhitzen Sie die Butter in einem breiten Topf (wie einem Soßentopf oder einer hochseitigen Pfanne mit Deckel) bei mittlerer bis hoher Hitze.
2. Die Hasenstücke mit Papiertüchern trocken tupfen und gut anbraten. Das Fleisch beim Kochen salzen. Nach dem Bräunen in eine Schüssel geben.
3. Fügen Sie die Zwiebel hinzu und braten Sie sie ca. 5 Minuten lang an, bis sie an den Rändern braun wird. Fügen Sie den Ingwer und den Knoblauch hinzu und kochen Sie eine weitere Minute.
4. Das Fleisch wieder in den Topf geben und Tomatenmark, Wasser, Lorbeerblätter, Kurkuma und Madras-Curry-Paste hinzufügen. Joghurt einrühren und leicht köcheln lassen.
5. Nach Geschmack Salz hinzufügen und 30 Minuten köcheln lassen.
6. Zum Schluss den Garam Masala und den Koriander unterrühren. Über Reis servieren.

Nährwerte:

Kalorien: 501 kcal | Kohlenhydrate: 13g | Protein: 52 g | Fett: 25 g

4.7 Hasenpfeffer mit Knödeln

Zutaten:

Für die Marinade:

120 ml Wasser

120 ml Rotwein

120 ml Rotweinessig

1 Esslöffel Salz

2 Esslöffel gehackter Rosmarin

1 Esslöffel Wacholderbeeren, zerkleinert

1 Esslöffel Crack schwarze Pfefferkörner

3 Lorbeerblätter

4 Nelken

1 Teelöffel getrockneter Thymian

2 grüne Zwiebeln, gehackt

1 Hase

4 Esslöffel ungesalzene Butter

2-3 gehackte Zwiebeln

30 ml saure Sahne

Für die Ködel:

100 ml Milch

1 Teelöffel Salz

6 Esslöffel Grieß

2 Esslöffel ungesalzene Butter

1 Ei, leicht geschlagen

1/2 bis 1 Teelöffel gemahlene Muskatnuss

Zubereitung:

1 Alle Zutaten für die Marinade zum Kochen bringen und auf Raumtemperatur abkühlen lassen. Während die Marinade abkühlt, schneiden Sie den Hasen in Servierstücke. Suchen Sie einen abgedeckten Behälter (Kunststoff, Keramik, Glas), der gerade groß genug ist, um den zerschnittenen Hasen aufzunehmen, und legen Sie das Fleisch hinein. Mit der abgekühlten Marinade bedecken. Wenn Sie übrig gebliebene Marinade haben, geben Sie diese in einen anderen Behälter. Alles in den Kühlschrank stellen und mindestens 8 Stunden ruhen lassen, aber 2 Tage sind am besten.

2 Den Hasen aus der Marinade nehmen und trocken tupfen. Heben Sie die Marinade auf. Die Butter in einem großen, Topf mit Deckel erhitzen. Den Hasen in das Mehl eintauchen und von allen Seiten gut anbraten. Tun Sie dies bei mittlerer Hitze, damit die Butter nicht verbrennt. Entfernen Sie die Hasenstücke, während sie bräunen und beiseitestellen.

3 Während der Hase bräunt, heizen Sie Ihren Ofen auf 180° C vor und geben Sie die Marinade in eine Schüssel.

4 Sobald Sie den Hasen angebraten haben, fügen Sie die Zwiebeln hinzu und rühren Sie alles gut um, um den Inhalt mit der Butter zu beschichten. Wenn nicht mehr viel Butter übrig ist, fügen Sie einen weiteren Esslöffel hinzu. Die Zwiebeln bei mittlerer Hitze kochen, bis sie weich und an den Rändern etwas braun sind. Während des Anbratens mit Salz bestreuen.

5 Den Hasen wieder in den Topf geben und die gesiebte Marinade hinzufügen. Zum Kochen bringen, abdecken und in den Ofen stellen. Kochen Sie den Hasen, bis das Fleisch von den Knochen fällt: Bei einem Wildhasen dauert dies 2 bis 4 Stunden, bei einem im Laden gekauften Kaninchen zwischen 90 Minuten und 2 Stunden. Nach der Kochzeit nehmen Sie den Hasen aus dem Ofen und decken Sie den Topf ab. Etwa 150 ml Sauce ab löffeln und in eine Schüssel geben. Die saure Sahne in die Schüssel geben und mischen. Geben Sie die Mischung in den Topf zurück und

schwenken Sie sie herum, um sie zu kombinieren. Sofort mit den Knödeln servieren.

Zubereitung der Knödel:

1 Sobald der Hase etwa eine Stunde lang gekocht hat, machen Sie den Knödelteig. Erhitzen Sie die Milch bis zum Dampfpunkt und fügen Sie die Butter und das Salz hinzu.

2 Rühren Sie die Milch mit einer Hand um, während Sie mit der anderen den Grieß einstreuen. Gut umrühren, bis der Grieß die Milch aufnimmt und einen steifen Teig bildet. Nehmen Sie den Topf vom Herd und lassen Sie den Teig abkühlen. Einen großen Topf mit Salzwasser auf dem Herd zum Kochen bringen. Sobald dieses kocht, schalten Sie die Hitze aus, bis der Hase fertig ist.

3 Wenn der Hasenpfeffer fertig ist, schalten Sie den Ofen aus, lassen Sie aber alles noch im Ofen stehen. Mischen Sie das Ei und die Muskatnuss in den Grießteig. Lassen Sie den Teig stehen, während Sie Ihren Topf mit Salzwasser wieder zum Kochen bringen. Dies dauert nicht lange, da Sie ihn vorgewärmt haben. Bereiten Sie eine Schüssel Wasser vor, um Ihre Hände zu befeuchten, damit der Knödelteig nicht daran haftet.

4 Den Teig in Kugeln rollen. Lassen Sie jeden Knödel bei der Herstellung in das kochende Wasser fallen. Den Topf nicht überfüllen. Sobald die Knödel auf der Oberfläche zu wackeln beginnen, lassen Sie sie weitere 2 bis 5 Minuten kochen, je nachdem, wie weich Sie sie mögen. Mit einem geschlitzten Löffel entfernen und beiseitestellen.

Nährwerte:

Kalorien: 1474 kcal | Kohlenhydrate: 20g | Protein: 59g | Fett: 24 g

4.8 Deutsches Kaninchen

Zutaten:

2 Baumwollschwanzkaninchen oder 1 Hauskaninchen, in Portionsstücke geschnitten

Salz

2 Esslöffel Butter

2 Esslöffel Mehl

200 ml Hühnerbrühe

1 Zwiebel, geschnittene Wurzel bis zur Spitze

Zitronenschale entfernt, in breite Streifen geschnitten

2 bis 3 Lorbeerblätter

30 ml Zitronensaft

2 Esslöffel Kapern

60 ml saure Sahne

Weißwein nach Geschmack, mindestens 2 Esslöffel

Schwarzer Pfeffer

Petersilie zum Garnieren

Zubereitung:

1. Die Kaninchenstücke gut salzen und ca. 10 Minuten beiseitestellen. Stellen Sie einen Topf mit Deckel auf mittlere bis hohe Hitze und geben Sie einen Esslöffel Butter hinzu. Die Kaninchenstücke von allen Seiten trocken und gut bräunen. Möglicherweise müssen Sie dies in Chargen tun. Entfernen Sie die Kaninchenstücke, sobald sie gebräunt sind. Dies kann ungefähr 15 Minuten dauern.

2. Fügen Sie den restlichen Esslöffel Butter, dann die in Scheiben geschnittene Zwiebel hinzu und kochen Sie, bis die Ränder gerade anfangen zu bräunen, ungefähr 6 Minuten. Mit Mehl bestreuen und gut umrühren. Unter häufigem Rühren etwa 5 Minuten kochen, bis das Mehl golden wird.

3. Legen Sie das Kaninchen wieder in den Topf und fügen Sie genügend Hühnerbrühe hinzu, um es zu bedecken. Verwenden Sie einen Holzlöffel, um gebräunte Teile vom Topfboden abzukratzen. Zitronenschale, Lorbeerblätter und Zitronensaft hinzufügen und zum Kochen bringen. Decken Sie es ab und kochen Sie es vorsichtig, bis das Kaninchen vom Knochen fällt. Dies dauert je nach Alter Ihres Kaninchens zwischen 90 Minuten und 3 Stunden.

4. Dies ist ein optionaler Schritt, den viele Köche bevorzugen: Schalten Sie den Ofen aus, fischen Sie die Kaninchenstücke aus und lassen Sie sie auf einem Backblech abkühlen. Ziehen Sie das gesamte Fleisch von den Knochen und legen Sie das Fleisch wieder in die Sauce.

5. Sie können die Sauce nun mehrere Tage aufbewahren. Oder Sie können es sofort servieren. Stellen Sie die Hitze auf niedrig, um sicherzustellen, dass der Eintopf schön heiß ist.

6. Fügen Sie die saure Sahne, die Kapern und so viel Weißwein hinzu, wie Sie möchten, dass der Eintopf ein bisschen spritzig ist. Eine gesunde Menge schwarzen Pfeffer einrühren und mit Petersilie garnieren.

Nährwerte:

Kalorien: 705 kcal | Kohlenhydrate: 8 g | Protein: 110g | Fett: 23 g

4.9 Spanischer Eintopf

Zutaten:

1,5 kg Hase in Servierstücken

2 große Zwiebeln, geschnittene Wurzel bis zur Spitze

10 gehackte Knoblauchzehen

2 Esslöffel süßer Paprika

1 Esslöffel heißer Paprika

1 Glas oder 5 geröstete rote Paprika, gehackt

100 g zerkleinerte Tomaten

240 ml Rot- oder Weißwein

60 g gewürfelte Wurst: Speck, Pancetta, Schinken usw.

1 Esslöffel gehackter frischer Rosmarin

4 Lorbeerblätter

60 g gehackte frische Petersilie

30ml Olivenöl

Salz und Pfeffer

Zubereitung:

1. Geben Sie die Pilze in einen Behälter und gießen Sie heißes Wasser darüber. Dann abdecken und beiseite stellen.

2. Das Fleisch salzen und 20 Minuten bei Raumtemperatur beiseite stellen. Nutzen Sie diese Zeit, um das Gemüse zu hacken.

3. Das Fleisch trocken tupfen und das Olivenöl in einen großen Topf mit Deckel gießen. Den Topf bei mittlerer bis hoher Hitze erhitzen. Das Fleisch von allen Seiten in Chargen anbraten. Überfüllen Sie den Topf nicht. Legen Sie das Fleisch in einer Schüssel beiseite, wenn es gebräunt ist. Nehmen Sie sich Zeit und machen Sie das richtig. Fügen Sie bei Bedarf mehr Öl hinzu.

4. Wenn das Fleisch gebräunt ist, fügen Sie die Zwiebeln hinzu und rühren Sie um.Die Zwiebeln mit etwas Salz bestreuen. Kochen, bis sie anfangen zu bräunen, dann den Knoblauch, die Wurst und die Pilze hinzufügen. Kochen, bis es duftet, dann das Fleisch wieder in den Topf geben und gut mischen.

5. Gießen Sie den Wein ein und stellen Sie die Hitze auf hoch. Rühren und gut kochen, bis der Wein halb verkocht ist. Stellen Sie die Hitze wieder auf mittel und fügen Sie die Tomaten, die gerösteten Paprika und alle Gewürze und Kräuter (außer der Petersilie) hinzu. Gut umrühren. Der Flüssigkeitsstand sollte etwa 2/3 der Fleischseiten betragen. Wenn es niedrig ist, fügen Sie mehr hinzu. Normalerweise werden ungefähr 200 ml benötigt.

6. Bedecken Sie alles und kochen Sie es für ca. 2 Stunden.

7. Testen Sie kurz vor dem Servieren auf Salz und fügen Sie bei Bedarf etwas hinzu. Fügen Sie schwarzen Pfeffer und die Petersilie hinzu und rühren Sie gut um. Mit Kartoffelpüree, Reis, Polenta oder Brot servieren.

Nährwerte:

Kalorien: 699 kcal | Kohlenhydrate: 18 g | Protein: 72 g | Fett: 33 g

4.10 Griechischer Haseneintopf. Kouneli Stifado

Zutaten:

2 Hasen

Salz

2 mittelgroße Zwiebeln, in Scheiben geschnitten

5 gehackte Knoblauchzehen

10 Pimentbeeren

1 Zimtstange

4 Lorbeerblätter

1 Esslöffel getrockneter Oregano

2 Esslöffel Tomatenmark

4 große Tomaten, gerieben oder 1 14-Unzen-Dose zerkleinerte Tomaten [/ Zutat]

120 ml trockener Rotwein

30 ml süßer Rotwein

60 ml Hühner- oder Kaninchenbrühe

30 ml Rotweinessig

Frisch gemahlener schwarzer Pfeffer

30 ml Olivenöl

Zubereitung:

1. Die Hasen in Stücke schneiden und in Portionsstücke schneiden. Achten Sie darauf, kleine Teile wie die Bauchlappen, die Vorderbeine, die Nieren und dergleichen einzuschließen. Im fertigen Eintopf werden sie zu einer leckeren Überraschungen. Die Kaninchenstücke gut salzen und 30 Minuten beiseite stellen.

2. Das Olivenöl in einer Pfanne erhitzen und das Kaninchen gut anbraten. Wenn jedes Stück braun wird, stellen Sie es in eine Schmorpfanne, einen Topf mit Deckel.

3. Wenn das Kaninchen gebräunt ist, braten Sie die Zwiebeln 4-5 Minuten bei mittlerer Hitze an, bis sie anfangen zu bräunen. Fügen Sie den Knoblauch hinzu und braten Sie ihn für eine weitere Minute an. Mit Salz bestreuen. Lassen Sie den Knoblauch nicht anbrennen.

4. Den Inhalt der Pfanne in eine Schmorpfanne geben und die Lorbeerblätter, den Oregano, die Pimentbeeren und die Zimtstange darüber verteilen.

5. In der Pfanne, in der Sie den Hasen und die Zwiebeln gebräunt haben, nun den Wein, den süßen Wein, den Essig, die Brühe, das Tomatenmark und die geriebenen Tomaten hinzufügen.

6. Schneiden Sie die Tomaten in zwei Hälften und lassen Sie sie durch Ihre gröbste Reibe laufen, um die Schalen aus Ihrem Topf zu lassen. Bei starker Hitze 3-4 Minuten kochen lassen, dann alles in den Topf geben.

7. Den Topf abdecken und zum Kochen bringen. 1 Stunde lang langsam kochen, dann das Fleisch herausnehmen und die restliche Sauce pürieren. Sie möchten, dass das Kaninchen fast vom Knochen fällt. Mahlen Sie etwas schwarzen Pfeffer und beträufeln Sie alles richtig gut mit Olivenöl, wenn Sie es servieren.

Nährwerte:

Kalorien: 557 kcal | Kohlenhydrate: 11 g | Protein: 75 g | Fett: 17 g

4.11 Schokoladen geschmorte Hasenkeule auf cremiger Polenta

Zutaten:

Geschmorter Hase

1 braune Zwiebel

2 Karotten

1 Stielsellerie

1 kleiner Lauch

6 Knoblauchzehen

4 Beine Hase

1 Lorbeerblatt

1 Zweig Thymian

4 Wacholderbeeren, gequetscht

375ml Rotwein

100g geräuchertes Speckolivenöl zum Braten

1 EL Salz und frisch gemahlener schwarzer Pfeffer

50 g dunkle Schokolade

Prise getrocknete rote Chili

60 g Tomaten, gehackt

500 ml gute Qualität, reduzierte Rinderbrühe

Polenta

1 TL Salz

1 1/4 Liter Wasser

250g Polenta

100 g Butter

150 g Grana Padano, frisch gerieben

Zubereitung:

Geschmorter Hase

1 Zwiebel, Karotten, Sellerie, Lauch und Knoblauch fein würfeln und mit dem Hasen, den Kräutern und den Wacholderbeeren in eine große Auflaufform geben. Fügen Sie den Rotwein hinzu (ggf. mit Wasser auffüllen), decken Sie alles ab und marinieren Sie den Hasen über Nacht im Kühlschrank.

2 Am nächsten Tag den Backofen auf 160 ° C vorheizen.

3 Den Hasen und das Gemüse aus der Marinade nehmen. Den Hasen trocken tupfen und das Gemüse und die Kräuter abtropfen lassen. Bewahren Sie die marinierenden Saucen zum Schmoren auf.

4 Den Speck in Scheiben schneiden und vorsichtig mit einem Schuss Olivenöl in einer Pfanne mit starkem Boden anbraten. Sobald der Speck sein Fett freigesetzt hat, entfernen Sie diesen und legen Sie es beiseite.

5 Den Hasen mit Mehl, Salz und Pfeffer bestäuben, dann die Hitze erhöhen und die Hasenbeine in Chargen mit dem Speckfett bräunen. (Fügen Sie bei Bedarf einen weiteren Spritzer Olivenöl hinzu.) Legen Sie sie diese zum beiseitegelegten Speck.

6 Reduzieren Sie die Hitze und braten Sie das marinierte Gemüse und die Kräuter vorsichtig an, bis sie weich, aber nicht gebräunt sind.

7 Geben Sie den Hasen und den Speck in den Auflauf zurück. Fügen Sie die Schokolade, Chili und Gewürze, die gehackten Tomaten, die Marinadensäfte und die Rinderbrühe hinzu, bis der Hase gerade bedeckt ist. Decken Sie den Auflauf fest ab, geben Sie ihn in den Ofen und kochen Sie ihn etwa 2 1/2–3 Stunden lang, bis das Fleisch zart ist.

Zubereitung der Polenta:

1 Das Salz ins Wasser geben und auf niedriger Stufe köcheln lassen.

Salz und Pfeffer

2 Gießen Sie die Polenta langsam unter ständigem Rühren ein. Bei sehr schwacher Hitze unter gelegentlichem Rühren 35 bis 40 Minuten kochen, bis die Polenta dick ist.

3 Vom Herd nehmen und Butter und Käse unterrühren. Auf Geschmack prüfen, würzen und sofort mit dem Hasen servieren.

Nährwerte:

Kalorien: 265 kcal | Kohlenhydrate: 15,1g | Protein: 10,5 g | Fett: 13,4 g

4.12 Leckerer Hase mit Wein

Zutaten:

1 Hase

Mehl für das Fleisch

1 TL Kleinwildgewürze, gemahlen

Salz nach Geschmack

Pfeffer nach Geschmack

8 EL geklärte Butter oder Entenfett

250 ml Hühner- oder Geflügelbrühe

3 kleine Zwiebeln, geschält

250 g Pilze

2 EL Balsamico-Essig

Gehackte Petersilie zum Garnieren

Für die Marinade:

220 ml Rotwein

1 Zwiebel, gehackt

1 Karotte, gehackt

1 Stiel Sellerie, gehackt

1 EL Kleinwildgewürze

2 EL Weinessig

4 Knoblauchzehen

Zubereitung:

1. Den Hasen gut waschen und in 8 Stücke schneiden.
2. Den Hasen und alle Zutaten der Marinade in eine Schüssel geben. Abdecken und 12 bis 48 Stunden marinieren.
3. Das Fleisch abtropfen lassen und mit einem Papiertuch trocken tupfen. Mit Gewürzen, Salz und Pfeffer würzen. Rollen Sie jedes Stück in Mehl.
4. Erhitze einen schweren Topf auf mittlerer Stufe mit der Hälfte der Butter und bräune den Hasen nach und nach an.
5. In der Zwischenzeit alle Zutaten der Marinade in einen großen Topf geben. Die Brühe hinzufügen und zum Kochen bringen. Den Schaum von der Oberfläche der Flüssigkeit abschöpfen. 10 bis 15 Minuten köcheln lassen.
6. Die Marinade durch ein Sieb abtropfen lassen und mit dem Fleisch in den Topf geben. Abdecken und köcheln lassen, bis das Fleisch zart ist.
7. In einer anderen Pfanne die restliche Butter erhitzen und die kleinen Zwiebeln und Pilze hinzufügen.
8. Wenn das Fleisch zart ist, fügen Sie die Zwiebeln und die Pilze hinzu. Geben Sie auch den Weinessig hinzu und lassen Sie dies für weitere 30 Minuten kochen.

Nährwerte:

Kalorien: 486 kcal | Kohlenhydrate: 30,6 g | Protein: 31,4 g | Fett: 26,1

4.13 Hasenkuchen

Zutaten:

2 frische Hasen oder Kaninchen, in Beine und Rücken zerlegt (die Knochen behalten und für den Fond braten)

Für die Marinade:

500 ml Wein

3 große Karotten

5 Knoblauchzehen

1 Großzwiebel

1 TL Beeren

5 reife Eiertomaten

1 Msp Thymian

1 EL schwarze Pfefferkörner

500 Gänsefett

Zutaten für Sauce

300 g Butter

3 große Karotten

2 Stiele

5 Knoblauchzehen

1 Großzwiebel

1 TL Beeren nach Wahl

5 reife Eiertomaten

1 Stück Thymian

1 EL schwarze Pfefferkörner

500 ml Wein

Zubereitung:

1. Mischen Sie alle Zutaten für die Marinade zusammen. Führen Sie dann Schritt 2 aus und marinieren Sie dann den Hasen über Nacht.

2. Entfernen Sie alle Innereien des Hasen. Zerlegen Sie den Hasen in Beine und Rücken. Knochen zurückhalten, hacken und für den Fond rösten.

3. Für den Fond (schmelzen Sie Butter in einem großen Topf und fügen Sie die Hälfte des gehackten Gemüses, Wacholderbeeren, Pfefferkörner, Lorbeerblätter, Knoblauch und Thymian mit den Knochen hinzu. Köcheln Sie es bis es goldbraun wird).

4. Gehackte Tomaten und 500 ml Rotwein zugeben. 10 Minuten köcheln lassen. Kalbsbrühe und Hühnerbrühe hinzufügen & zum Kochen bringen und dann gut abschmecken. Den Knochen immer wieder umdrehen und für 2-3 Stunden kochen lassen. Sobald ein berauschender Geschmack freigesetzt wird, reduzieren Sie die Flüssigkeit bis zur Hälfte.

5. Für das Fleisch Hasenbeine in eine tiefe Bratpfanne mit dem restlichen Gemüse, Pfefferkörnern und Wacholderbeeren, Thymian und Knoblauch legen. Stellen Sie sicher, dass die Beine vollständig mit der Hälfte des Rotweins bedeckt sind und über Nacht oder für 12 Stunden stehen verlassen.

6. Nachdem sie mindestens 12 Stunden mariniert haben, Braten auf dem Herd und langsam erhitzen die Beine in der Marinade. Meersalz, Gänsefett, Tomaten und Lorbeerblätter, ein wenig Hühner- und Kalbfleischbrühe zugeben und fest mit Alufolie bedecken. In der Schale in einem moderaten Ofen geben und 1-2 Stunden garen, bis das Fleisch zart ist.

7. Nehmen Sie die Hasenbeine. Fleisch von den Knochen nehmen, abkühlen lassen und würfeln. Die Bratensoße zu einer gelatinösen Reduktion reduzieren. Gießen Sie die Bratensoße über das gehackte Hasenfleisch. In den Kühlschrank stellen und vollständig abkühlen lassen.

gebratene Hasenknochen

1 Liter Hühnerbrühe

Gebäck

500 g Blätterteig

4 Eigelb

8 Fleisch in Teigschalen geben und mit Blätterteigdeckeln versiegeln. Glasur mit Eigelb. Legen Sie in den Kühlschrank, um das Gebäck zu setzen. Kuchen bei 190C - 200C für 10-15 Minuten bis goldbraun backen.

9 Hasenbrühe mit etwas Butter reduzieren und dann gehackte Tomaten und Petersilie hinzufügen. Legen Sie einen Löffel reduzierten Fond um die Kuchen und servieren sie mit grünen Erbsen oder Kartoffeln.

Nährwerte:

Kalorien: 265 kcal | Kohlenhydrate: 78,9 g | Protein: 28,5 g | Fett: 249 g

4.14 Hase mit schwarzen Johannisbeeren

2 kleine Hasen

12 ganze Schalotten

1 Stiel Sellerie

1 Karotte, dünn geschnitten

1 Teelöffel Kräutermischung

4 Knoblauchzehen

300 ml schwarzer Johannisbeerwein

60 ml Traubenkernöl

2 Esslöffel (30 ml) schwarze Pfefferkörner

2 Esslöffel (30 ml) Salz

60 ml Pflanzenöl

160 g schwarze Johannisbeeren

1. Hasen in Stücke schneiden. Oberschenkel, Rücken und Schultern beiseitelegen und Bauch für die Sauce in kleine Stücke schneiden.

2. Stücke von Bauch, Schalotten, Selleriestiel, dünn geschnittene Karotten, Kräutermischung und Knoblauch in eine Pfanne hinzufügen. Gießen Sie schwarzen Johannisbeerwein und Traubenkernöl dazu. Pfefferkörner und Salz zugeben. Mit Plastikfolie abdecken und mindestens 36 Stunden im Kühlschrank marinieren lassen.

3. Wenn Sie bereit sind zu kochen, entfernen Sie die Hasenbauch aus der Marinade. Öl in einer separaten schwerbodigen Pfanne bei mittlerer Hitze erwärmen. Fügen Sie Schenkel, Schultern und Rücken, je in zwei geschnitten hinzu, unter Rühren, bissfest, aber nicht gebräunt, ca. 5 Minuten pro Seite. Hasenbrust und Marinade in einen großen Schmortopf geben und erhitzen. sanft köcheln lassen, bis es vollständig gekocht ist

4. Mit einem geschlitzten Löffel, abtropfen lassen Schalotten und das Fleisch herausnehmen. Beiseite geben. Gießen Sie die Sauce durch ein feinmaschiges Sieb. Geschmack und Würze anpassen. Geben Sie die Hasenstücke, ganze Schalotten und schwarze Johannisbeeren in die Sauce. Etwa 10 Minuten köcheln lassen.

Tipps:

Das Fruchtfleisch der schwarzen Johannisbeere enthält viele Samen. Schwarze Johannisbeeren sind herb, saftig und geschmackvoll. Sie werden zum Kochen und zur Herstellung von Creme de Cassis, schwarzem Johannisbeersirup und Fruchtgelee verwendet.

Tipp zum Servieren:

Heiß servieren mit gekochten Kartoffeln oder Kastanienpüree.

Nährwerte:

Kalorien: 226 kcal | Kohlenhydrate: 10,2 g | Protein: 13,4 g | Fett: 14,9

4.15 Gehackter Hase

Zutaten für 6-8 Portionen:

1 Hase (1,2 kg)

Polenta

Hase-Eingeweide

100 g Kalbsleber

50 g Butter

4 EL natives Olivenöl extra

60 g gehackter Magerschinken

3 kleine Zwiebeln, fein geschnitten

50 g Mehl

Ein halbes Glas Marsala trocken

Marinade:

1 Flasche Barbera Wein

2 Stange Sellerie, fein geschnitten

1 Karotte, in Scheiben geschnitten

1 Zwiebel, in Scheiben geschnitten

1 Knoblauchzehe, püriert

3 Blätter Salbei

3 Blätter Lauro

1 TL Thymian und Majoran

6 Wacholderbeeren

6 Pfefferkörner

Salz

Zubereitung:

1. Den Hasen hacken; Waschen, trocknen und die Stücke in eine Terrine (Schüssel) mit allen Zutaten für die Marinade legen. 24 Stunden marinieren und hin und wieder rollen.

2. Die Hasenstücke trocken und mit Mehl betupfen.

3. Die kleinen Zwiebeln in einer Pfanne mit Butter und Öl bräunen, entfernen und beiseitelegen. Nun, in der gleichen Pfanne, Hasenstücke braten bis sie schön bräunlich sind, fügen Sie den Schinken dazu, die Marinade zuvor absieben und auch hinzugeben. Die Kalbsleber und die Eingeweide pürieren und dazugeben.

4. Den Deckel aufstellen und bei mittlerer Hitze etwa eine Stunde kochen oder bis das Fleisch zart ist. Entfernen Sie die Hasenstücke und halten Sie sie heiß. Geben Sie das Mehl und den Marsala dazu. Legen Sie die Hasenstücke in die Pfanne zurück und lassen Sie sie für eine Weile braten.

5. Den Hasen auf eine Servierplatte mit heißer Polenta legen und mit der Soße verteilen.

Nährwerte:

Kalorien: 248 kcal | Kohlenhydrate: 16 g | Protein: 22,7 g | Fett: 9,4 g

4.16 Hase mit Knoblauch und Rosmarin, serviert mit Bruschetta

Zutaten

1 Hase, gehackt in mittelgroße Stücke, einschließlich Leber, Nieren und Rippen

Salz und frisch gemahlener schwarzer Pfeffer

Normalmehl, zum bestauben

150 ml natives Olivenöl extra

1 Knoblauchkopf, Nelken getrennt und ganz links

Ein Haufen Rosmarin-Zweige

150 ml Weißwein

Für die Bruschetta:

Ein paar Scheiben gutes Landbrot

Knoblauchzehen

Natives Olivenöl extra

Wegbeschreibungen

1. Die Hasenstücke mit Salz und Pfeffer würzen und mit Mehl bestäuben.
2. In einer großen, schweren Pfanne das Öl erhitzen. Wenn es heiß ist, fügen Sie den Hasen dazu und versiegeln Sie ihn gut auf allen Seiten, bis er goldbraun und ziemlich knackig ist.
3. Reduzieren Sie die Hitze auf niedrig, fügen Sie den Knoblauch und Rosmarin hinzu, decken Sie mit einem Deckel alles ab und kochen Sie alles für 45 Minuten, bis es zart ist, drehen Sie das Fleisch von Zeit zu Zeit. Heben Sie die Hitze auf hoch, entfernen Sie den Deckel, fügen Sie den Wein dazu und lassen Sie die Flüssigkeit verdampfen. Anschließen von der Hitze entfernen.
4. Um die Bruschetta zu machen, toasten Sie einige Scheiben Landbrot, sofort mit Knoblauch einreiben und mit etwas Öl beträufeln. Servieren Sie den Hasen begleitet von der Bruschetta.

Nährwerte:

Kalorien: 798 kcal | Kohlenhydrate: 29,8 g | Protein: 5,1 g | Fett: 71,7 g

4.17 Gebratener Wildhase mit Pilzen und Speck

1 Wildhase (ca. 800 Gramm)

Salz

1/4 Teelöffel gemahlener Zimt

1/4 Teelöffel gemahlene Ingwerwurzel

1/2 ganze Zitrone

150 Gramm fettiger Speck

1 Esslöffel Pflanzenöl

50 Gramm Butter

1/4 Liter trockener Rotwein

frisch gemahlener Pfeffer

200 Gramm frische Pilze

150 Gramm Schalotten

Vorbereitungsschritte

1. Den Hasen ausspülen, trocken tupfen. 1 Teelöffel Salz und die Gewürze vermischen und den Hasen damit einreiben. Mit Plastikfolie abdecken und 2 Stunden im Kühlschrank marinieren.

2. Den Speck in lange, 1 cm dicke Streifen schneiden. Knusprig anbraten und beiseite stellen. Den Ofen auf 200°C Ober- und Unterhitze vorheizen.

3. Öl und Butter in einer Bratpfanne erhitzen und den Hasen bei großer Hitze auf allen Seiten bräunen. Den Rotwein eingießen, kurz kochen und in den Ofen stellen. Etwa 20 Minuten backen, häufig mit der Sauce bestreichen. In der Zwischenzeit Pilze längs in Scheiben schneiden. Schalotten schälen und 2 davon fein würfeln. Die Pilze Schalotten und den Speck, um den Hasen in der Bratpfanne 15 Minuten vor dem Ende des Kochens hinzufügen. Mit frisch gemahlenem Pfeffer abschmecken. Den Hasen in der Bratpfanne servieren.

Nährwerte:

Kalorien: 440 kcal | Kohlenhydrate: 10 g | Protein: 21,9 g | Fett: 29,8 g

4.18 Nudeln mit Hase und Radicchio

Zutaten

60 ml Olivenöl

1 Hase (ca. 2,5kg)

200 g Bandnudeln

1 Zwiebel, gewürfelt

2 Knoblauchzehen, in dünne Scheiben geschnitten

1 EL Fenchelsamen

4 Wacholderbeeren

1 Zimt-Quill

150 ml trockener Weißwein

3 Thymianzweige

Dünn geschälten Schale von 1 Orange, plus extra fein gerieben, zum Servieren

1 kleiner Radicchio, grob gehackt

40 g Petersilie

100 g Butter, grob gehackt

Zu servieren: natives Olivenöl extra

Zubereitung:

1. Backofen auf 160C vorheizen. Die Hälfte des Olivenöls in einer Pfanne bei mittlerer Hitze erhitzen und den Hasen in 2 Chargen (jeweils 2-4 Minuten) bräunen. Beiseitestellen.

2. Restliches Öl in eine Auflaufform geben, Hitze auf Medium reduzieren und Zwiebel und Knoblauch (5-7 Minuten) karamellisieren. Gewürze hinzufügen, bis es duftet (1 Minute), dann mit Wein ablöschen, Thymian und dünn geschälte Schalen hinzufügen, und kochen, bis es um die Hälfte reduziert ist (3-5 Minuten).

3. Den Hasen und 2 Liter Wasser hinzufügen, mit einem Deckel oder einer Folie bedecken und im Ofen garen bis das Fleisch vom Knochen fällt (3 Stunden). Hasen herausnehmen, leicht abkühlen, Fleisch in Stücke ziehen und beiseite stellen (Knochen, Haut und Sehnen entsorgen).

4. Feststoffe abseihen und bei mittlerer Hitze um die Hälfte auf eine konzentrierte Soße (40 Minuten bis 1 Stunde) reduzieren. Macht ca. 500 ml.

5. Butter zu reduziertem Hasenbestand hinzufügen und gut vermischen. Hasenstücke hinzufügen und sanft erwärmen.

6. Bandnudeln in einem großen Topf mit kochendem Salzwasser bis al dente (2-4 Minuten) kochen, abtropfen lassen und Hasensauce mit Radicchio und Petersilie dazugeben. Geriebene Schale der Orange nach Geschmack hinzufügen, mit extra nativem Olivenöl nach Geschmack hinzufügen, würzen und servieren.

Nährwerte:

Kalorien: 300 kcal | Kohlenhydrate: 10,5 g | Protein: 18,6 g | Fett: 18 g

4.19 Hase & Weineintopf

Zutaten:

1 Hase, ca. 1kg, portioniert

1 braune Zwiebel, in Scheiben geschnitten

1 medium Karotte, in Scheiben geschnitten

3 Knoblauchzehen, zerkleinert

2 Nelken

3 Stück Thymian

30 ml Brandy

600 ml Rotwein

2 EL Pflanzenöl

1 EL Butter

Salz und frisch gemahlener schwarzer Pfeffer

1 1/2 EL Normalmehl

3 EL gehackte Petersilie

Zubereitung:

1. Die Hasenstücke in eine Schüssel mit Zwiebel, Karotten, zerkleinertem Knoblauch, Lorbeerblatt, Nelken, Thymian, Schnaps und Rotwein geben. Die Schüssel bedecken, kühlen und über Nacht marinieren lassen.
2. Den Ofen auf 140°C vorheizen.
3. Entleeren Sie die Hasenstücke auf Küchenpapier. Die Flüssigkeit in eine Schüssel geben und das Gemüse und die Kräuter reservieren.
4. Öl und Butter bei mittlerer Hitze in einer Ofenfesten Auflaufform erhitzen und die Hasenstücke an allen Seiten bräunen. Mit Salz und Pfeffer würzen und Gemüse und Kräuter unterrühren, ein paar Minuten kochen. Mit Mehl bestäuben und gut rühren. Die Marinade-Flüssigkeit hinzufügen, gut rühren und zum Kochen bringen. Mit Folie und Deckel abdecken und im vorgeheizten Ofen ca. 2-2 1/2 Stunden backen.
5. Die gekochten Hasenstücke auf ein Teller übertragen. Die reichhaltige Soße über das Fleisch abseihen und das Gemüse und die Kräuter wegwerfen. Das Fleisch mit gehackter Petersilie bestreuen und servieren.

Nährwerte:

Kalorien: 332 kcal | Kohlenhydrate: 21,2 g | Protein: 10,4 g | Fett: 14,1 g

4.20 Geschmorter Hase mit Bratwurst und weißen Bohnen

Zutaten:

350 g getrocknete weiße Bohnen, über Nacht in kaltem Wasser eingeweicht

½ Zwiebel mit 2 ganzen Nelken, plus 2 große Zwiebeln, geschält und gewürfelt

1 ganzer Hase

100 g Pancetta,

500 g (ca. 6–7) Bratwurst

3 Stück. Knoblauchzehen

Mehl, zum Stauben

1 Flasche anständiger Rotwein, plus Extra zu servieren

2 Stück Rosmarin

geknackter Pfeffer

knuspriges Brot, zum Servieren

Zubereitung:

1. Die Bohnen abtropfen lassen und in einen großen Topf mit viel frischem Wasser, Zwiebeln mit Nelken und Lorbeerblatt geben. (Sie können auch einige Salbeiblätter hinzufügen, wenn Sie sie haben.) Zum Kochen bringen, dann die Hitze auf Medium reduzieren und nicht mehr als 45 Minuten kochen, oder bis die Bohnen etwa halb gekocht sind. Abtropfen lassen, die Kochflüssigkeit reservieren. Entsorgen Sie die Zwiebel und Lorbeerblatt.

2. Hasen ausspülen und trocken klopfen. Niere und Leber beiseite legen. Die Beine an den Gelenken entfernen. Schneiden Sie die Basis der Rippen vom Rückgrat ab und lassen Sie den Rücken (zwei Lenden am Knochen). Sie sollten vier Beinstücke haben, den Rücken, Schwanz und Hals (entsorgen Sie die Rippen).

3. In einem großen schweren Topf bei mittlerer Hitze die Pancetta und Bratwurst bräunen und einen ausreichenden Schmalz hinzufügen, damit sie gut braten. Mit einem geschlitzten Löffel entfernen und beiseite stellen. Drehen Sie die Wärme etwas niedriger. Die gewürfelte Zwiebel und den Knoblauch in die gleiche Pfanne geben und rühren, bis sie sanft gebräunt und erweicht sind. Verwenden Sie wieder einen geschlitzten Löffel zum Entfernen und beiseite stellen.

4. Die Würste sollten in dieser Phase kühl genug sein, um sie in Stücke zu schneiden.

5. Stauben Sie den Hasen in Mehl und braten Sie die Stücke in der gleichen Pfanne golden an. Es sollte genug Fett sein, wenn nicht, müssen Sie ein wenig mehr Schmalz hinzufügen. Fügen Sie Niere und Leber hinzu.

6. Wenn der Hase beginnt, eine goldene Farbe zu entwickeln, gießen Sie ein Drittel des Weins ein und entglasen Sie die Pfanne, rühren und kratzen sie die Basis, um alle knusprigen Teile zu lösen, so dass sie sich im Wein auflösen.

7. Knoblauch, Zwiebel, Wurst und Pancetta in die Pfanne geben. Fügen Sie die entwässerten Bohnen, Salbeiblätter und Rosmarin-

Zweige hinzu. Fügen Sie den Rest des Weins und genügend reserviertes Bohnenkochwasser hinzu. Fügen Sie etwas geknackten Pfeffer bei.

8   Zum Kochen bringen, Hitze reduzieren und köcheln lassen, für 2-4 Stunden, oder bis der Hase zart ist. Prüfen Sie, ob das Fleisch nicht im Topf klebt oder dass die Sauce nicht zu viel austrocknet, indem Sie bei Bedarf mehr Bohnenkochwasser hinzufügen oder Wasser. Probieren Sie die Sauce nach etwa der Hälfte der Zeit, um zu sehen, ob sie mehr Salz oder mehr Pfeffer braucht.

9   Wenn das Fleisch fertig ist, können Sie die Sauce reduzieren, indem Sie den Deckel entfernen bis es die richtige Konsistenz ist.

10 Mit einem herzhaften Rotwein und knusprigem Sauerteig servieren.

Nährwerte:

Kalorien: 190 kcal | Kohlenhydrate: 20 g | Protein: 4 g | Fett: 11 g

4.21 Belgischer Hase

Zutaten

1 Hase, gereinigt und in Servierstücke geschnitten

Salz und Pfeffer

150 g Mehl

2 Eier, geschlagen

Cracker-Krümel

4 Esslöffel Butter

1 kleine Zwiebel, gehackt

1 Lorbeerblatt

Zubereitung:

1. Backofen auf 180°C vorheizen
2. Butter in eine ungedeckte Bratpfanne geben und in den Ofen geben, um die Butter zu schmelzen.
3. Fleisch mit Salz und Pfeffer bestreuen, in Mehl rollen, dann geschlagene Eier und dann Cracker Krümel hinzugeben.
4. Fleisch in den Röster oder Ofen geben und Zwiebel und Lorbeerblatt hinzufügen.
5. Backen Sie es für 1 1/2 bis 2 Stunden.

Nährwerte:

Kalorien: 258,4 kcal | Kohlenhydrate: 25,7 g | Protein: 6,7 g | Fett: 14,2 g

4.22 Kompott des Wildhasen

Zutaten

12 Schultern vom Hasen

1 Schalotte, gehackt

2 Pilze, gehackt

1/2 Knoblauchkopf

1 Zweig Thymian

2 Zweige Rosmarin

Spritzer trockener Sherry

250ml Brühe, basierend auf den Hasenknochen (Verwendung Hühnerbrühe, wenn Knochen nicht verfügbar sind)

1 Kürbis, geschält und gewürfelt

2 Stück Mandarinenschale, getrocknet

3 Wacholderbeeren, getrocknet

Pfeffer, gemahlen

10g gemahlenes Kastanienmehl, geröstet

Hauch von Meersalz

10 große Esskastanien, geschält und dünn geschnitten

Zubereitung:

1. Die Schultern gut würzen und in einer Pfanne versiegeln, dann möglichst leicht kochen.
2. Die gehackte Schalotte und die Pilze dazugeben und bis leicht gefärbt braten.
3. Knoblauch, Thymian und 1 Zweig Rosmarin, trockenen Sherry zugeben.
4. Kochen Sie 6 Stunden bei ca. 90°C. Überprüfen Sie, bis Fleisch das Fleisch vom Knochen kommt. Dann abkühlen lassen.
5. Entfernen Sie Fleisch vom Knochen, wobei Sie darauf achten, es nicht zu sehr aufzubrechen.
6. Die Sauce abgehen lassen und etwas zum gepflückten Fleisch hinzufügen, um es zu befeuchten.
7. Den Kürbis im Ofen backen, in Folie mit anderen Rosmarinzweigen eingewickelt.
8. Nach dem Kochen den Rosmarin entfernen und Kürbis mischen, bis sie glatt sind, dann warmhalten.
9. In einer Gewürzmühle, Mandarinenschale, Wacholder, Pfeffer, Kastanienmehl, Salz und beiseite stellen.

Servieren:

Löffel etwas Kürbispüree in eine warme Schüssel und dann vorsichtig in ein paar Löffel des Hasenkompotts legen.
Auf einige in Scheiben geschnittene Kastanien streuen und mit der Mandarine und Wacholder mischen bestreuen.
Mit etwas Extrasauce servieren.

Nährwerte:

Kalorien: 425 kcal | Kohlenhydrate: 61 g | Protein: 29,5 g | Fett: 4,6g

Nährwerte:

Kalorien: 825 kcal | Kohlenhydrate: 46,9 g | Protein: 58,6 g | Fett: 44 g

4.23 Hase mit Bohnen und Senf

Zutaten

2 Hasen, in Stücke geschnitten

2 Esslöffel (30 ml) Olivenöl

1 große Zwiebel, dünn geschnitten

2 Scheiben Speck, gehackt

2 Knoblauchzehen, in dünne Scheiben geschnitten

60 ml Dijon Senf

250 ml Hühnerbrühe

125 ml Sahne

1 Zweig frischer Salbei

2 Dosen Kidneybohnen, gespült und entwässert

Salz und Pfeffer

Zubereitung:

1 In einer großen Ofenfesten Pfanne das Fleisch im Öl bräunen. Mit Salz und Pfeffer abschmecken. Auf einem Teller beiseite stellen.

2 In der gleichen Pfanne die Zwiebel und den Speck bräunen. Öl nach Bedarf hinzufügen. Knoblauch und Senf dazugeben und ca. 1 Minute vorsichtig kochen. Das Fleisch in die Pfanne geben und die restlichen Zutaten hinzufügen, mit Ausnahme der Bohnen. Zum Kochen bringen. Bedecken und backen für ca. 1 Stunde und 30 Minuten. Fügen Sie die Bohnen und kochen, bedeckt, für etwa 1 Stunde oder bis das Fleisch Gabel zart ist. Entfernen Sie den Salbei. Passen Sie die Würze an.

3 Mit grünem Gemüse servieren.

Nährwerte:

Kalorien: 568 kcal | Kohlenhydrate: 25,8 g | Protein: 62,4 g | Fett: 23,3 g

5 HIRSCH

5.1 Hirsch Chili

Zutaten:

30 g Butter

500 g gehacktes Wildbret

500 g Rindfleischeintopffleisch, in Würfel geschnitten

500 g Schweinefleischeintopffleisch, in Würfel geschnitten

1 große Zwiebel, gehackt

1 frischer Jalapenopfeffer, entkernt und gehackt

3 Esslöffel Chilipulver

½ Teelöffel Cayennepfeffer

1 ½ Teelöffel gemahlener Kreuzkümmel

2 Dosen Tomaten mit Saft

1 Dose Tomatensauce

6 Knoblauchzehen, gehackt

4 Würfel Rinderbrühe, zerbröckelt

30 ml Bourbon

2 Dosen Bier nach Pilsner-Art

400 ml Wasser

Zubereitung:

1. Die Butter in einem großen Topf bei mittlerer Hitze schmelzen. Fleisch in der geschmolzenen Butter anbraten, bis das Fleisch vollständig gebräunt sind. Fügen Sie die Zwiebel und den Jalapeno hinzu. Kochen Sie alles bis es zart ist. Mit Chilipulver, Cayennepfeffer und Kreuzkümmel würzen.

2. Die gedünsteten Tomaten, die Tomatensauce, den Knoblauch und die Rinderbrühe unterrühren. Gießen Sie den Bourbon, das Bier und das Wasser in die Mischung und rühren Sie um. Den Chili zum Kochen bringen, abdecken und Hitze auf mittel-niedrig reduzieren. 1 Stunde köcheln lassen, dabei häufig umrühren.

Nährwerte:

Kalorien: 320 kcal | Kohlenhydrate: 15 g | Protein:20 g | Fett: 17 g

5.2 Hirsch Koteletts

Zutaten:

1 kg Hirschkoteletts (Wildbret)

200 ml Ketchup

200 ml Wasser

1 mittelgroße Zwiebel, gehackt

30 g brauner Zucker

Ca. 30 ml Umschlag Zwiebelsuppe oder Gemüsebrühe

Zubereitung:

1. Die Hirschkoteletts in dünne Scheiben schneiden und in einer schweren Pfanne bei mittlerer bis hoher Hitze anbraten.
2. Übertragen Sie das Fleisch in einen Slow Cooker.
3. Ketchup, Wasser, Zwiebel, braunen Zucker und trockene Zwiebelsuppe untermischen.
4. 6 Stunden oder bis sie weich sind auf niedrig kochen. Wenn Sie es in einem Röster kochen, backen Sie es 1 Stunde lang bei 180 Grad C.

Nährwerte:

Kalorien: 160 kcal | Kohlenhydrate: 40 g | Protein: 2 g | Fett: 71,7 g

5.3 Dörre Hirsch

Zutaten

1 kg Hirsch ohne Haut

1 Teelöffel Flüssigrauch

1 Esslöffel Steak Sauce oder Rinderbrühe als Alternative

1 Esslöffel Worcestershire-Sauce

1/2 Teelöffel Pfeffer

1/2 Teelöffel Salz

1/2 Teelöffel Zwiebelpulver

1/2 Teelöffel Knoblauchpulver

40 ml Sojasauce

Zubereitung:

1. Schneiden Sie das Wildbret in Streifen, die etwa einen halben Zentimeter dick sind

2. Sobald Ihr Fleisch in Scheiben geschnitten ist, können Sie Ihre Marinade zubereiten. In einer großen Rührschüssel alle Zutaten zusammenrühren. Dann Fleisch hinzufügen und einige Stunden oder über Nacht marinieren lassen. Sie können in einer Plastiktüte oder in einem Glasbehälter marinieren.

3. Das Fleisch in einer Grillpfanne braten.

4. Dazu passt am besten ein Sommersalat, Krautsalat und Brot.

Nährwerte:

Kalorien: 290 kcal | Kohlenhydrate: 7 g | Protein: 52 g | Fett: 7 g

5.4 Einfacher Hirsch für den Slow Cooker

Zutaten

1 kg Hirsch

3 Dosen Kidneybohnen (nicht entwässert)

2 Dosen Tomaten

300 g Kartoffelscheiben

1 mittelgroße Zwiebel gewürfelt

1 Dose (große) Pilzstücke & Stängel (abgetropft)

1 Päckchen Chili-Gewürze

Salz und Pfeffer nach Geschmack

Zubereitung:

Legen Sie die Zutaten in einen Slow Cooker und kochen Sie diese für ca. 8. Stunden.

Nährwerte:

Kalorien: 160 kcal | Kohlenhydrate: 28 g | Protein: 19 g | Fett: 3,5 g

5.5 Griechische Wildsteaks

Zutaten:

500 g Hirschsteaks

½ Teelöffel griechisches Gewürz oder nach Geschmack

¼ Teelöffel Steakgewürz oder nach Geschmack

1 Flasche italienisches Salatdressing

Ein paar Jalapeno-Pfefferscheiben

10 Scheiben Speck, halbieren

1 in Wasser getränkte Zahnstocher

Zubereitung:

1. Das Wildfleisch mit griechischen Gewürzen und Steakgewürzen würzen. In eine Schüssel geben und genügend italienisches Dressing einfüllen, um es zu bedecken. Zum Marinieren mindestens 2 Stunden im Kühlschrank lagern, vorzugsweise jedoch über Nacht.

2. Den Grill auf mittlere Hitze vorheizen. Die Marinade vom Fleisch abtropfen lassen und die Marinade wegwerfen. Legen Sie eine Scheibe Jalapeno auf ein Stück Fleisch und wickeln Sie sie mit einer Scheibe Speck ein. Mit einem eingeweichten Zahnstocher sichern. Wiederholen Sie mit dem restlichen Fleisch.

3. Grillen Sie die Hirschsteaks für 15 bis 20 Minuten und drehen Sie sie gelegentlich, um den Speck zu bräunen. Servieren und genießen!

Nährwerte:

Kalorien: 130 kcal | Kohlenhydrate: 3 g | Protein: 2 g | Fett: 13 g

5.6 Gebratene Hirschkeule

Zutaten:

1 Hirschbein

3 EL Schmalz (oder Fett)

Salz

Pfeffer

Zubereitung:

1. Schneiden Sie das Bein so ab, dass es in eine Bratpfanne mit Deckel passt. Stücke im Röster anordnen. Mit Wasser bedecken. Die gesamte Oberfläche in der Pfanne salzen. Das Hirschbein und die Wasseroberfläche würzen. Dann die Oberfläche des Wasser- und Hirschbeins mit dem Pfeffer bestreuen. Fügen Sie die 3 Esslöffel Fett zu Ihrer Pfanne hinzu.

2. Mit Folie fest abdecken. Dann mit dem Deckel abdecken.

3. 7-10 Stunden bei 110Grad im Ofen backen. Stellen Sie sicher, dass das Wasser nicht ausdampft. Fügen Sie bei Bedarf während des Kochens zusätzliches Wasser hinzu.

4. Das Fleisch ist zart. Oben perfekt gebräunt und es fällt vom Knochen. Das ist die Perfektion der Hirschbeine.

Nährwerte:

Kalorien: 100 kcal | Kohlenhydrate: 2 g | Protein: 10 g | Fett: 10 g

5.7 Perfekt gebratenes Hirschfilet

Zutaten:

500 g Hirschfilet (oder Rückengurt)

2 TL frischer Rosmarin, gehackt

Meersalz

schwarzer Pfeffer

1 EL ungesalzene Butter

Zubereitung:

1. Ofen auf 190 Grad C vorheizen.
2. Das Hirschfilet mit Salz, Pfeffer und gehacktem Rosmarin bestreuen. Lassen Sie das Fleisch ca. 15 Minuten bei Raumtemperatur ruhen.
3. Bringen Sie eine große Pfanne auf hohe Hitze. Gusseisen funktioniert gut.
4. Butter hinzufügen. Wenn sie geschmolzen und heiß ist, das Filet von allen Seiten anbraten ~ 2 Minuten.
5. In den Ofen geben und weitere 7-10 Minuten kochen lassen oder bis die Innentemperatur des Hirsches 62 Grad C. erreicht.
6. Denken Sie daran, dass sich die Ofenzeit verlängern muss, wenn Sie mit einem größeren Filet arbeiten.
7. Lassen Sie das Fleisch ca. 15 Minuten ruhen und schneiden Sie es in dünne Scheiben. Zum Abschmecken Meersalz hinzufügen.

Nährwerte:

Kalorien: 45 kcal | Kohlenhydrate: 2 g | Protein: 5,1 g | Fett: 4 g

5.8 Hirschsteak für Anfänger

Zutaten:

2 Hirschsteaks

1/2 Teelöffel koscheres Salz oder nach Geschmack

1/2 Teelöffel Pfefferkorn Medley oder nach Geschmack

3 Esslöffel gesalzene Butter

Zubereitung

1. Lassen Sie die Steaks auf Raumtemperatur kommen. (Ca. 20-30 Minuten.)
2. Hirschsteaks mit Salz und Pfeffer bestreichen.
3. Bei mittlerer Hitze Butter in die Pfanne geben und schmelzen und bräunen lassen.
4. Wenn die Butter geschmolzen und braun ist, legen Sie die Steaks vorsichtig in die Pfanne und achten Sie darauf, dass sie sich nicht überlappen.
5. Wenn die Pfanne nicht brutzelt, entfernen Sie das Steak und warten Sie, bis die Pfanne heißer ist.
6. Steaks auf jeder Seite 3-4 Minuten braten lassen.
7. Entfernen Sie die Steaks aus der Pfanne und legen Sie sie für 3-4 Minuten auf einen Teller. Während dieser Zeit können Sie, wenn Sie möchten, mit mehr Butter bestreichen, um ein saftiges Hirschsteak zu erhalten.

Nährwerte:

Kalorien: 156 kcal | Kohlenhydrate: 29,8 g | Protein: 8 g | Fett: 17 g

5.9 Gegrilltes Hirschherz mit Paprika

Zutaten

- 1 oder 2 Hirschherzen
- 4 Esslöffel Olivenöl
- 1 Esslöffel Sherry oder Rotweinessig
- 1 Esslöffel Worcestershire-Sauce
- 1 Teelöffel Salz
- 1 Teelöffel getrockneter Oregano
- 1 Teelöffel getrockneter Thymian
- 1 Teelöffel gemahlener schwarzer Pfeffer
- 3 oder 4 Paprika, in 2 bis 3 Stücke geschnitten
- 1 große Zwiebel, in große Stücke geschnitten

Zubereitung:

1. Schneiden Sie das Fleisch in ca. 1 cm breite Streifen.
2. Mischen Sie in einer großen Schüssel 2 Esslöffel Olivenöl mit Essig, Worcestershire-Sauce, Salz, Oregano, Thymian und schwarzem Pfeffer.
3. Massieren Sie die Marinade in das Fleisch, geben Sie alles in einen Behälter, der fast alles aufnehmen kann, und marinieren Sie es für nur 30 Minuten oder bis zu 2 Tage.
4. Wenn Sie bereit sind zu kochen, machen Sie Ihren Grill heiß. Paprika und Zwiebel mit dem restlichen Olivenöl bestreichen und gut salzen.
5. Alles bei starker Hitze grillen. Hierfür können Sie eine Grillpfanne oder aber einen Grill verwenden.
6. Legen Sie die Herzen und das Gemüse auf den Grill – mit der Haut nach unten für die Paprika – und lassen Sie sie 8 Minuten lang bei geöffneter Grillabdeckung ruhen.
7. Alles umdrehen und unbedeckt weitere 5 Minuten grillen.
8. Überprüfen Sie die Paprika und Zwiebeln, und wenn sie gut gekocht sind, entfernen Sie sie und legen Sie sie in die Folie, um sie zu dämpfen.
9. Entfernen Sie geschwärzte Haut von den Paprikaschoten.
10. Wenn die Herzen noch nicht durchgekocht sind, decken Sie den Grill ab und kochen Sie noch 2 bis 5 Minuten.
11. Sie können auch den Fingertest für den Gargrad verwenden. Bedecken Sie die Herzen locker mit Folie und lassen Sie sie 5 bis 10 Minuten ruhen. Mit schwarzem Pfeffer und gutem Meersalz am Tisch bestreuen.

Anmerkungen

Ein Tipp zu Paprika und Zwiebeln: Schneiden Sie sie in große Stücke, damit sie nicht durch Ihre Grillroste fallen. Achten Sie bei den Zwiebeln darauf, dass das Stielende befestigt bleibt. Und kochen Sie zuerst die Hautseite der Paprika – wenn Sie Teile bekommen, die schwärzen, schält sich die Haut sofort ab. Sie möchten hier tatsächlich eine deutliche Schwärzung, also halten Sie Ihren Grill rasend heiß.

Nährwerte:

Kalorien: 678 kcal | Kohlenhydrate: 10 g | Protein: 82 g | Fett: 32 g

5.10 Langsam gekochte Hirschschulter

Zutaten:

Für den Topf:

1 große Zwiebel, dünn geschnittene Wurzel bis zur Spitze

1 Kopf Knoblauch, geschälte Nelken aber ganz

2 Teelöffel getrockneter Thymian

250 ml Brühe

Für die Hirschschulter:

1 Hirschschulter

4 Knoblauchzehen, in kleine Stäbchen geschnitten

3 Esslöffel geschmolzenes Palmöl oder Erdnussöl

Salz

3 Esslöffel Dijon-Senf

3 Esslöffel gemahlener Kreuzkümmel

2 Esslöffel frisch gemahlener schwarzer Pfeffer oder Selim-Pfeffer

Tamarind Kani Sauce:

1 Esslöffel Erdnussöl

1 kleine Zwiebel, gehackt

2 gehackte Knoblauchzehen

Zubereitung:

Vorbereitung der Bratpfanne:

1. Eine Bratpfanne mit viel Folie auslegen und überlappen, damit sie einigermaßen wasserdicht ist. Sie müssen die Hirschschulter vollständig umwickeln, haben Sie also genügend Folie, um dies zu tun.

2. Die geschnittenen Zwiebeln und Knoblauchzehen in die Pfanne streuen und mit dem Thymian bestreuen. Gießen Sie die Brühe ein.

Vorbereitung des Topfbratens:

1. Mit einem dünnen Messer das Wildbret an verschiedenen Stellen einstechen und die Knoblauchstangen hineinschieben. Die ganze Hirschschulter mit dem Öl bestreichen. Salzen Sie es gut. Mischen Sie Senf, Kreuzkümmel und schwarzen Pfeffer miteinander und streichen Sie diese über die gesamte Schulter des Hirsches, um sie in jeden Spalt zu bekommen.

2. Versiegeln Sie die Schulter und stellen Sie sie in einen auf 95 Grad C vorgeheizten Backofen. Braten Sie bis zart, was mindestens 3 Stunden und bis zu 10 Stunden dauern sollte. Bei normalen Hirschen beginnen Sie nach etwa 5 Stunden mit der Kontrolle. Sie möchten, dass sich das Fleisch leicht vom Knochen löst.

Tamarind Kani Sauce

1. Bereiten Sie die Sauce zu, während das Wildbret kocht. Das Erdnussöl in einer großen Pfanne bei mittlerer bis hoher Hitze erhitzen. Die gehackte Zwiebel unter häufigem Rühren etwa 5 bis 8 Minuten kochen, bis sie durchscheinend, aber nicht gebräunt ist.

2. Fügen Sie den Knoblauch und die gehackten Habanero-Chilis hinzu und kochen Sie eine weitere Minute.

3. Die restlichen Zutaten der Sauce hinzufügen, gut mischen und ca. 15 Minuten köcheln lassen. Schalten Sie die Hitze aus und pürieren Sie in einem Mixer. Die Sauce sollte dick wie Ketchup sein.

6 Pflaumen- oder Pasten-Tomaten, gehackt

1 oder 2 Paprika, gehackt

1 Lorbeerblatt, zerbröckelt

3 Esslöffel Tamarindenpaste, Samen entfernt

1 Esslöffel Zucker (optional)

2 bis 3 Esslöffel Fischsauce

Salz und schwarzer Pfeffer nach Geschmack

Servieren:

Zum Servieren geben Sie jedem eine Hirschschulter mit einigen Säften aus dem Topf, gedünsteten Zwiebeln und Knoblauch und servieren Sie sie mit der Tamarinden-Kani-Sauce auf der Seite. Knuspriges Brot, Reis oder Süßkartoffel-Bananen-Krapfen sind eine gute Wahl.

Nährwerte:

Kalorien: 140 kcal | Kohlenhydrate: 14 g | Protein: 4 g | Fett: 8 g

5.11 Würzige Hirschfleischbällchen

Zutaten:

1 kg gemahlener Hirschburger

2 Ei

4 EL Ketchup

180 g Haferflocken

1/2 TL schwarzer Pfeffer

1/2 TL Knoblauchpulver

3 TL Sojasauce

80 g fein gehackte Zwiebeln

Sauce Zutaten:

250 g Preiselbeergele

300 ml Chilisauce

1 EL Zitronensaft

2 EL von braunem Zucker

Zubereitung:

1. Lassen Sie uns zuerst die Sauce zubereiten. Alle Zutaten der Sauce in einen Topf geben und glattrühren. Langsam erhitzen und eine Minute köcheln lassen.

2. Jetzt machen wir die Frikadellen. Mischen Sie alle Zutaten in einer großen Schüssel und nehmen Sie einen Esslöffel Teig der Mischung, rollen Sie ihn zu einer Kugel und legen Sie ihn in eine Auflaufform.

3. Machen Sie weiter Fleischbällchen, bis die Schüssel leer ist. Wenn Sie am Boden der Schüssel angelangt sind und nicht genügend Mischung vorhanden ist, um Bälle mit der gleichen Größe wie bereits hergestellt zu machen, ist es in Ordnung, einen kleinen Ball zu machen, aber versuchen Sie, Ihre Bälle so nahe wie möglich an die gleiche Größe zu bringen, damit sie alle zur gleichen Zeit zubereitet werden können.

4. Gießen Sie Fleischbällchensauce über die Fleischbällchen. Backen Sie bei 180 Grad C. für etwa 30 Minuten oder bis sie fertig sind.

Nährwerte:

Kalorien: 380 kcal | Kohlenhydrate: 80 g | Protein: 8 g | Fett: 3 g

5.12 Hirtenkuchen aus Hirsch

Zutaten:

1 kg Hirschgehacktes

250 g gemischtes Gemüse

2 Dosen Selleriecreme

1 Dose Hühnercreme

1000 g Kartoffelpüree

60 g fein zerkleinerter milder Cheddar-Käse

Zubereitung:

1. Legen Sie das Hirschgehackte in eine große Pfanne. Sobald diese fertig sind - ca. 7 Minuten, lassen Sie das überschüssige Fett ab. Die Dosen Selleriecreme und Hühnersuppe in das Fleisch geben. Gut umrühren, dann das gemischte Gemüse hinzufügen und nochmals gut umrühren.

2. Heizen Sie den Ofen auf 180 Grad C vor. Gießen Sie die Mischung in eine große Auflaufform und verteilen Sie die Mischung gleichmäßig. Stellen Sie sicher, dass Sie genügend Platz für die Kartoffelpüree haben.

3. Bereiten Sie das Püree zu.

4. Wenn Sie fertig sind, tauchen Sie Kartoffelpüree mit einem Esslöffel nach dem anderen aus der Schüssel und verteilen Sie sie gleichmäßig auf dem Hirtenkuchen.

5. Wenn Sie mit den Kartoffeln fertig sind, streuen Sie milden geriebenen Cheddar-Käse darüber. Du willst nicht zu viel Käse. Stellen Sie sicher, dass Sie noch ein wenig Kartoffeln unter dem Käse sehen können.

6. Stellen Sie das Gericht in den Ofen und lassen Sie es ca. 30 Minuten backen. Der beste Weg, um festzustellen, ob es fertig ist, ist, wenn der Käse schmilzt und anfängt zu bräunen.

7. Wenn Sie keinen Käse daraufgelegt haben, beginnen die Kartoffelpürees zu knacken und zu bräunen, wenn das Gericht fertig gebacken ist.

Nährwerte:

Kalorien: 530 kcal | Kohlenhydrate: 70 g | Protein: 14 g | Fett: 23 g

5.13 Hirsch- und Wildpilzeintopf

Zutaten:

500 g Hirschfleisch

100 g dick geschnittener Speck

2 Zwiebeln

500g Wildpilze

400 g Kartoffeln

200g Karotten

Salz und schwarzer Pfeffer

Zubereitung:

1. In einem großen Topf etwas Öl erhitzen. Zwiebel, Karotten und Speck braten, bis das Gemüse gerade weich wird.
2. Fügen Sie die Pilze hinzu und braten Sie sie noch ein paar Minuten.
3. Aus der Pfanne nehmen und aufbewahren.
4. Erhöhen Sie die Temperatur in der Pfanne.
5. Das Fleisch in mittelgroße Würfel schneiden. Sie können jede der härteren Sehnen abschneiden, aber das Fleisch wird nach einem langen Eintopf schön zart. Würzen und mit etwas Mehl bestäuben.
6. Das Fleisch in der heißen Pfanne schnell anbraten. Überfüllen Sie die Pfanne niemals, wenn Sie bräunen. Zu viel Fleisch kühlt die Pfanne und das Fleisch bräunt nicht richtig.
7. Fügen Sie Wasser hinzu, um das Fleisch zu bedecken, und kratzen Sie alle braunen Stücke vom Boden der Pfanne ab.
8. Etwa eine Stunde leicht köcheln lassen.
9. Fügen Sie das beiseite gelegte Gemüse hinzu und kochen Sie es weitere 30 Minuten.
10. Brechen Sie, schneiden Sie die Kartoffeln nicht in kleine Stücke. Zum Brechen einfach die flache Klinge in die Kartoffeln einführen und drehen, um die Stücke abzubrechen. Die Kartoffeln und alle Zutaten müssen klein genug sein, damit sie mit einem Löffel gegessen werden können
11. Jetzt noch 45 Minuten köcheln lassen.
12. Sie können natürlich auch andere Fleischsorten verwenden. Wählen Sie jedoch die billigeren Schnitte, da der lange Eintopf das Fleisch zart macht.
13. Alle Pilze können verwendet werden, aber versuchen Sie, einige zu bekommen, die einen guten starken Geschmack haben.

Nährwerte:

Kalorien: 270 kcal | Kohlenhydrate: 21 g | Protein: 25 g | Fett: 10 g

5.14 Hirsch Steak vom Grill mit leckerer Marinade

Zutaten:

2 1,5 cm dicke Hirschsteaks

150 ml Sojasauce

100 ml Worcestershire-Sauce

40 g brauner Zucker

1 Teelöffel Knoblauchpulver

1 Teelöffel Zwiebelpulver

5 Spritzer scharfe Sauce

Salz und Pfeffer nach Geschmack

2 Esslöffel geschmolzene Butter

Zubereitung:

1. Mischen Sie in einer Schüssel Sojasauce, Worcheshire-Sauce, braunen Zucker, Knoblauchpulver, Zwiebelpulver, scharfe Sauce sowie Salz und Pfeffer.

2. Legen Sie die Steaks in einen 3 Liter Beutel und gießen Sie die Marinade über die Steaks, drücken Sie die Luft heraus und verschließen Sie den Beutel.

3. Lassen Sie es mindestens eine Stunde im Kühlschrank marinieren, vorzugsweise über Nacht, und bewegen Sie den Beutel häufig, um sicherzustellen, dass alle Steaks in der Marinade sitzen. Eine große bedeckte Schüssel tut es auch.

4. Wenn Sie fertig zum Kochen sind, nehmen Sie die Steaks aus dem Kühlschrank und bringen Sie sie auf Raumtemperatur oder so nah wie möglich.

5. Den Grill auf hohe Hitze vorheizen und Steaks über den heißen Teil des Grills legen und auf jeder Seite 3-4 Minuten grillen.

6. Steaks vom Grill ziehen, mit zerlassener Butter bestreichen und 3-4 Minuten ruhen lassen.

7. Steaks sind zu dieser Kochzeit ein „Medium Steak". Wenn Sie „gut durch" bevorzugen dann kochen Sie eine weitere Minute auf dem Grill, bis das Steak den gewünschten Gargrad erreicht.

Nährwerte:

Kalorien: 401 kcal | Kohlenhydrate: 64 g | Protein: 13 g | Fett: 11 g

5.15 Hirsch mit Chilli

Zutaten:

2 Esslöffel Pflanzenöl

1,2. kg – 1,5 kg Wildbret, in Würfel geschnitten

1 große Zwiebel, gehackt

1 Knoblauchzehe, gehackt

1 Dose gewürfelte grüne Chilischoten

2 Dosen Kidneybohnen, abgetropft und gespült

1 Liter Rinderbrühe

2 Teelöffel getrockneter Oregano

2 Teelöffel gemahlener Kreuzkümmel

½ Teelöffel Salz

1 ½ Teelöffel Paprika

Zubereitung:

1. In einer großen Pfanne bei mittlerer Hitze Wild, Zwiebel und Knoblauch in Öl anbraten, bis das Fleisch braun ist.
2. In einen Slow Cooker geben und mit Chilischoten, Bohnen, Oregano, Kreuzkümmel, Salz und Paprika verrühren. 4 bis 5 Stunden auf mittlerer Stufe kochen.
3. Im Ofen bei 180 Grad C. für 3 Stunden ist die Alternative zum Slow Cooker.

Nährwerte:

Kalorien: 250 kcal | Kohlenhydrate: 8 g | Protein: 39 g | Fett: 10 g

5.16 Wildsteaks vom Hirsch

Zutaten:

2 Esslöffel Olivenöl

1 Zwiebel, gewürfelt

¼ Paprika, gewürfelt

2 Wildsteaks, gewürfelt

1 Packung trockene Zwiebel-Pilz-Suppenmischung

350 ml Wasser

2 Esslöffel Mehl

Zubereitung:

1. Das Öl in einer großen Pfanne erhitzen. Zwiebel, Pfeffer und Wildbret in heißem Öl kochen, bis das Fleisch gar ist.
2. Suppenmischung und Wasser einrühren. Weiter kochen, bis die Zwiebel und der Pfeffer weich sind.
3. Fügen Sie das Mehl hinzu und verquirlen Sie es über der Hitze, bis keine Klumpen mehr vorhanden sind.
4. Kochen und rühren, bis die Sauce eingedickt ist.

Nährwerte:

Kalorien: 280 kcal | Kohlenhydrate: 10 g | Protein: 36 g | Fett: 9 g

5.17 Leckere Hirschsuppe

Zutaten:

40 g Butter

1 Kilo Wildbreteintopffleisch in Würfel geschnitten

300 g gehackter Kohl

3 große Kartoffeln, gewürfelt

2 Dosen Erbsen, abgetropft

2 Dosen Karotten, abgetropft

2 Dosen grüne Bohnen, abgetropft

2 Dosen Vollkornmais, abgetropft

2 Dosen Tomatenwürfel mit Saft

200 ml Tomatensaft

200 ml Rinderbrühe

2 Esslöffel weißer Zucker

2 Esslöffel Rinderbrühgranulat

1 Teelöffel Salz

2 Teelöffel gemahlener schwarzer Pfeffer

1 Prise gemahlener Kreuzkümmel

1 Prise gemahlener Senf

1 Prise Currypulver

1 Prise Cayennepfeffer

1 Prise getrocknete Petersilie

1 Prise italienisches Gewürz

Zubereitung:

1. Die Butter in einem großen Topf bei mittlerer Hitze schmelzen. Das gewürfelte Wildbret in der heißen Butter unter häufigem Rühren anbraten. Fügen Sie den Kohl, die Kartoffeln, die Erbsen, die Karotten, die grünen Bohnen, den Mais und die Tomatenwürfel hinzu.

2. Gießen Sie den Tomatensaft und die Rinderbrühe hinein und streuen Sie dann Zucker, Rinderbrühgranulat, Salz, schwarzen Pfeffer, Kreuzkümmel, Senf, Currypulver, Cayennepfeffer, Petersilie, italienisches Gewürz und Knoblauchpulver hinein.

3. Bei starker Hitze zum Kochen bringen, dann die Hitze auf mittel-niedrig reduzieren, abdecken und köcheln lassen, bis das Wildbret weich und die Suppe leicht eingedickt ist. Die dauert ca. 1 1/2 Stunden.

Nährwerte:

Kalorien: 190 kcal | Kohlenhydrate: 13 g | Protein: 7 g | Fett: 12 g

1 Prise Knoblauchpulver

5.18 Hirsch Auflauf

Zutaten:

1000g Hirschhackfleisch

1 Dose BBQ Soße

300 g geriebener Cheddar-Käse

Zubereitung:

1. Der Weißkohl wird geputzt, gewaschen und anschließend in dünne Streifen geschnitten. Dann wird der Kohl in kochendem Salzwasser für 10 Minuten gekocht.
2. Heizen Sie den Ofen auf 180 ° C vor. Das Hirschhackfleisch vorsichtig in einer Pfanne anbraten, was ungefähr 7 Minuten dauern sollte. Entfernen Sie das überschüssige Fett.
3. Mischen Sie BBQ Süße in den Hirschburger und lassen Sie ihn unter häufigem Rühren etwa 5 Minuten köcheln.
4. Gießen Sie die Hirsch-Burger-Mischung in eine ungefettete Auflaufform und verteilen Sie die Mischung gleichmäßig.
5. Geben Sie den Käse über die Mischung unbedeckt 20 Minuten backen oder bis der Käse geschmolzen ist.

Nährwerte:

Kalorien: 200 kcal | Kohlenhydrate: 8 g | Protein: 12 g | Fett: 14 g

5.19 Wildbret Carbonnade

Zutaten:

1,5 kg Wildbreteintopf Fleisch, geschnitten in Würfel

2 EL. Butter

4 Scheiben Speck, gehackt

3 gelbe Zwiebeln, gehackt

1 Esslöffel. dunkelbrauner Zucker

4 Knoblauchzehen, gehackt

1 Dose Belgisches dunkles starkes Bier oder anderes dunkles aromatisches Bier

150 ml Hühnerbrühe

1 Lorbeerblatt

1 Teelöffel. getrockneter Thymian

1 Teelöffel. Apfelessig (oder Zitronensaft)

30 g gehackte Petersilie

Salz und frisch gemahlener Pfeffer nach Geschmack

Zubereitung:

1. Erhitzen Sie einen großen Topf bei mittlerer bis hoher Hitze. Fügen Sie die Butter und den Speck hinzu und braten Sie den Speck an, bis dieser braun ist. Entfernen Sie den Speck mit einem geschlitzten Löffel und bewahren Sie ihn für später auf. Das Wildbret mit Papiertüchern trocknen, dann großzügig salzen und pfeffern. Geben Sie das Fleisch in Chargen in den Topf, um eine Überfüllung zu vermeiden, und erhöhen Sie die Hitze. Das Fleisch von allen Seiten gut anbraten und dann auf einen Teller legen.

2. Fügen Sie die Zwiebeln und den braunen Zucker in den Topf und reduzieren Sie die Hitze auf mittel. Unter gelegentlichem Rühren etwa 20 Minuten kochen lassen oder bis die Zwiebeln weich und karamellisiert sind und eine tief goldbraune Farbe haben. Knoblauch einrühren und noch 2 Minuten kochen lassen.

3. Erhöhen Sie die Hitze auf mittel. Gießen Sie das Bier ein und kratzen Sie den Topfboden mit einem Holzlöffel ab, um braune Stücke zu entfernen. Zum Kochen bringen, dann den reservierten Speck und das Fleisch zusammen mit den angesammelten Säften hinzufügen. Fügen Sie die Hühnerbrühe, das Lorbeerblatt und den Thymian hinzu. Hitze reduzieren, abdecken und ca. 2 Stunden köcheln lassen, bis das Fleisch sehr zart ist.

4. Vor dem Servieren die Hitze auf Mittel stellen, um den Eintopf schnell köcheln zu lassen. Etwa 10 Minuten köcheln lassen oder bis die Flüssigkeit eine dickere Konsistenz hat. Rühren Sie den Essig oder Zitronensaft ein und überprüfen Sie die Gewürze, indem Sie nach Bedarf Salz und Pfeffer hinzufügen. Servieren Sie den Eintopf auf Wunsch über gebutterten Eiernudeln oder Knödeln und bestreuen Sie jede Schüssel mit einer Prise Petersilie.

Nährwerte:

Kalorien: 460 kcal | Kohlenhydrate: 14 g | Protein: 54 g | Fett: 20 g

5.20 Wildsteaks mit Bourbon-Sauce

Zutaten:

1-2 kg Wildsteaks, in mundgerechte Stücke geschnitten

80 ml Bourbon

1 EL Ahornsirup (normal oder zuckerfrei für kohlenhydratarme)

2 TL Apfelessig

2 EL Butter

1/4 TL Chili-Pfeffer-Flocken

1 EL frischer Schnittlauch, gehackt

Zubereitung:

1. Steakstücke trocken tupfen und mit Salz und Pfeffer würzen.
2. 1 Esslöffel Öl in einer großen Pfanne bei mittlerer Hitze erhitzen.
3. Fügen Sie Steak hinzu und braten Sie es an, bis alles gut gebräunt ist, ungefähr 6-8 Minuten.
4. Dann das Fleisch herausnehmen und abdecken und beiseitestellen.
5. Die Pfanne vom Herd nehmen und Bourbon, Ahornsirup und Apfelessig hinzufügen.
6. Zum Erhitzen zurückkehren und ca. 3 Minuten kochen, bis sie leicht eingedickt sind. Achten Sie darauf, alle gebräunten Teile abzukratzen, während die Sauce kocht.
7. Vom Herd nehmen und Butter und Chili-Pfeffer-Flocken unterrühren.
8. Mit Salz und Pfeffer abschmecken. Das Wildbret und alle angesammelten Säfte in die Pfanne zurückgeben. Mit gehacktem Schnittlauch bestreuen und servieren.

Nährwerte:

Kalorien: 252 kcal | Kohlenhydrate: 3 g | Protein: 36 g | Fett: 6 g

5.21 Hirschrezept aus Kuba

Zutaten:

1/2 große Zwiebel, fein gehackt

1/2 große Paprika, entkernt und fein gehackt

1 Esslöffel Olivenöl zum Braten

3 gehackte Knoblauchzehen

500 g Hirschhackfleisch

100 g Tomatenwürfel oder zwei Roma-Tomaten, geschält, entkernt und gewürfelt

1 Teelöffel Kreuzkümmel, gemahlen

1/8 Teelöffel Zimt

1 winzige Prise gemahlene Nelken

1 Teelöffel Oregano

30 g grüne Oliven, gehackt

30 g Rosinen

1/2 Teelöffel Salz und schwarzer Pfeffer (nach Geschmack)

Zubereitung:

1. Bevor Sie etwas anderes tun, stellen Sie sicher, dass Ihr gesamtes Gemüse vorbereitet ist. Knoblauch hacken, Zwiebel, Paprika und Oliven hacken und Tomaten zubereiten, wenn Sie frische Tomaten verwenden.
2. Das Öl in einer großen Pfanne bei mittlerer Hitze erhitzen und dann die Zwiebeln und die Paprika hinzufügen.
3. Unter gelegentlichem Rühren anbraten, bis die Zwiebel weich und glasig ist, ca. 5 Minuten.
4. Rühren Sie das Wildbret und den Knoblauch ein und bräunen Sie das Fleisch 5-7 Minuten lang oder bis es vollständig gebräunt ist.
5. Fügen Sie die Tomaten, Kreuzkümmel, Zimt, Nelken und Oregano hinzu.
6. Hitze reduzieren, abdecken und ca. 15 Minuten köcheln lassen.
7. Gelegentlich umrühren und bei Bedarf zusätzliche Flüssigkeit hinzufügen und die Hitze herunterdrehen, wenn es anfängt zu kochen.
8. Oliven und Rosinen dazugeben und 5 Minuten länger köcheln lassen.
9. Salz und Pfeffer nach Geschmack.
10. Heiß über weißem Reis servieren.

Nährwerte:

Kalorien: 200 kcal | Kohlenhydrate: 9 g | Protein: 26 g | Fett: 8 g

5.22 Hirschbraten

Zutaten:

Hirschbraten jeder Größe

Zwiebeln in dünne Scheiben schneiden

Paprika, geschnitten wie Zwiebeln

Knoblauchschoten, halbieren

Salz

roter Pfeffer

Zitronensaft

Wasser

1 Esslöffel Schmalz

150 ml Wasser

Zubereitung:

1. Schneiden Sie mit einem scharfen Messer kleine Löcher in Hirschfleisch und setzen Sie Zwiebel-, Paprika- und Knoblauchstücke in einem Abstand von ca. 5 cm ein.
2. Mischen Sie gleiche Teile Salz und Pffeffer und stecken Sie sie mit Gemüse in die gleichen Löcher.
3. Mischen Sie zu gleichen Teilen Zitronensaft und Wasser.
4. Hirschfleisch über Nacht oder länger marinieren.
5. Kochen Sie das Fleisch in einem schweren Topf.
6. Schmalz im Topf schmelzen, Wasser einfüllen.
7. Legen Sie den Braten hinein und beginnen Sie diesen zu kochen.
8. Wenn das Fleisch kocht, setzen Sie den Deckel auf den Topf. Hitze auf niedrig stellen.
9. Bei sehr schwacher Hitze ca. 4 bis 6 Stunden kochen.
10. Das Geheimnis des Kochens von Hirschen liegt im Würzen und Marinieren und dann im langsamen Kochen bei schwacher Hitze.

Nährwerte:

Kalorien: 200 kcal | Kohlenhydrate: 15 g | Protein: 4 g | Fett: 7 g

5.23 Geräucherter Wildbraten

Zutaten:

1 Kilo Wildbraten, geschnitten

½ Teelöffel Zwiebelpulver

2 Knoblauchzehen

60 ml Sojasauce

50 ml Worcestershire-Sauce

40 ml Ananassaft

1 Esslöffel brauner Zucker

2 Teelöffel rote Pfefferflocken

Gehackter Pfeffer, nach Belieben

Zubereitung:

1. Schneiden Sie den Wildbraten mit einem scharfen Messer in 5mm dicke Scheiben. Schneiden Sie Fett oder Bindegewebe ab. Legen Sie die Wildbretscheiben beiseite.
2. Für die Marinade alle anderen Zutaten (Zwiebelpulver, Knoblauch, Sojasauce, Worcestershire, Ananassaft, brauner Zucker, rote Pfefferflocken) in den Krug eines Mixers geben. Pürieren, bis alles glatt ist.
3. Kombinieren Sie Marinade und Wildbret in einer Schüssel.
4. In den Kühlschrank stellen und über Nacht marinieren.
5. Wenn Sie bereit sind, das Wildbret zu kochen, stellen Sie die Rauchertemperatur auf 85 °C ein und heizen Sie es bei geschlossenem Deckel 15 Minuten lang vor.
6. Entfernen Sie das Wildbret aus der Marinade. Marinade wegwerfen.
7. Marinierte Wildbretscheiben in einer Schicht direkt auf dem Grillrost anordnen. Wenn Sie möchten, dass Ihr Wildbret etwas würziger ist, bestreuen Sie das feuchte Trockenfleisch mit zusätzlichen Pfefferflocken.
8. Wenn Sie einen Smoker verwenden, dann räuchern Sie das Fleisch 4 bis 5 Stunden lang oder bis es trocken ist, aber immer noch zäh und etwas geschmeidig ist.
9. Wildbret vom Grill nehmen und ins Kühlregal legen.
10. 1 Stunde abkühlen lassen.
11. Sie können das geräucherte Fleisch bis zu zwei Wochen oder einen Monat im Gefrierschrank in einem luftdichten Behälter oder Verschlussbeutel im Kühlschrank lagern.

Nährwerte:

Kalorien: 45 kcal | Kohlenhydrate: 9 g | Protein: 1 g | Fett: 2 g

5.24 Wildbretburger

Zutaten:

650 g Hirschgehacktes

180 g Speck oder Pancetta, gehackt

Salz und frisch gemahlener schwarzer Pfeffer

4 große Eigelb

Worcestershire Sauce

1 Esslöffel Olivenöl

4 bis 6 Scheiben Emmentaler Käse (optional)

4 bis 6 hochwertige Burgerbrötchen, geröstet oder gegrillt

Grob gemahlener Senf (optional)

Im Laden gekaufte oder hausgemachte Mayonnaise (optional)

Geschnittene Dillgurken (optional)

Eine Handvoll Rucola (optional)

Zubereitung:

1. Machen Sie ein richtig heißes Feuer in einem Grill oder heizen Sie eine große gusseiserne Pfanne bei starker Hitze vor.
2. Kombinieren Sie in einer Schüssel Wildbret, Speck, Salz, Pfeffer, Eigelb und Worcestershire-Sauce mit Ihren Händen.
3. Die Mischung sollte nass und klebrig sein. Teilen Sie die Mischung in 4 bis 6 Kugeln und formen Sie jeden Klecks vorsichtig zu einer dicken Pastete.
4. Bürsten Sie den Grillrost oder die Pfanne vorsichtig mit etwas Öl ein.
5. Die Pastetchen grillen oder anbraten, bis sie auf einer Seite gut gebräunt sind, ca. 5 Minuten. Drehen Sie um und legen Sie, falls gewünscht, eine Scheibe Käse auf jedes Pastetchen. Kochen Sie dann etwa 3 Minuten länger mit einem stärkeren Gradgrad.
6. Servieren Sie die Burger auf Brötchen mit der gewünschten Kombination aus Senf, Mayonnaise, Gurken und / oder Rucola.

Nährwerte:

Kalorien: 540 kcal | Kohlenhydrate: 28 g | Protein: 42 g | Fett: 30 g

5.25 Mit Speck umwickelte Wildbret Medaillons

Zutaten:

1 Packung Speck

500 g Wildsteak Medaillons

Zahnstocher

Salz

Pfeffer

Zubereitung:

1. In einer Eisenpfanne den Speck braten und so drehen, dass beide Seiten gekocht werden, bis er etwa halb gar ist. Sie möchten es ein wenig knusprig, aber immer noch weich genug, dass Sie es um das Fleisch wickeln können. Sie müssen dies in Stapeln tun.

2. Lassen Sie den teilweise gekochten Speck abkühlen, bis Sie diesen anfassen können, ohne sich die Hände zu verbrennen. Wickeln Sie dann ein Stück Speck um jedes Medaillon und befestigen Sie es mit einem Zahnstocher.

3. Kochen Sie die mit Speck umwickelten Medaillons im Speckfett und lassen Sie sie gleichmäßig braten, bis der gewünschte Gargrad erreicht ist. Salzen und Pfeffern beim Kochen.

4. Diese wäre auch auf dem Grill zuzubereiten und wäre dann etwas magerer.

Nährwerte:

Kalorien: 530 kcal | Kohlenhydrate: 3 g | Protein: 14 g | Fett: 51 g

5.26 Wildbret Lende

Zutaten:

700 g Hirschlende

Salz und Pfeffer

8-10 Blätterteig

Öl

Kochspray

1/2 mittelgroße Zwiebel

1 Knoblauchzehe

150 g frischer Spinat

3 EL Meerrettichsauce

1 EL Butter geschmolzen

Für die Meerrettichsauce:

3 EL Meerrettich

60 g Mayonnaise

1/4 TL Weißweinessig

1/2 TL Zucker

Salz und Pfeffer

Zubereitung:

1. Die Lende gründlich mit Papiertüchern trocknen. Die Lende gründlich mit Salz und Pfeffer einreiben.
2. Öl in eine Gusseisenpfanne geben.
3. Die Lende von allen Seiten in der sehr heißen Gusseisenpfanne anbraten.
4. Zwiebel und Knoblauch hacken.
5. Wenn das Fleisch angebraten ist, geben Sie es auf den Teller und legen Sie es beiseite.
6. Reduzieren Sie in derselben Pfanne die Hitze auf einen mittleren Wert. Fügen Sie etwas mehr Olivenöl hinzu und braten Sie die Zwiebeln goldbraun an.
7. Knoblauch hinzufügen und noch einige Minuten anbraten.
8. Fügen Sie Spinat hinzu und bewegen Sie die Pfanne kontinuierlich, bis der Spinat gerade verwelkt.
9. Den Blätterteig auspacken. Sprühen Sie Antihaft-Kochspray auf ein Blatt, bedecken Sie es mit einem Blatt, bestreichen Sie es mit Spray und bedecken Sie es mit einem anderen Blatt. Fahren Sie fort, bis Sie 6-10 Schichten Blätter haben.
10. Meerrettichsauce darauf verteilen. Auf das obere Blatt dann die ganze Spinatmischung, dann auf 2 weitere Esslöffel Sauce verteilen. Darauf das gebräunte Wildbret legen.
11. Backen Sie es bei 200 ° C für 20 - 30 Minuten, bis die Kruste goldbraun ist und das Wildbret auf dem Thermometer 85 ° C im dicksten Teil des Fleisches misst.
12. Mit zusätzlicher Meerrettichsauce servieren.

Nährwerte:

Kalorien: 362 kcal | Kohlenhydrate: 202 g | Protein: 62 g | Fett: 41 g

6 Fasan Rezepte

6.1 Gebratener Fasan

Zutaten:

2 ganze Fasane

850 ml Wasser

60 g Salz

2 Esslöffel Zucker

2 Lorbeerblätter, optional

1 Esslöffel zerkleinerte Wacholderbeeren, optional

2 Esslöffel Olivenöl oder weiche Butter

Schwarzer Pfeffer nach Geschmack

Zubereitung:

Salzlake für den Vogel.

1. Machen Sie eine Salzlösung, indem Sie Wasser, Salz, Lorbeerblätter, Wacholder und Zucker zum Kochen bringen. Abdecken und auf Raumtemperatur abkühlen lassen. Wenn es abgekühlt ist, tauchen Sie Ihren Fasan in die Salzlake und bewahren Sie ihn 4 bis 8 Stunden im Kühlschrank auf. Je länger Sie salzen, desto salziger wird der Fasan.

2. Optionaler Schritt: Wenn Sie wirklich eine knusprige Haut wünschen, nehmen Sie die Vögel aus der Salzlake und legen Sie sie 12 bis 24 Stunden lang unbedeckt in den Kühlschrank. Dies trocknet die Haut (aber nicht das Fleisch) aus und hilft Ihnen, eine knusprigere Haut zu bekommen.

3. Wenn Sie zum Kochen bereit sind, nehmen Sie den Fasan aus dem Kühlschrank und lassen Sie ihn mindestens 30 Minuten und bis zu einer Stunde bei Raumtemperatur stehen. Heizen Sie Ihren Ofen. Stellen Sie es auf 200 °C ein.

4. Den Vogel einölen. Sie können dies mit Olivenöl tun oder Sie können Butter darüberstreichen. Geben Sie etwas schwarzen Pfeffer über den Vogel.

5. Mit einem Stück Zwiebel oder Apfel und ein paar frischen Kräutern füllen. Eine geschnittene Zitrone ist auch eine gute Wahl. Packen Sie den Hohlraum nicht ein. Binden Sie den Vogel, wenn Sie wollen. Ich mache das oft, weil es dem Fasan hilft, gleichmäßiger zu kochen.

6. Braten Sie den Fasan unbedeckt 15 Minuten lang bei hoher Temperatur. Nehmen Sie den Fasan heraus und senken Sie die Temperatur auf 160 °C. Lassen Sie Ihre Ofentür offen, um diesen Vorgang zu beschleunigen.

7. Optionaler Schritt: Den Vogel entweder mit Butter oder einer Glasur begießen. Wenn ich das mache, verwende ich gerne eine

gekochte Kombination aus Butter und Ahornsirup.

8   Den Fasan wieder in den Ofen geben und 30 bis 45 Minuten ohne Deckel braten.

9   Entfernen Sie den Fasan aus dem Ofen und lassen Sie ihn 10 bis 15 Minuten ruhen. Diese Ruhezeit ist wichtig, da sich die Säfte im Fasan neu verteilen können. Es beendet auch den Garvorgang.

Nährwerte:

Kalorien: 1297 kcal | Kohlenhydrate: 29,8 g | Protein: 155 g | Fett: 70 g

6.2 Geräucherter Fasan

Zutaten:

2 ganze Fasane

30g Salz

30 g brauner Zucker

800 ml Wasser

150 ml Ahornsirup

Zubereitung:

1 Salz und Zucker im Wasser auflösen. Suchen Sie einen Behälter mit Deckel, der gerade groß genug ist, um beide Fasane aufzunehmen. Decken Sie sie mit der Salzlösung ab und lassen Sie diese mindestens 12 Stunden und bis zu 18 Stunden im Kühlschrank ruhen.

2 Nehmen Sie die Fasane aus der Salzlake. Stellen Sie es auf ein Kühlregal oder an einem luftigen Ort und lassen Sie es etwa eine Stunde lang trocknen.

3 Sie können die Vögel auch über Nacht in einen unbedeckten Behälter im Kühlschrank legen. Dieser Trocknungsprozess ist ein wichtiger Schritt. Sie möchten, dass der Vogel außen feucht und klebrig ist und nicht klatschnass.

4 Räuchern Sie die Fasane mindestens 3 Stunden und bis zu 5 Stunden über dem Holz Ihrer Wahl. Apfelholz gibt einen sehr guten Geschmack. Lassen Sie die Fasane 1 Stunde lang räuchern, bevor Sie sie auf den Ahornsirup streichen. Tun Sie dies anschließend alle 30 Minuten mit dem Sirup.

5 Wenn die Fasane im Oberschenkelfleisch eine Innentemperatur von ca. 75 ° C erreichen, nehmen Sie sie aus der Räucherei. Legen Sie sie auf ein Kühlregal und geben Sie sie noch einmal Ahornsirup darauf. Warten Sie mindestens 20 Minuten, bevor Sie essen.

Nährwerte:

Kalorien: 92 kcal | Kohlenhydrate: 25 g | Protein: 1 g | Fett: 10 g

6.3 Fasan Cacciatore

Zutaten:

2 Fasane, in Portionsstücke geschnitten

120 g Pancetta oder 4 Streifen Speck

3 Esslöffel Olivenöl

1 gehackter Selleriestiel

1 gehackte Karotte

5 gehackte Knoblauchzehen

1 Zwiebel, in Halbmonde geschnitten

1 Liter zerkleinerte Tomaten

200 ml Weißwein

1 Esslöffel gehackter frischer Salbei

1 Esslöffel gehackter frischer Rosmarin

1 Teelöffel zerkleinerte Wacholderbeeren (optional)

4 Lorbeerblätter

20 g getrocknete Pilze

250 g frische Pilze, jede Art

Salz und Pfeffer nach Geschmack

4 Esslöffel gehackte Petersilie

Zubereitung:

1 Ofen vorheizen auf 180 Grad C.

2 Schneiden Sie die Pancetta in kleine Stäbchen mit einer Dicke von etwa 1 cm. In einer großen Schmorpfanne 2 Esslöffel Olivenöl oder Hühnerfett bei mittlerer Hitze erhitzen und die Pancetta oder den Speck kochen. Entfernen und beiseitestellen.

3 Fügen Sie die Fasanenstücke hinzu und bräunen Sie sie gut an. Nehmen Sie sich Zeit und tun Sie es in Chargen. Entfernen Sie die Fasanenstücke, während sie bräunen.

4 Fügen Sie die Karotte, den Sellerie, die Zwiebeln und die frischen Pilze hinzu und stellen Sie die Hitze auf hoch. Braten Sie sie an, bis die Zwiebeln anfangen zu bräunen. Fügen Sie bei Bedarf mehr Öl hinzu. Wenn sie anfangen zu bräunen, fügen Sie den Knoblauch hinzu und kochen Sie für weitere 1-2 Minuten unter gelegentlichem Rühren.

5 Fügen Sie die Kräuter und die getrockneten Pilze und den Weißwein hinzu und drehen Sie die Hitze auf Maximum. Gut umrühren. Lassen Sie den Wein halbieren.

6 Fügen Sie die Tomaten hinzu und mischen Sie gut. Fügen Sie bei Bedarf etwas Salz hinzu. Fügen Sie den Speck und die Fasanenstücke mit der Haut nach oben hinzu. Tauchen Sie den Fasan nicht unter, sondern schmiegen Sie die Stücke in die Sauce, damit die Haut nicht in die Flüssigkeit gelangt.

7 Bedecken und 45 Minuten im Ofen backen. Überprüfen Sie, ob das Fleisch vom Knochen fällt. Manchmal dauert es mit einem jungen Fasan nur 45 Minuten. Eine Stunde oder mehr ist typisch. Wenn das Fleisch so zart ist, wie Sie möchten, nehmen Sie den Deckel vom Topf und kochen Sie, bis die Haut knusprig ist, weitere 30-45 Minuten.

8 Geben Sie die Fasanenstücke auf einen Teller. Die Petersilie in den Topf geben und mischen.

9 Zum Servieren etwas Sauce herausschöpfen, mit einem Fasanenstück belegen und entweder mit Polenta oder einem guten knusprigen Brot servieren.

Nährwerte:

Kalorien: 410 kcal | Kohlenhydrate: 42 g | Protein: 38 g | Fett: 11 g

6.4 Fasan mit Pilzen

Zutaten:

4 kleine Fasane, gereinigt und gespült

250 g geschnittener Speck

1 Dose Champignoncremesuppe

150 ml saure Sahne

150 ml Wasser

1 kleine Zwiebel, gehackt

1 Packung trockene Zwiebelsuppe mischen

1 Dose geschnittene Pilze

1 Prise Salz und gemahlener schwarzer Pfeffer nach Geschmack

Zubereitung:

1. Legen Sie die Fasane in einen großen Slow Cooker. Wickeln und drapieren Sie den Speck über die Vögel und bedecken Sie die Fasane so weit wie möglich. Suppe, saure Sahne, Wasser, gehackte Zwiebeln, Zwiebelsuppenmischung und Pilze in einer Rührschüssel verquirlen. Mit Salz und Pfeffer abschmecken. Über die Fasane gießen.
2. 8 bis 10 Stunden auf niedriger Stufe oder 5 bis 7 Stunden auf hoher Stufe kochen.
3. Alternativ können Sie dieses Rezept für ca. 2 Stunden im Ofen bei 180 Grad zubereiten.

Nährwerte:

Kalorien: 256 kcal | Kohlenhydrate: 3,9 g | Protein: 19,7 g | Fett: 17,6 g

6.5 Fasanen Nuggets

Zutaten:

1 kg Fasanenbrust, in Streifen geschnitten

1 Teelöffel Gewürzmischung

100 g Allzweckmehl

gewürztes Salz und Pfeffer nach Geschmack

60 g trockene Kartoffelflocken

½ Packung butterige runde Cracker, zerkleinert

1 Ei

60 ml Milch

Zubereitung:

1. Heizen Sie eine Fritteuse auf 190 bis 200 Grad Celsius vor.
2. Das Fasanenfleisch mit Gewürzsmischung bestreuen und leicht mit einem Holzhammer zerstoßen, um alle Stücke gleichmäßig und gleich dick zu machen. Mehl, Salz, Pfeffer, Kartoffelflocken und zerkleinerte Cracker-Krümel in einer mittelgroßen Schüssel mischen. Gut mischen und beiseitestellen.
3. In einer separaten mittelgroßen Schüssel das Ei und die Milch mischen und glattrühren. Tauchen Sie die Fasanenfleischstreifen in die Eimischung und tauchen Sie jeden Streifen in die Mehlmischung. Gut und gründlich bestreichen und auf einem Teller auslegen, damit die Streifen leicht in die Fritteuse überführt werden können.
4. Geben Sie die Streifen in eine Fritteuse mit einer Temperatur von 190 bis 200 ° C, bis sie goldbraun sind. (Hinweis: Sie können diese auch in einer Pfanne bei mittlerer bis hoher Hitze mit Öl zum Braten nutzen.

Nährwerte:

Kalorien: 697 kcal | Kohlenhydrate: 50,6 g | Protein: 49 g | Fett: 31,2 g

6.6 Gegrillter Fasan

Zutaten:

800 g Fasanenbrust

1 Glas geschnittene Jalapenos

12 Scheiben Speck, in Drittel geschnitten

Jeweils 6 Bambusspieße, 20 Minuten in Wasser eingeweicht

Zubereitung:

1. Die Fasanenbrust in Stücke schneiden und in eine Schüssel geben. Gießen Sie die Flüssigkeit aus den Jalapenos über den Fasan, rühren Sie um und legen Sie sie beiseite, um sie 20 Minuten lang zu marinieren.

2. Heizen Sie einen Außengrill auf mittlere Hitze vor und ölen Sie das Grillrost leicht ein.

3. Die Marinade vom Fasan abtropfen lassen und wegwerfen. Legen Sie eine Scheibe Jalapenopfeffer auf jedes Stück Fasanenbrust und wickeln Sie es mit einem Drittel eines Speckstreifens ein. Spieß 6 der Fasanenstücke auf jedem Spieß.

4. Auf dem vorgeheizten Grill 15 bis 20 Minuten kochen, dabei häufig wenden, bis der Speck knusprig ist. Entfernen Sie die Spieße von den Fasanenstücken und legen Sie zum Servieren einen Zahnstocher in jedes Stück.

Nährwerte:

Kalorien: 309 kcal | Kohlenhydrate: 11 g | Protein: 32,7 g | Fett: 71,7 g

6.7 Cranberry Fasan

Zutaten:

1 Fasan, gereinigt und in Stücke geschnitten

1 Packung trockene Zwiebelsuppe mischen

1 Dose ganze Cranberry-Sauce

120 ml Salatdressing

Zubereitung:

1. Heizen Sie den Ofen auf 175 °C vor.
2. Die Fasanenstücke in eine leicht gefettete flache Auflaufform geben. In einer mittelgroßen Schüssel die Zwiebelsuppenmischung, die Preiselbeersauce und das Dressing verrühren. Gießen Sie die Sauce über den Fasan. Decken Sie die Schüssel mit einem Deckel oder einer Aluminiumfolie ab.
3. Im vorgeheizten Backofen 1 Stunde backen, bis sich das Fleisch leicht vom Knochen löst.

Nährwerte:

Kalorien: 787,5 kcal | Kohlenhydrate: 58,5 g | Protein: 45,9 g | Fett: 40,7 g

6.8 Geschmorter Zitronenfasan

Zutaten:

2 1/2 Fasane, gespült, trocken getupft und in Stücke geschnitten

2 Teelöffel Salz

¼ Teelöffel Pfeffer

50 g Allzweckmehl zum Ausbaggern

50 g Butter

1 Knoblauchzehe, gehackt

30 ml Zitronensaft

1 Dose Rinderbrühe

150 ml Wasser

Zubereitung:

1. Fasan mit Salz und Pfeffer würzen. In Mehl eintauchen und überschüssiges Mehl abschütteln.

2. Butter in einer großen, schweren Pfanne bei mittlerer Hitze schmelzen. Fasanenstücke anbraten, bis sie gut gebräunt sind. Knoblauch einrühren und einige Sekunden kochen, bis er duftet.

3. Gießen Sie Zitronensaft, Rinderbrühe und Wasser ein. Zum Kochen bringen, dann die Hitze auf mittel-niedrig reduzieren, abdecken und ca. 1 Stunde köcheln lassen, bis der Fasan zart ist.

Nährwerte:

Kalorien: 337,5 kcal | Kohlenhydrate: 25,5 g | Protein: 32,2 g | Fett: 20,1 g

6.9 Fasanentorte

Zutaten:

250 ml Hühnerbrühe

500 g Fasan, in mundgerechte Stücke geschnitten

150 g gehackte Karotten

70 g gehackter Sellerie

1 Dose Erbsen, abgetropft

5-8 EL gesalzene Butter

½ gelbe Zwiebel, gehackt

50 g Allzweckmehl

60 ml Milch

1 Teelöffel Salz

1 Teelöffel getrockneter Rosmarin

½ Teelöffel gemahlener schwarzer Pfeffer

½ Teelöffel getrockneter Salbei

½ Teelöffel gemahlener Selleriesamen

2 gekühlte Tortenkrusten

1 Eiweiß, geschlagen

Zubereitung:

1. Heizen Sie den Ofen auf 200 ° C vor.
2. Brühe in einem Topf zum Kochen bringen. Fügen Sie Fasan, Karotten und Sellerie hinzu und kochen Sie, bis der Fasan durchgekocht ist (ca. 15 Minuten). Erbsen in die Brühe geben und 1 Minute kochen lassen. Brühe abtropfen lassen und aus dem Topf nehmen.
3. Butter in einem separaten Topf bei mittlerer Hitze schmelzen; kochen und Zwiebel ca. 5 Minuten durchscheinend anbraten. Mehl nach und nach glatt in der Butter rühren. Gießen Sie die reservierte Brühe und Milch unter ständigem Rühren in die Mehlmischung.
4. Salz, Rosmarin, Pfeffer, Salbei und Selleriesamen in die Brühe geben und bei mittlerer Hitze etwa 5 Minuten köcheln lassen, bis die Sauce eingedickt ist.
5. Reduzieren Sie die Ofentemperatur auf 190 ° C.
6. 1 Tortenkruste in einen Tortenteller drücken und leicht mit Eiweiß bestreichen.
7. Die Kruste im Ofen ca. 5 Minuten backen, bis sie leicht gebräunt ist.
8. Etwa 1/4 der Fasan-Gemüse-Mischung in die gebackene Tortenkruste geben. Die restliche Fasan-Gemüse-Mischung in die Sauce mischen. in gebackene Tortenkruste gießen. Legen Sie die zweite Kruste auf die Füllung und drücken Sie die Ränder zusammen, um eine Versiegelung zu bilden. Schneiden Sie Ihre Initialen zur Belüftung in die obere Kruste. Das siehst sehr gut aus.
9. Im Ofen ca. 40 Minuten backen, bis die Oberseite goldbraun ist.

Nährwerte:

Kalorien: 698,7 kcal | Kohlenhydrate: 54,3 g | Protein: 22,3 g | Fett: 43,5 g

6.10 Fasan Phungi

Zutaten:

1 Packung getrocknete Waldpilzmischung

1 Packung getrocknete Shiitake-Pilze

2 Esslöffel Olivenöl

1 Fasan - entbeint, gehäutet und in kleine Stücke geschnitten

1 ½ Teelöffel gehackter Knoblauch

1 Teelöffel getrocknetes Basilikum

2 Esslöffel Butter

30 g fein gehackte Schalotten

1 Portobello-Pilzkappe, gehackt

3 Esslöffel in Scheiben geschnittene sonnengetrocknete Tomaten

2 Esslöffel Pfeilwurz Pulver

1 Teelöffel Salz nach Geschmack

Zubereitung:

1. In einer kleinen Schüssel getrocknete Pilze gemäß den Anweisungen in der Packung in Wasser konstituieren. Ablassen und Wasser aufbewahren. Rekonstituierte Pilze in kleine Stücke schneiden.
2. Olivenöl in einer großen, schweren Pfanne bei mittlerer Hitze erhitzen. Fasanenfleisch mit Knoblauch und Basilikum anbraten, bis es leicht gebräunt ist. Nehmen Sie das Fleisch mit einem geschlitzten Löffel aus der Pfanne und legen Sie es beiseite.
3. Fügen Sie Butter zum Öl in der Pfanne hinzu. Schalotten, rekonstituierte Pilze und Portobello-Pilze goldbraun anbraten.
4. Rühren Sie sonnengetrocknete Tomaten in das Pilzwasser ein.
5. Pfeilwurzelpulver in Wasser auflösen und in die Pilzmischung einrühren. Das Fasanenfleisch wieder in die Pfanne geben und 30 Minuten köcheln lassen.

Nährwerte:

Kalorien: 537,6 kcal | Kohlenhydrate: 12,5 g | Protein: 48 g | Fett: 31,9 g

6.11 Fasan mit „klebrigen" Fingern

Zutaten:

150 ml Honig

150 ml Geflügelsauce auf Butterbasis

40 g Allzweckmehl

1 Prise Salz und schwarzer Pfeffer nach Geschmack

2 Eier

6 hautlose, knochenlose Fasanenbrusthälften, in Streifen geschnitten

30 g Butter

Zubereitung:

1 Heizen Sie einen Ofen auf 175 °C vor. Den Honig und die Flügelsauce glattrühren und beiseitelegen. Das Mehl mit Salz und Pfeffer abschmecken.

2 Schlagen Sie die Eier in einer Rührschüssel glatt. Fasanenstreifen einrühren. Entfernen Sie die Fasanenstreifen vom Ei und drücken Sie sie vorsichtig in das Mehl, um sie zu beschichten. Überschüssiges Mehl abschütteln. Die Butter in einer großen Pfanne bei mittlerer Hitze schmelzen. Die Fasanenstreifen auf jeder Seite goldbraun und knusprig kochen, ca. 3 Minuten pro Seite. Geben Sie die Fasanenstreifen in die Flügelsauce und gießen Sie sie in eine Auflaufform.

3 Im vorgeheizten Backofen ca. 20 Minuten backen, bis der Fasan die Sauce aufgenommen hat.

Nährwerte:

Kalorien: 631,1 kcal | Kohlenhydrate: 50,7 g | Protein: 47,2 g | Fett: 27,3 g

6.12 Slow Cooker Fasan mit Pilzen und Oliven

Zutaten:

80 g Allzweckmehl

½ Teelöffel Salz

¼ Teelöffel gemahlener schwarzer Pfeffer

2 Fasane, gespült, trocken getupft und in Stücke geschnitten

2 Esslöffel Olivenöl

1 Zwiebel, in Ringe geschnitten

100 g geschnittene Crimini-Pilze

1 Esslöffel gehackter Knoblauch

150 ml Weißwein

150 ml Hühnerbrühe

60 g geschnittene schwarze Oliven

Zubereitung:

1. Mehl, Salz und Pfeffer in eine wiederverschließbare Plastiktüte geben. Schütteln, um alles zu mischen. Legen Sie die Fasanenstücke in die Mehlmischung und schütteln Sie sie, bis sie gleichmäßig bedeckt sind.

2. Das Olivenöl in einer großen Pfanne bei mittlerer bis hoher Hitze erhitzen. Schütteln Sie überschüssiges Mehl von den Fasanenstücken und legen Sie sie in das heiße Öl.

3. Kochen, bis der Fasan auf beiden Seiten braun ist, ca. 3 Minuten pro Seite.

4. Legen Sie den Fasan in einen Slow Cooker und bewahren Sie das Öl in der Pfanne auf. Die Zwiebel im restlichen Öl ca. 3 Minuten kochen, bis sie weich ist. Die Pilze und den Knoblauch einrühren und weiter kochen und umrühren, bis die Pilze weich und der Knoblauch weich geworden sind, das dauert weitere 5 Minuten.

5. Gießen Sie den Wein in die Pfanne und bringen Sie ihn zum Kochen. 5 Minuten kochen lassen, dann die Hühnerbrühe einfüllen und zum Kochen bringen. Gießen Sie die Pilzmischung in den Slow Cooker und bestreuen Sie sie mit geschnittenen schwarzen Oliven.

6. Abdecken und 4 Stunden auf Hoch oder 7 Stunden auf Niedrig kochen.

Nährwerte:

Kalorien: 642 kcal | Kohlenhydrate: 16,5 g | Protein: 63,3 g | Fett: 30,7 g

6.13 Fasan mit Pesto Pasta

Zutaten:

4 hautlose Fasanenbrusthälften

100 ml Weißwein

300 g Fettuccine Nudeln

1 Esslöffel Olivenöl

½ Zwiebel, gehackt

8 Pilze, in Scheiben geschnitten

150 g gehackte frische Spinatblätter

60 ml Weißwein

30 ml Sahne

30 ml Pesto-Sauce

2 Esslöffel geriebener Parmesan oder nach Geschmack

Zubereitung:

1. Heizen Sie einen Ofen auf 175 ° C vor.
2. Legen Sie die Fasanenbrüste in eine Auflaufform und gießen Sie den Weißwein hinzu. Im vorgeheizten Backofen ca. 45 Minuten backen, bis der Fasan in der Mitte nicht mehr rosa ist. Ein in der Nähe des Knochens eingesetztes sofort ablesbares Thermometer sollte 74 ° C anzeigen. Aus dem Ofen nehmen und abkühlen lassen. Nach dem Abkühlen das Fleisch von den Knochen nehmen und in mundgerechte Stücke schneiden.
3. Füllen Sie einen großen Topf mit leicht gesalzenem Wasser und bringen Sie ihn bei starker Hitze zum Kochen. Sobald das Wasser kocht, die Fettuccini einrühren und zum Kochen bringen. Kochen Sie die Nudeln unbedeckt unter gelegentlichem Rühren, bis die Nudeln durchgekocht sind, aber noch zum Biss fest sind (ca. 8 Minuten). In einem Sieb in der Spüle gut abtropfen lassen.
4. In der Zwischenzeit das Olivenöl in einer Pfanne bei mittlerer Hitze erhitzen. Die Zwiebel kochen und umrühren, bis sie weich und durchscheinend geworden ist (ca. 5 Minuten). Fügen Sie die Pilze, den Spinat und die Fasanenstücke hinzu. Kochen, bis die Pilze weich geworden sind, dann etwa 60 ml Weißwein einfüllen, abdecken und 5 Minuten kochen lassen. Sahne und Pesto einrühren und vom Herd nehmen. Die Fettuccini in eine Schüssel geben, die Fasanensauce darüber gießen und zum Servieren mit Parmesan bestreuen.

Nährwerte:

Kalorien: 1394,4 kcal | Kohlenhydrate: 96,8 g | Protein: 115,1 g | Fett: 48,2 g

6.14 Cremiger Fasan mit Nudeln

Zutaten:

250 g geschnittene Karotten

150 g gehackte Zwiebel

120 g Sellerie in Scheiben geschnitten

2 Esslöffel gehackte frische Petersilie

1 Lorbeerblatt

1 kg gewürfeltes Fasanenfleisch

2 Dosen Champignoncremesuppe

60 ml Wasser

1 Teelöffel getrocknete Thymianblätter, zerkleinert

¼ Teelöffel gemahlener schwarzer Pfeffer

150 g gefrorene Erbsen

1 Prise Salz und Pfeffer nach Geschmack

1 Prise Paprika nach Geschmack

1 Packung getrocknete Eiernudeln

Zubereitung:

1. Legen Sie Karotten, Zwiebeln, Sellerie, Petersilie und Lorbeerblatt in einen großen (4-Liter) Slow Cooker. Fügen Sie gewürfeltes Fasanenfleisch hinzu und rühren Sie dann Champignoncremesuppe, Wasser, Thymian und 1/4 Teelöffel Pfeffer zusammen. Über den Fasan gießen. Abdecken und 8 bis 9 Stunden auf niedriger Stufe oder 4 bis 4 1/2 Stunden auf hoher Stufe kochen.

2. Gefrorene Erbsen unter den Fasan rühren und mit Salz, Pfeffer und Paprika abschmecken. Einen großen Topf mit leicht gesalzenem Wasser zum Kochen bringen. Fügen Sie Nudeln hinzu und kochen Sie sie 8 bis 10 Minuten lang oder bis sie al dente sind. Dann ablassen. Cremigen Fasan auf einem Nudelbett servieren.

Nährwerte:

Kalorien: 570,5 kcal | Kohlenhydrate: 54,2 g | Protein: 45,1 g | Fett: 18,1 g

6.15 Einfacher Fasanenauflauf

Zutaten:

1 Packung Trockenbrot-Füllmischung

4 Esslöffel Butter, geschmolzen

150 ml heißes Wasser

1 Dose Hühnersoße

500 g gekochter Fasan, gewürfelt

1 Packung gefrorenes Mischgemüse

¼ Teelöffel getrockneter Thymian

Zubereitung:

1. Heizen Sie den Ofen auf 175 ° C vor.
2. Kombinieren Sie in einer großen Schüssel das Gewürzpaket aus der Füllmischung mit Butter und Wasser. Die Füllkrümel einrühren, bis die gesamte Flüssigkeit aufgenommen ist.
3. In einer separaten 2-Liter-Auflaufform Soße, Fasan, Gemüse und Thymian vermischen. Alles gut umrühren, dann die Füllmischung darüber geben.
4. Backen Sie bei 175 ° C für 45 Minuten oder bis es heiß und sprudelnd ist.

Nährwerte:

Kalorien: 403,6 kcal | Kohlenhydrate: 35,1g | Protein: 23,7 g | Fett: 18,5 g

6.16 Geschmorter Fasan

Zutaten:

3 große Fasane, gereinigt und gespült

30 ml Distelöl

350 g geschälte und in dünne Scheiben geschnittene grüne Äpfel

150 g dünn geschnittene Zwiebeln

1 Teelöffel Muskatnuss

60 ml Sahne

½ Teelöffel salzfreie Gewürzmischung

gemahlener schwarzer Pfeffer nach Geschmack

Zubereitung:

1. Heizen Sie den Ofen auf 175 ° C vor. In einem großen Schmortopf bei mittlerer Hitze die Fasane allseitig im Distelöl anbraten. Stecken Sie die geschnittenen Äpfel und Zwiebeln um die Fasane. Die Fasanenspitzen mit Muskatnuss bestäuben.

2. Bedeckt ca. 1 Stunde backen oder bis die Säfte klar sind, wenn ein Messer in den Oberschenkel eingeführt wird. Die Fasane, Äpfel und Zwiebeln auf eine Platte legen und im Ofen warmhalten.

3. Die Säfte in einen Topf geben und bei mittlerer Hitze zum Kochen bringen. Die Sahne einrühren und unter häufigem Rühren 5 Minuten köcheln lassen.

4. Mit salzfreier Gewürzmischung und gemahlenem schwarzen Pfeffer abschmecken.

5. Über die Fasane gießen und servieren.

Nährwerte:

Kalorien: 683,6 kcal | Kohlenhydrate: 8 g | Protein: 68,9 g | Fett: 36,6 g

6.17 Panierte Fasanen Nuggets

Zutaten:

200 g Semmelbrösel

60 g geriebener Parmesan

1 Esslöffel getrocknete Petersilie

2 Teelöffel Salz

½ Teelöffel gemahlener schwarzer Pfeffer

½ Teelöffel trockenes Senfpulver

90 g Butter

2 Knoblauchzehen, gehackt

6 hautlose, knochenlose Fasanenbrusthälften, in Stücke geschnitten

Zubereitung:

1. Heizen Sie einen Ofen auf 175 ° C vor. Semmelbrösel, Parmesan, Petersilie, Salz, schwarzen Pfeffer und Senfpulver in einer Schüssel gleichmäßig vermischen.

2. Die Butter mit dem Knoblauch in einer Pfanne bei schwacher Hitze schmelzen. Nach dem Schmelzen den Knoblauch 5 Minuten kochen und umrühren, um die Butter zu würzen. Nach dem Schmelzen in eine Rührschüssel geben. Tauchen Sie die Fasanenstücke in die geschmolzene Butter und drücken Sie sie in die Krümelmischung. In einer Schicht auf ein ungefettetes Backblech legen. Die restlichen Krümelmischung über die Fasanennuggets streuen.

3. Im vorgeheizten Backofen ca. 45 Minuten backen, bis die Fasanenstücke in der Mitte nicht mehr rosa sind.

Nährwerte:

Kalorien: 1017,3 kcal | Kohlenhydrate: 46,4 g | Protein: 76,1 g | Fett: 57,7 g

6.18 Mit Äpfeln gefüllte Fasanenbrust in Apfelessig-Pflaumen-Sauce

Zutaten:

3 Äpfel - geschält, entkernt und gehackt

30 ml Wasser

1 Esslöffel gehackter frischer Thymian

2 Esslöffel weißer Zucker

1 Schuss Salz und gemahlener schwarzer Pfeffer nach Geschmack

150 g Semmelbrösel

100 ml Hühnerbrühe

4 knochenlose, hautlose Fasanenbrusthälften

8 Streifen Speckstreifen

120 g Zwiebel, fein gehackt

100 ml Apfelessig

200 g entkernte Pflaumen

60 ml Sahne

Zubereitung:

1. Legen Sie die Äpfel mit Wasser, Thymian, Zucker und Salz in einen kleinen Topf. Bei starker Hitze zum Kochen bringen, dann die Hitze auf mittel reduzieren und köcheln lassen, bis die Äpfel weich und zu einem klobigen Apfelmus gekocht sind (ca. 15 Minuten). Das Apfelmus vom Herd nehmen und die Semmelbrösel unterrühren.

2. Heizen Sie den Ofen auf 200 ° C vor.

3. Bereiten Sie die zu füllenden Fasanenbrüste vor, indem Sie eine Tasche horizontal in jede Brust schneiden. Löffeln Sie die Apfel-Brotkrumen-Füllung in jede Brust. Wickeln Sie jede Brust mit zwei Speckstreifen ein und legen Sie sie mit der gehackten Zwiebel in eine Auflaufform. Die Hühnerbrühe über die Fasanenbrüste gießen und mit Salz und Pfeffer würzen.

4. Braten Sie die Fasanenbrüste im vorgeheizten Ofen, bis alles gut gegart ist und die Säfte aus dem Fleisch 30 bis 35 Minuten lang klar sind.

5. Die Brüste aus der Auflaufform nehmen und mit Aluminiumfolie abdecken. Gießen Sie die Säfte aus der Auflaufform in einen kleinen Topf mit Apfelessig und Pflaumen. Bei starker Hitze zum Kochen bringen. Die Sahne einrühren und weiter kochen, bis sie eingedickt ist.

6. Schneiden Sie die Brüste diagonal in Scheiben und fächern Sie sie auf der Servierplatte auf. Löffeln Sie die Pflaumensauce über die Scheiben, um sie zu servieren.

Nährwerte:

Kalorien: 979,6 kcal | Kohlenhydrate: 77,4 g | Protein: 57,4 g | Fett: 50 g

6.19 Fasan mit Kaffeelikörsauce

Zutaten:

60 ml Likör mit Kaffeegeschmack

30 ml frischer Orangensaft

60 ml frischer Zitronensaft

½ Teelöffel Senf zubereitet

¼ Teelöffel gemahlener Paprika

3 Esslöffel ungesalzene Butter

4 Fasane

Salz und Pfeffer nach Geschmack

2 Scheiben orange, halbiert

2 Scheiben Zitrone, halbiert

100 g kernlose Trauben

Zubereitung:

1 Den Ofen auf 190 ° C vorheizen. Kaffeelikör, Orangen- und Zitronensaft, Senf und Paprika in einem kleinen Topf verrühren. Butter hinzufügen und zum Kochen bringen. Nach dem Kochen die Hitze senken und 1 Minute köcheln lassen. Vom Herd nehmen, abdecken und beiseitestellen.

2 Fasane unter kaltem fließendem Wasser abspülen und trocken tupfen. Die Hohlräume mit Salz und Pfeffer einreiben. Füllen Sie jeden Vogel mit einer halben Orangenscheibe und einer halben Zitronenscheibe. Falls gewünscht, Trauben in den Hohlraum füllen. Etwa einen Esslöffel der Sauce dazugeben. Binden oder spießen Sie die Beine zusammen und legen Sie die Brust mit der Brust nach oben in eine flache Bratpfanne und bedecken Sie diese locker mit Folie.

3 Im vorgeheizten Backofen 30 Minuten rösten. Folie entfernen und mit der Kaffeelikörsauce begießen. Braten Sie weitere 30 Minuten und wenden sie noch einige Male. Nehmen Sie die Vögel auf eine Servierplatte und entfernen Sie die Traversen oder Spieße.

4 Die Bratpfanne auf das Kochfeld stellen und mit der restlichen Sauce ablöschen.

5 Köcheln lassen, bis es eingedickt ist, dann über die gerösteten Fasane geben.

6 Mit den restlichen Zitronen- und Orangenscheiben garnieren.

Nährwerte:

Kalorien: 529,9 kcal | Kohlenhydrate: 22,3 g | Protein: 26,3 g | Fett: 30 g

6.20 Sautierter Fasan mit Pfirsich-Balsamico-Sauce

Zutaten:

2 Esslöffel Butter

2 Knoblauchzehen, in Scheiben geschnitten

1 Fasan

40 ml trockener Sherry oder Weißwein

30 ml Hühnerbrühe

2 Teelöffel gehackter frischer Estragon

30 g Pfirsich- oder Aprikosenmarmelade

1 Teelöffel Balsamico-Essig oder nach Geschmack

Zubereitung:

1. Die Butter mit dem Knoblauch in einer großen Pfanne bei schwacher Hitze schmelzen. Etwa 10 Minuten lang langsam sprudeln lassen, um den Knoblauch in die Butter zu geben, dann den Knoblauch entfernen und aufbewahren.

2. Erhöhen Sie die Hitze auf mittel. Wenn es heiß ist, bräunen Sie das Fleisch auf beiden Seiten goldbraun, ungefähr 3 Minuten pro Seite; dann beiseitestellen.

3. Gießen Sie den Sherry in die Pfanne und lassen Sie ihn 20 Sekunden köcheln. Hühnerbrühe, Estragon und Marmelade einrühren; Zum Kochen bringen, dann die Hitze auf mittel-niedrig reduzieren, abdecken und 5 Minuten köcheln lassen. Fügen Sie den Balsamico-Essig hinzu und kochen Sie ihn abgedeckt 2 Minuten lang. Das Geflügel wieder in die Pfanne geben und 3 bis 5 Minuten köcheln lassen, bis es vollständig gekocht ist.

Nährwerte:

Kalorien: 446,5 kcal | Kohlenhydrate: 16,8 g | Protein: 54,3 g | Fett: 7,4 g

6.21 Fasanenfleischbällchen mit Orzo

Zutaten

1 Schalotte, grob gehackt

1 Knoblauchzehe, grob gehackt

150 g übrig gebliebenes Fasanenfleisch aus dem Kadaver (einschließlich Haut und Fett)

100 g frische Semmelbrösel

Schale und Saft 1 Zitrone

1 EL Naturjoghurt

1 großes Ei

2 EL Pistazien, gehackt

2 EL gehackte Petersilie

kleine Muskatnuss

3 EL Olivenöl plus extra zum Einfetten

2 Rosmarinzweige

200 g Orzo

80g Babyspinatblätter

4 EL Crème Fraîche

20 g fein geriebener Parmesan plus extra zum Servieren

Zubereitung:

1. Schalotte, Knoblauch und Fasan in einen Mixer geben und fein hacken. Fügen Sie die Semmelbrösel, Zitronenschale und Saft, Joghurt und Ei hinzu und kneten Sie noch einmal, bis die Mischung zusammenklumpt, und geben Sie sie dann in eine Schüssel.

2. Pistazien und Petersilie hinzufügen, gut umrühren und mit Salz, Pfeffer und Muskatnuss würzen.

3. Ölen Sie Ihre Hände und rollen Sie die Mischung in Fleischbällchen in Golfballgröße.

4. Zum Abkühlen in den Kühlschrank stellen.

5. Heizen Sie den Ofen auf 180 ° C vor. In einer beschichteten Pfanne das Olivenöl und den Rosmarin erhitzen und umrühren, um das Öl zu infundieren. Fügen Sie dann die Fleischbällchen hinzu und braten Sie sie 4-5 Minuten lang und drehten Sie diese vorsichtig, um sie überall zu bräunen. Mit einem geschlitzten Löffel aus der Pfanne nehmen, das Rosmarinöl zurückhalten und die Fleischbällchen in eine Bratform geben. Legen Sie sie für 10 Minuten in den Ofen, um sie zu erhitzen, während Sie die Nudeln kochen.

6. Kochen Sie den Orzo gemäß den Anweisungen in der Packung und lassen Sie ihn al dente abtropfen, wobei Sie etwas Wasser aufbewahren.

7. Entfernen Sie die Rosmarinzweige aus dem Olivenöl in der Pfanne und geben Sie die Nudeln zusammen mit dem Spinat unter Rühren in das eingegossene Öl. Bei schwacher Hitze leicht erwärmen, dann Crème Fraîche und Parmesan sowie etwas Nudelwasser (oder Brühe, falls vorhanden) unterrühren.

8. Würzen und zwischen den Tellern verteilen und mit den Fleischbällchen belegen. Mit extra Parmesan servieren, wenn Sie möchten.

Nährwerte:

Kalorien: 980 kcal | Kohlenhydrate: 57 g | Protein: 31 g | Fett: 68 g

6.22 Fasanenbrust à l'Orange mit getrockneten Aprikosen und Schinken

Zutaten:

2 hautlose Fasanenbrüste

6 pralle, saftig getrocknete Aprikosen

12 Scheiben dünn geschnittener Schinken oder streifiger Speck

4 Thymianzweige

Stück Butter

2 EL Olivenöl

50 g Brunnenkresse

Orangensaft auspressen für die Soße

Schale und Saft 2 Orangen

1 Zimtstange (oder 1 TL gemahlen)

1 TL Honig

3 EL Sojasauce

Zubereitung:

1. Schneiden Sie jeden Fasan in der Mitte der Länge nach in zwei Hälften, so dass Sie 4 dünne Brustschlitze haben.
2. Schneiden Sie die Aprikosen auf die gleiche Weise.
3. 3 überlappende Scheiben Schinken oder Speck auslegen und einen Zweig Thymian daraufflegen. Legen Sie ein Stück Brust darauf und legen Sie 3 Stück Aprikose auf die Brust.
4. Mit Salz und Pfeffer würzen und den Schinken fest um den Fasan wickeln, um ein Päckchen zu bilden.
5. Wiederholen Sie mit dem restlichen Fasan, Schinken und Aprikose, um 4 Pakete zu machen. Sie können diese am Vortag machen.
6. Heizen Sie den Ofen auf 180 °C.
7. Erhitzen Sie eine Pfanne mit starkem Boden über einer hohen Flamme und fügen Sie die Butter und 1 EL Öl hinzu. Wenn die Fette brutzeln, fügen Sie die Fasanenpakete hinzu und bratenSie sie 3-4 Minuten auf jeder Seite, bis der Schinken knusprig und golden ist.
8. Die Hitze aus der Pfanne versiegelt den Schinken fest um die Fasanenbrust.
9. Legen Sie die Brüste auf ein Backblech und braten Sie sie 5-7 Minuten im Ofen, um den Garvorgang zu beenden.
10. In der Zwischenzeit die Schale und den Saft der 2 Orangen, Zimt, Honig und Soja in die Pfannensäfte geben und köcheln lassen, bis sie sirupartig sind.
11. Geben Sie die Brunnenkresse mit dem restlichen Öl und einer Prise Orangensaft zu.
12. Die Fasanenpakete mit Orangensauce, Brunnenkresse und Reis servieren.

Nährwerte:

Kalorien: 549 kcal | Kohlenhydrate: 21 g | Protein: 57 g | Fett: 26 g

6.23 Fasanenballotine

Zutaten

2 ofenfertige Fasane

25g weiche Butter

12 Scheiben räucherten Speck

Für die Füllung:

1 Zwiebel, fein gehackt

2 TL Butter

50 g Pflaume, eingeweicht in 3 EL Brandy

400 g Wurstfleisch aus 6 ganzen Würstchen

2 EL Thymianblätter

große Handvoll Petersilie, grob gehackt

25 g Pistazie

25g frische Semmelbrösel

Zubereitung:

1. Bereiten Sie zuerst die Füllung vor. Die Zwiebel in der Butter 5-10 Minuten braten, bis sie weich ist, dann vollständig abkühlen lassen. Die restlichen Zutaten einschließlich der abgekühlten Zwiebeln in einer großen Schüssel gründlich mischen.

2. Wenn die Flügel angebracht sind, schneiden Sie am ersten Gelenk (bei den meisten geschlachteten Vögeln wurden sie entfernt). Suchen Sie zwischen Hals und Brust und kratzen Sie das Fleisch um ihn herum mit einem scharfen Messer ab.

3. Legen Sie den Fasan mit der Brust nach unten auf das Brett. Mit einem scharfen Ausbeinmesser durch die Haut bis zum Rückgrat entlang der Länge des Vogels schneiden.

4. Arbeiten Sie die Länge des Fasans hinunter, lassen Sie Ihr Messer langsam gegen den Brustkorb laufen, halten Sie sich dicht am Knochen und kratzen Sie das Fleisch von beiden ab. Drehen Sie die Oberschenkelgelenke heraus, wenn Sie zu ihnen gelangen.

5. Schneiden Sie den Hauptkörper sehr sorgfältig ab. Hier ist die Haut am dünnsten. Schneiden Sie sie daher sorgfältig ab, damit Sie die Haut nicht einklemmen oder durchbohren möchten.

6. Öffnen Sie den Vogel wie ein Buch und legen Sie ihn mit der Haut nach unten auf das Brett.

7. Würzen Sie das Fleisch des Vogels mit Salz und Pfeffer und verteilen Sie dann die Hälfte der Füllung in der Mitte jedes Vogels in Wurstform.

8. Formen Sie den Vogel neu, indem Sie die Seiten nach oben und um die Füllung heben. Nachdem Sie einen gemacht haben, wiederholen Sie mit dem anderen Fasan.

9. Wickeln Sie jeden Fasan fest und ordentlich mit Speck ein, so dass der Speck den Vogel umgibt und sich an der Unterseite verbindet.

10. Binden Sie den Fasan mit einer Metzgerschnur in regelmäßigen Abständen um die Breite. Binden Sie es dann einmal um die Länge, um die Füllung festzuhalten.

11 Zum Schluss die Beine zusammenbinden. Der Fasan kann bis zu diesem Zeitpunkt vorbereitet und bis zu einem Tag gekühlt werden.

12 Heizen Sie den Ofen auf 200 ° C vor. Geben Sie den Fasan in eine Bratform. 45-50 Minuten braten, dabei regelmäßig mit den Säften aus der Dose begießen. Zum Schluss mit Folie abdecken und ca. 15 Minuten ruhen lassen. In dicken Scheiben mit den Säften aus der Pfanne servieren.

Nährwerte:

Kalorien: 756 kcal | Kohlenhydrate: 16 g | Protein: 56 g | Fett: 50 g

6.24 Fasan, Lauch & Speckkuchen

Zutaten:

50 g Butter

200 g Speckstreifen, in Stücke geschnitten

4 Lauch, in große Stücke geschnitten

3 Selleriestangen, in Scheiben geschnitten

3 Karotten, längs halbiert und in Scheiben geschnitten

2 Lorbeerblätter

3 EL Mehl

300ml Apfelwein

500ml Hühnerbrühe

2 EL Doppelcreme

6 Fasanenbrüste, gehäutet und in große Stücke geschnitten

3 EL Vollkornsenf

1 EL Apfelessig

500 g Blätterteig

einfaches Mehl

Ei mit etwas Milch geschlagen, für die Glasur

Zubereitung:

1. Erhitzen Sie die Butter in einer Auflaufform und kochen Sie den Speck 1 Minute lang, bis er seine Farbe ändert. Fügen Sie den Lauch, den Sellerie, die Karotten und die Lorbeer hinzu und kochen Sie, bis sie weich werden.
2. Rühren Sie das Mehl in das Gemüse, bis es eine sandige Farbe annimmt, spritzen Sie dann den Apfelwein hinein und reduzieren Sie ihn.
3. Hühnerbrühe einfüllen, umrühren und die Sahne hinzufügen.
4. Würzen, dann alles zum Kochen bringen. Fügen Sie den Fasan hinzu und lassen Sie ihn 20 Minuten lang leicht köcheln, bis das Fleisch und das Gemüse zart sind.
5. Senf und Essig unterrühren, dann die Hitze abstellen und abkühlen lassen.
6. Heizen Sie den Ofen auf 220 ° C.
7. Geben Sie die Mischung in eine große rechteckige Schüssel.
8. Den Blätterteig auf einer bemehlten Oberfläche ausrollen, über die Schüssel legen und an den Rändern abschneiden, so dass ein Überhang entsteht.
9. Den Blätterteig mit Ei bestreichen und nach Belieben mit resten dekorieren.
10. Mit etwas Meersalz bestreuen.
11. Der Kuchen kann jetzt bis zu 1 Monat lang eingefroren werden. Vor dem Backen vollständig auftauen. 30-35 Minuten goldbraun backen. Aus dem Ofen nehmen und vor dem Servieren 5 Minuten abkühlen lassen.

Nährwerte:

Kalorien: 777 kcal | Kohlenhydrate: 38 g | Protein: 47 g | Fett: 48 g

6.25 Gebratener Fasan mit Ricotta & Parmaschinken

Zutaten:

90 g Packung Parmaschinken

140 g Ricotta

1 EL Thymianblatt plus einige Zweige

3 EL frisch geriebener Parmesan

2 ofenfertige Fasane, gewaschen und getrocknet

150 ml extra trockener Wermut

Olivenöl zum Nieseln

Zubereitung:

1. Heizen Sie den Ofen auf 220 ° C vor. Trennen Sie die Schichten des Parmaschinkens und hacken Sie zwei Scheiben fein. Ricotta, gehackten Schinken, Thymian und Parmesan mit etwas Gewürz mischen.

2. Lösen Sie die Haut vorsichtig vom Brustfleisch jedes Fasans und verwenden Sie die Hälfte der Füllung pro Vogel, indem Sie sie durch die Haut an die Konturen der Brüste drücken. Dies schützt das Fleisch vor Hitze und verhindert das Austrocknen. Stecken Sie einige Zweige Thymian in die Körperhöhle, um Geschmack zu verleihen.

3. Die Fasane in eine Bratform geben und mit dem restlichen Schinken belegen. Mit Pfeffer würzen, über den Wermut gießen und mit Öl beträufeln.

4. 20 Minuten braten, dann die Hitze auf 180 ° C herunterdrehen und weitere 40 Minuten braten, ab und zu mit den Pfannensäften begießen, bis die Beine nicht mehr rosa sind.

5. Mit Folie und einem Geschirrtuch abdecken und vor dem servieren 10 Minuten stehen lassen. Mit Spinat und Kartoffeln servieren, die nach Belieben zubereitet werden.

Nährwerte:

Kalorien: 336 kcal | Kohlenhydrate: 20 g | Protein: 40 g | Fett: 16 g

7 Innereien

7.1 Tartar aus Wild Herz

Zutaten

3 bis 4 Dutzend Herzen von wilden Vögeln, wie Wildenten

1 kleines frisches Chili, sehr dünn geschnitten

1 Esslöffel gehackte Schalotte

1 1/2 Esslöffel winzige Kapern

1 Esslöffel Oliven (grün oder schwarz)

1 Teelöffel fein geriebene Zitronenschale

2 bis 3 Esslöffel gerösteter roter Pfeffer, in Stücke von der Größe der Kapern geschnitten

2 Teelöffel frisch gepresster Zitronensaft

2 Teelöffel gehackte Petersilie

2 Teelöffel gehackte Minze

Olivenöl

Salz

1 große Knoblauchzehe pro Person

Zubereitung:

1 Schneiden Sie die Oberseite der Herzen ab – das obere Ende mit dem Fett. Die Herzen in Stücke von der Größe der Kapern hacken und in eine Schüssel geben. Die Oliven gut hacken und in die Schüssel geben. Fügen Sie alles außer Olivenöl, Zitronensaft und Kräutern hinzu und mischen Sie es vorsichtig, um es zu kombinieren.

2 Knoblauchzehen längs in dünne Scheiben schneiden. Wenn Sie möchten, bringen Sie etwa 1 Glas Milch zum Kochen und fügen Sie die Knoblauchzehen hinzu. 1 Minute köcheln lassen, dann abtropfen lassen und trocken tupfen – dadurch wird der Knoblauch etwas bitterer.

3 Um die Knoblauchchips fertig zu stellen, geben Sie 3 bis 4 Esslöffel Olivenöl in eine kleine Pfanne und braten Sie die Knoblauchzehen bei mittlerer Hitze etwa 2 Minuten lang knusprig an. Lassen Sie sie nicht bräunen, sonst werden sie sehr bitter. Auf Papiertüchern abtropfen lassen. Zitronensaft, Olivenöl und Kräuter zum Tartar geben und vorsichtig mischen.

4 Zum Servieren einen großen Löffel Tatar auf einen Teller legen und mit Olivenöl beträufeln, dann mit Knoblauchchips belegen.

Nährwerte:

Kalorien: 170kcal | Kohlenhydrate: 2g | Protein: 1 g | Fett: 1 g | Gesättigtes Fett: 1g |

7.2 Teuflische Hirschnieren

Zutaten:

250 g frische Pilze, in große Stücke geschnitten (optional)

2 bis 4 Hirschnieren

50 g Mehl

1 Teelöffel Cayennepfeffer

1 ½ Teelöffel trockener Senf, Coleman, wenn Sie ihn bekommen können

1 Teelöffel Salz

1 Teelöffel gemahlener schwarzer Pfeffer

6 Esslöffel ungesalzene Butter, geteilt

Worcestersauce

3 Esslöffel Hühner-, Wild- oder Rinderbrühe

Zubereitung:

1. Schneiden Sie jede Niere in 3 oder 4 Stücke. Wenn Sie die Pilze verwenden, braten Sie sie in einer heißen Pfanne mit 3 Esslöffeln ungesalzener Butter an, bis sie an den Rändern schön gebräunt sind. Entfernen Sie sie und legen Sie sie für den Moment beiseite.

2. Mischen Sie das Mehl mit Cayennepfeffer, Senf, Salz und schwarzem Pfeffer und bestäuben Sie die Nieren damit.

3. Erhitzen Sie in einer Pfanne 3 weitere Esslöffel Butter. Die Nieren in der Butter anbraten. Möglicherweise müssen Sie sie mit einem Spatel nach unten drücken, da sie sich nach oben wölben möchten. Drehen Sie sich um und kochen Sie noch ein oder zwei Minuten. Entfernen Sie sie und schneiden Sie sie in Stücke, die Sie essen möchten.

4. Legen Sie die Nieren und die Pilze wieder in die Pfanne, geben Sie einen großen Spritzer Worcestersauce und die Brühe hinzu und schütteln Sie die Pfanne, um alles miteinander zu verschmelzen. Lassen Sie dies für ein oder zwei Minuten kochen.

5. Entfernen Sie die Nieren und Pilze, legen Sie sie auf Ihren Toast und kochen Sie die Sauce einige Minuten lang ein - lassen Sie sie nicht vollständig abkochen -, gießen Sie sie dann über alles und servieren Sie sie.

Nährwerte:

Kalorien: 200kcal | Kohlenhydrate: 9g | Protein: 3 g | Fett: 18 g |

7.3 Giblet Bolognese

Zutaten:

50 g getrocknete Pilze

1 kleine Zwiebel, geschält und grob gehackt

1 Sellerierippe, gehackt

1 große Karotte, gehackt

1 große Knoblauchzehe, gehackt

250. g verschiedene Innereien: Herzen, Lebern, Mägen, gehackt

120 g: Wildfleisch nach Wahl auch gehackt

50 ml Olivenöl

Salz

Ein paar Gitter Muskatnuss, etwa 1/2 Teelöffel

3 bis 5 ganze Nelken oder 1/4 Teelöffel

2 Lorbeerblätter

1 Liter ganze Tomaten, von Hand zerkleinert

120 ml süßer Sherry oder Marsala Wein

40 ml Sahne

Schwarzer Pfeffer nach Geschmack

Geriebener Käse zum Garnieren

Zubereitung:

1 Tauchen Sie die Pilze auf in eine Schüssel heißes Wasser. Lassen Sie sie dort, während Sie fortfahren.

2 Zwiebel, Sellerie, Karotte, Knoblauch und das Hackfleisch in einer Küchenmaschine pulsieren lassen, bis ein feines Hackfleisch und eine Paste entstehen. Pürieren Sie es nicht. Legen Sie das Gemüse vorerst in eine Schüssel.

3 Das Olivenöl in einen großen Schmortopf mit Deckel bei mittlerer bis hoher Hitze erhitzen. Wenn das Öl heiß ist, fügen Sie die Innereien und das Hackfleisch hinzu. Braten Sie sie gut an und streuen Sie beim Kochen etwas Salz darüber. Wenn sie kurz vor dem Abschluss stehen, stoppen Sie das Rühren, damit sich auf dem Boden der Pfanne eine Kruste bildet, die die Franzosen als "Fond" bezeichnen. Braun ist gut, Schwarz nicht so sehr. Passen Sie also auf die Hitze auf. Dann entfernen Sie das Fleisch und stellen es beiseite.

4 Das Gemüse in den Topf geben. Lassen Sie die Feuchtigkeit aus dem Gemüse die Fleischkruste im Topf erweichen. Salzen sie beim Kochen. Verwenden Sie einen Holzlöffel, um alle gebräunten Teile abzukratzen. Bei mittlerer Hitze kochen, bis das Gemüse gut weich ist, und dann eine weitere Kruste bilden.

5 Während das Gemüse kocht, die Pilze hacken. Lassen Sie das Pilzwasser einweichen und belassen Sie es, wenn sich Schmutz darin befindet. Wenn sich die Kruste im Topf reformiert hat, fügen Sie die Pilze und den Sherry hinzu. Verwenden Sie den Holzlöffel, um die gebräunten Teile wieder abzukratzen. Lassen Sie den ganzen Sherry weg kochen, bis sich eine weitere Kruste bildet.

6 Fügen Sie die Muskatnuss, Lorbeerblätter, Nelken und 1 Glas des Pilzwassers hinzu. Ein letztes Mal die Kruste abkratzen. Bringen Sie die Sauce zum Kochen und fügen Sie den Saft / die Sauce aus dem Glas mit den ganzen Tomaten hinzu. Die Tomaten von Hand in den Topf geben. Das Fleisch wieder in den Topf geben, gut umrühren, nach Belieben salzen und teilweise bedeckt mindestens 90 Minuten köcheln lassen. Sie möchten, dass alles

schön zart ist.

7. Zum Schluss das Wasser für die Nudeln kochen. Stellen Sie die Hitze auf niedrig und fügen Sie die Sahne hinzu. Bringen Sie die Sauce wieder zum Kochen und wenn die Nudeln fertig sind, mahlen Sie schwarzen Pfeffer über die Sauce. Dann servieren.

Nährwerte:

Kalorien: 225 kcal | Kohlenhydrate: 10g | Protein: 3 g | Fett: 17 g |

7.4 Knusprige gebratene Wildentenzungen

Zutaten:

500 g Entenzungen (mehr oder weniger)

30 ml Entenfett, Butter oder Schmalz

1 Esslöffel Salz

120 g Kartoffel oder Tapiokastärke

120 ml Öl zum Braten

Die Sauce Ihrer Wahl

Zubereitung:

1. Zungen, Glasur, Salz und Entenfett in einen Vakuumbeutel geben und verschließen. Wenn Sie keinen Vakuumierer haben, geben Sie einfach alles in einen kleinen Topf und bedecken Sie ihn mit Wasser oder Brühe.

2. Holen Sie sich einen großen Topf Wasser dampfend heiß, aber nicht köcheln. Wenn Sie einen Sous-Vide-Wasserofen haben, stellen Sie die Temperatur zwischen 80 Grad C und 90 Grad C ein. Legen Sie den Beutel mit den Zungen hinein und kochen Sie ihn mindestens 4 Stunden und bis zu 10 Stunden maximal. Je länger Sie die Zutaten. kochen, desto zarter werden die Zungen.

3. Wenn die Zungen fertig sind, entfernen Sie die Knochen, indem Sie das Wurzelende der Zunge greifen und nach dem Knochen fühlen. Es wird sich leicht biegen. Halten Sie die Zunge mit einer Hand fest und schieben Sie den Knochen mit der anderen heraus. Entsorgen Sie die Knochen.

4. Ordnen Sie alle entbeinten Zungen in einer Schicht auf einer Dörrschale an und dehydrieren Sie sie 2 bis 4 Stunden lang. Oder legen Sie sie auf einen Rost in einen warmen Ofen.

5. Zum Braten die Zungen mit der Stärke bestäuben und 2 bis 3 Minuten in 175 Grad C Öl braten. Dabei wenden, damit sie überall goldbraun werden. Sie sollten sich ein bisschen aufblähen. Braten Sie in Chargen, damit Sie den Topf nicht überfüllen.

6. Heiß servieren mit der Sauce Ihrer Wahl.

Nährwerte:

Kalorien: 150kcal | Kohlenhydrate: 4g | Protein: 3 g | Fett: 17 g |

7.5 Traditionelle Leber nach griechischer Art

Zutaten

500 g gereinigte Leber

250 ml Joghurt

250 ml Ratafia

50 g Zwiebel fein gehackt

Knoblauchzehe fein gerieben

1 TL frisch gehackter Thymian

Prise gemahlene Nelken

Salz und Pfeffer nach Geschmack

12 Stücke Gekrösefett in ein Quadrat von ca. 12 × 12 cm geschnitten

Methode

1. Stellen Sie sicher, dass die Lebern ordnungsgemäß gereinigt und alle Schläuche und Membranen ordnungsgemäß entfernt wurden.

2. In zwei Schalen zu je 250 g teilen. Bedecke eine mit Joghurt und eine mit Ratafia. Dies wird den Geschmack der Leber abschwächen und einen sehr bekömmlichen Geschmack verleihen. Abdecken und über Nacht im Kühlschrank stehen lassen.

3. Am nächsten Tag Joghurt und Ratafia abtropfen lassen. Spülen Sie die Lebern in kaltem Wasser und tupfen Sie sie trocken. Von Hand hacken, um eine raue Hackfleischstruktur zu erhalten.

4. Den Rest der Zutaten (außer dem Fett) zur Lebermischung geben und gut mischen. In 12 gleich große Kugeln teilen. Legen Sie die Lebermischung in die Mitte des Quadrats aus Fett und wickeln Sie sie um eine runde Form, befestigen Sie sie mit einem Zahnstocher und halten Sie sie gekühlt, bis sie kochfertig ist.

5. Erhitzen Sie eine Pfanne mit starkem Boden oder eine Bratpfanne sehr heiß. Ölen Sie die Kugeln, anstatt Öl in die Pfanne zu geben, sonst könnte es ziemlich viel rauchen. Braten Sie die Leberkugeln auf jeder Seite ein wenig bis sich diese färben. Auf einen Bräter in einer Auflaufform legen, damit sie nicht im Fett sitzen und 3-5 Minuten backen, je nachdem, wie gekocht Sie sie bevorzugen.

6. Nach dem Kochen heiß servieren. Wenn sie zu stark abkühlen, verlieren sie ihre Säfte und trocknen aus.

Nährwerte:

Kalorien: 287kcal | Kohlenhydrate: 6g | Protein: 3 g | Fett: 6 g |

7.6 Entenleber mit Birnen

Zutaten:

4 frische Entenleber

ein wenig Olivenöl zum Braten

50 g kalte Butter

2 ganze feste Birnen, entkernt und senkrecht in 12 Scheiben geschnitten

250 ml Portwein

Rosmarin & Olivengewürz

Zubereitung:

1. Waschen Sie die Lebern und trocken tupfen.

2. Erhitzen Sie eine schwere, breite Pfanne bei ziemlich hoher Hitze (sie muss ziemlich heiß sein, darf aber nicht heiß rauchen). Fügen Sie ein wenig Olivenöl hinzu und kochen Sie nur 2 Lebern gleichzeitig - sie müssen sofort anfangen zu braten, wenn Sie sie in die Pfanne geben. 1 Minute braten, dann vorsichtig umdrehen und die andere Seite 1 Minute anbraten. Wiederholen Sie mit den restlichen Lebern.

3. Die Leber wird gekocht, wenn sie sich weich anfühlt, aber es gibt einen leichten Widerstand, wenn Sie den dicksten Teil mit Ihrem Zeigefinger drücken. Legen Sie die Lebern in eine Schüssel und decken Sie sie ab, um sie warm zu halten. An einem warmen Ort neben dem Herd aufbewahren. Legen Sie die Lebern nicht in ein Wärmegerät - sie können austrocknen.

4. Mit der gleichen Pfanne die Hälfte der Butter erhitzen. Fügen Sie die Birnenscheiben hinzu und werfen Sie die Butter etwa 3 Minuten lang hinein. Drehen Sie sie vorsichtig und achten Sie darauf, sie nicht zu zerbrechen. Entfernen Sie die Birnen und halten Sie sie beiseite.

5. Den Port in dieselbe Pfanne geben und bei starker Hitze ca. 8 Minuten reduzieren. Vom Herd nehmen und die restliche Butter einrühren. Mit dem Ina Paarman-Gewürz gut würzen.

6. Ordnen Sie die Birnenscheiben und die Lebern auf erwärmten Tellern. Gießen Sie eine großzügige Menge Sauce über die Birnen und Lebern und servieren Sie sie mit Toast.

Nährwerte:

Kalorien: 215 kcal | Kohlenhydrate: 3g | Protein: 2 g | Fett: 12 g |

7.7 Entenherz Tatar

Zutaten:

5 - 6 Entenherzen, von überschüssigem Fett und Membran befreit und sehr fein gehackt

Eine halbe rote Zwiebel, sehr fein gehackt

Eine kleine rote Chili, sehr fein gehackt (ich lasse die Samen drin. Entfernen Sie sie, wenn Sie sich Sorgen um Hitze machen)

Zwei Esslöffel Kapern

4 schwarze Oliven, gesteinigt und sehr fein gehackt

Eine Tomate, Samen entfernt und sehr fein gehackt (ich sehe keinen Sinn darin, die Haut zu entfernen. Tatsächlich mag ich die zusätzliche Textur)

Eine Handvoll Petersilie, sehr fein gehackt

Saft und Zitronenschale

Olivenöl nach Geschmack

Meersalz nach Geschmack

Zerkleinerter schwarzer Pfeffer nach Geschmack

Eigelb von einem Wachtel Ei zum Garnieren.

Zubereitung:

1. Mischen Sie die sehr fein gehacken Herzen, Zwiebeln, Chili, Kapern, Oliven, Tomaten, Petersilie und Zitronenschale in einer Schüssel. Fügen Sie etwas Öl und etwas Meersalz und schwarzen Pfeffer hinzu.
2. Fügen Sie kurz vor dem Servieren Ihren Zitronensaft hinzu.
3. Verwenden Sie eine Kochringplatte für Ihr Tartar und machen Sie eine kleine Delle in der Oberseite. Das Gericht mit dem Wachtel-Eigelb in der Hälfte der Schale garnieren. Ergänzen Sie das Gericht mit einem guten Toast.

Nährwerte:

Kalorien: 90kcal | Kohlenhydrate: 3g | Protein: 2 g | Fett: 9 g |

7.8 Wildbretpastete

Zutaten:

1 Wildleber

Milch

1 Pfund Speck, grob gehackt

2 Karotten, grob gehackt

3 Selleriestangen, grob gehackt

2-3 Zwiebeln, grob gehackt

2-3 Äpfel, grob gehackt

230 ml Rotwein

150 ml Sahne, geteilt

2 EL Salz

½ EL schwarzer Pfeffer

1 EL getrockneter Oregano

2 TL Zwiebelpulver

2 TL Knoblauchpulver

1 Teelöffel. Zimt

½ TL Muskatnuss

1 TL Paprikagewürz

2 EL Entenfett

Einmachgläser

Zubereitung:

1 Spülen und reinigen Sie die Leber unter kaltem Wasser. Die Leber 2 bis 3 Tage in Milch einweichen und die Milch täglich austauschen. Nach dem Einweichen die Leber grob hacken.

2 Speckfett in eine gusseiserne Pfanne geben, dann die Leber hinzufügen und braun anbraten. Das Gemüse und die Äpfel in die Pfanne geben, gefolgt von den Gewürzen.

3 Die Pfanne mit dem Rotwein ablöschen und kochen, bis der größte Teil der Flüssigkeit verdunstet ist.

4 Übertragen Sie die Mischung, solange sie heiß ist, in eine Küchenmaschine.

5 Die Sahne in die leere Pfanne geben und mit einem Schneebesen aufkochen, dann die Flüssigkeit in die die Küchenmaschine geben.

6 10 bis 15 Minuten auf hoher Stufe mixen oder bis sich eine cremige, glatte Konsistenz bildet.

7 Führen Sie die Pastete durch ein Sieb. Die restliche Sahne unter die Pastete heben.

8 Packen Sie die Pastete in Einmachgläser und lassen Sie sie ohne Deckel abkühlen. Erwärmen Sie das Entenfett in einer Pfanne oder Mikrowelle und gießen über jedes Glas und lassen Sie es abkühlen.

Nährwerte:

Kalorien: 215 kcal | Kohlenhydrate: 12g | Protein: 6 g | Fett: 7 g |

7.9 Wildsteak mit Hirschnieren

Zutaten:

2 bis 6 Hirschnieren, zugeschnitten und in 1-Zoll-Stücke geschnitten

Milch

500 g Wildsteak, in mittelgroße Stücke geschnitten

Pflanzenöl

1/2 Stück Butter, halb und halb

2 EL Mehl

400 ml Rinderbrühe

1 Flasche dunkles Bier

1 TL Salz-

1 TL Pfeffer

1 TL Zwiebelpulver

1 TL Knoblauchpulver

1 oder 2 Karotten, gehackt

2 Selleriestangen, gehackt

1 große weiße Zwiebel, gehackt

Keksteig oder Blätterteig

2 Eier, geschlagen

Petersilie zum Garnieren

Zubereitung:

1. Teilen Sie die Nieren in Längsrichtung und entfernen und entsorgen Sie das weiße innere Bindegewebe. Die Nieren mehrere Tage in Milch einweichen und die Milch mindestens einmal täglich ersetzen.

2. Die Hälfte der Butter in einer großen Pfanne bei mittlerer bis hoher Hitze erhitzen und das Nierenfleisch etwa 10 Minuten lang weich anbraten.

3. Machen Sie eine Mehlschwitze, indem Sie die andere Hälfte der Butter und des Mehls unter ständigem Rühren in die Pfanne geben.

4. Brühe, Gewürze und einen Schuss dunkles Bier hinzufügen. Lassen Sie nun die Flüssigkeiten reduzieren.

5. Das Gemüse untermischen und einige Minuten kochen lassen, dann vom Herd nehmen und abkühlen lassen.

6. Rollen Sie den Keksteig oder Blätterteig in dünne 20 cm Kreise. Einen großen Löffel der Fleischmischung in die Mitte des Teigs geben.

7. Pinseln Sie den Teig Rand mit Ei, falten Sie den Teig dann in einem Halbmond um. Zum Schluss die Oberseite der Torten mit dem Ei bepinseln.

8. 15 Minuten bei 190 Grad C backen oder bis sie goldbraun sind.

Nährwerte:

Kalorien: 715 kcal | Kohlenhydrate: 15g | Protein: 8 g | Fett: 26 g |

7.10 Hirschherz Katsu

Zutaten:

Für den Krautsalat:

1 Kopf Rot-, Grün- oder Napa-Kohl, fein zerkleinert

1 rote Zwiebel, dünn geschnitten

2 Karotten, dünn geschnitten

1 EL. Reis Wein Essig

50 ml Katsu-Sauce

Für den Katsu:

1 Hirschherz

½ TL Salz, Zwiebelpulver, schwarzer Pfeffer und Cayennepfeffer

2-3 Eier, geschlagen

Spritzmilch oder Sahne

200 g Mehl

200 g Panko-Semmelbrösel

Pflanzenöl

Sriracha Mayo

Sesam zum Garnieren

Zubereitung:

1. Krautsalat zubereiten: In einer großen Schüssel Kohl, rote Zwiebel, Karotte, Reisweinessig und Katsu-Sauce mischen. Dann beiseitelegen.

2. Reinigen und entkernen Sie das Herz. Öffnen Sie das Herz, indem Sie den natürlichen Muskelnähten folgen, ähnlich wie beim Öffnen einer Paprika. Das Herz sollte jetzt wie ein fleischiges Rechteck aussehen. Entfernen Sie alle verbleibenden Venen oder weißes Bindegewebe im Inneren.

3. Schlagen Sie das Herz mit einem Nudelholz dünn.

4. Mehl in einer großen Schüssel mit Salz, Zwiebelpulver, schwarzem Pfeffer und Cayennepfeffer mischen. In einer separaten Schüssel die Eier schlagen und einen Schuss Milch oder Sahne hinzufügen. Legen Sie die Panko-Krümel in eine dritte Schüssel. Halten Sie alle drei Schalen nahe genug aneinander. Dies wird Ihre „Baggerstation" sein.

5. Erhitzen Sie Pflanzenöl in einer Pfanne bei starker Hitze. Wenn eine Prise Mehl brutzelt, ist es fertig.

6. Das Herz in das gewürzte Mehl eintauchen. Schütteln Sie überschüssiges Mehl ab und tauchen Sie das Herz in die Eierspülung. Zum Schluss das Herz in die Panko-Krümel eintauchen.

7. Legen Sie das Herz vorsichtig in das heiße Öl und braten Sie es auf jeder Seite etwa 2 bis 3 Minuten lang oder bis es goldbraun ist.

8. Das Herz in Scheiben schneiden und mit Sesam garnieren. Mit einem würzigen Mayo und dem Krautsalat an der Seite servieren.

Nährwerte:

Kalorien: 420 kcal | Kohlenhydrate: 15g | Protein: 8 g | Fett: 26 g |

7.11 Eingelegte Hirschzunge

Zutaten:

2 bis 4 Hirschzungen

2 Karotten, grob gehackt

2 weiße Zwiebeln, grob gehackt

2 Selleriestangen, grob gehackt

120 ml weißer Essig

120 ml Apfelessig

80 g Salz

80 g Zucker

2 Jalapeños, dünn geschnitten

2 Knoblauchzehen, dünn geschnitten

1 Zimtstange pro Glas

Eine Prise Pfefferkörner und / oder Chiliflocken und Nelken

Einmachgläser

Zubereitung:

1. Spülen und reinigen Sie die Zungen unter kaltem Wasser.
2. Einen großen Topf Wasser zum Kochen bringen. Fügen Sie die Zungen und das Gemüse hinzu und reduzieren Sie die Hitze. 3 bis 6 Stunden köcheln lassen.
3. Entfernen Sie die Zungen aus dem Wasser und kratzen Sie die äußere Membran ab. Schneiden Sie die Zungen in dünne Kreise.
4. Nun die Salzlake herstellen. Die Essige zum Kochen bringen und Salz und Zucker unter Rühren hinzufügen, bis sie sich aufgelöst haben. Vom Herd nehmen.
5. Die Zungenscheiben, Jalapeños, Knoblauch und Gewürze auf die Einmachgläser verteilen und jeweils mit Salzlake füllen. Lassen Sie die Salzlösung abkühlen und verschließen Sie jedes Glas. Stellen Sie die Gläser in den Kühlschrank. Die Zunge wird schon nach drei Stunden eingelegt, schmeckt aber besser, je länger sie eingelegt wurde.

Nährwerte:

Kalorien: 60kcal | Kohlenhydrate: 2g | Protein: 1 g | Fett: 4 g |

7.12 Rehherzen

Zutaten

2 Rehherzenherzen

Salz

300 g gemischte frische Pilze, gereinigt und grob gehackt

1/2 gelbe Zwiebel, grob gehackt

5 Esslöffel Speckfett, Schmalz oder Butter, geteilt

Staubmehl (optional)

2 Esslöffel Mehl

150 ml Rehbrühe

2 bis 4 Esslöffel Sahne

Schwarzer Pfeffer nach Geschmack

Zubereitung:

1. Legen Sie das Fleisch zwischen zwei Stücke Plastikfolie und klopfen Sie es dünn, bis es ca. eine Dicke von 5 mm hat.

2. Stellen Sie eine große Bratpfanne 1 Minute lang auf hohe Hitze und geben Sie die Pilze in die heiße, trockene Pfanne. Schütteln Sie sie herum, damit sie nicht zu viel kleben und kochen Sie die Pilze, bis sie ihr Wasser abgeben, ungefähr 3 oder 4 Minuten. Fügen Sie 2 Esslöffel Speckfett und Zwiebeln hinzu und braten Sie alles bis die Zwiebeln anfangen zu bräunen, ungefähr 3 Minuten. Pilze und Zwiebeln entfernen und beiseitestellen.

3. Wenn Sie möchten, bestäuben Sie die Schnitzel mit Mehl. Das restliche Speckfett in die Bratpfanne geben und bei mittlerer bis hoher Hitze erhitzen lassen. Lass es nicht rauchen. Die Schnitzel auf der ersten Seite 90 Sekunden lang anbraten. Drehen Sie die Schnitzel um und braten Sie sie weitere 90 Sekunden an, um einen mittleren Gargrad zu erzielen. Entfernen Sie die Schnitzel zu einem Teller.

4. Fügen Sie die 2 Esslöffel Mehl hinzu und mischen Sie mit dem Fett in der Pfanne. Stellen Sie die Hitze auf mittel und lassen Sie die Mehl-Fett-Mischung kochen, bis sie die Farbe von Kaffee mit Sahne hat. Gießen Sie langsam die Brühe und alle Säfte ein, die sich aus den Schnitzeln ergeben haben, während sie ruhen. Sie sollten eine dicke Soße haben. Wenn sie dünn ist, lassen Sie es ein oder zwei Minuten einkochen. Wenn es wirklich dick ist, stellen Sie die Hitze ab, warten Sie, bis die Sauce nicht mehr sprudelt, und rühren Sie die Sahne ein. Die Pilze und Zwiebeln wieder in die Pfanne geben und in die Sauce geben. Nach Belieben Salz und schwarzen Pfeffer hinzufügen. Gießen Sie dies über die Schnitzel und servieren Sie das Gericht sofort.

Nährwerte:

Kalorien: 126 kcal | Kohlenhydrate: 4g | Protein: 2 g | Fett: 17 g |

7.13 Wildleber mit Reis

Zutaten

300 g Langkornreis

3 Esslöffel Fett, Schmalz oder Pflanzenöl

100 g Rehwildleber

500 g Hackfleisch von Mägen und Herzen oder anderem Hackfleisch aus Innereien

Salz

150 ml Fleischbrühe

60 g fein gehackte Zwiebel

2 Selleriestangen, fein gehackt

40 g fein gehackter grüner Pfeffer

1 bis 3 scharfe Chilis von Tabasco bis Jalapeno, fein gehackt

2 gehackte Knoblauchzehen

1 bis 2 Esslöffel Cajun-Gewürz

1 Teelöffel getrockneter Oregano

4 Frühlingszwiebeln. Gehackt

Zubereitung:

1. Reis wie gewohnt kochen. Den gekochten Reis in eine Blechpfanne oder Schüssel geben und zum Abkühlen auslegen. Sie müssen mit kühlem Reis beginnen. Sie können diesen Schritt einen Tag im Voraus tun, wenn Sie möchten.

2. Wenn Sie Mägen verwenden, reinigen Sie diese und entfernen Sie die Silbermembran und hacken Sie sie entweder fein oder mahlen Sie den Magen in einem Fleischwolf. Alternativ können Sie jedes Hackfleisch verwenden. Entweder die Lebern fein mahlen oder fein hacken.

3. Erhitzen Sie das Rehfett bei mittlerer bis hoher Hitze und fügen Sie, wenn es heiß ist, die gemahlenen Mägen und die gehackten Lebern hinzu. Geben Sie das Fett ein und lassen Sie es dann etwas sitzen, um eine Kruste auf dem Boden der Pfanne zu bilden. Nur gelegentlich umrühren, da Sie eine gute Kruste entwickeln möchten. Wenn Ihr Cajun-Gewürz nicht salzig ist, salzen Sie das Fleisch jetzt.

4. Gießen Sie etwa 30 ml der Brühe in die Pfanne und kratzen Sie damit die gebräunten Stücke am Boden der Pfanne ab. Zwiebel, Paprika, Sellerie und Knoblauch hinzufügen. Zum Mischen etwa 3 bis 5 Minuten kochen lassen, bis das Gemüse weich ist.

5. Über den Oregano und das Cajun-Gewürz streuen und wieder eine Kruste auf dem Boden der Pfanne bilden. Wenn dies der Fall ist, fügen Sie den Rest der Brühe und den Reis hinzu und mischen Sie alles gut durch, um zu kombinieren. Kratzen Sie den Boden der Pfanne erneut ab. Wenn die Flüssigkeit fast vollständig verdunstet ist, die Frühlingszwiebeln untermischen. Das Gericht ist fertig zum Servieren, wenn die Flüssigkeit vollständig verdunstet ist. Heiß servieren.

Nährwerte:

Kalorien: 256 kcal | Kohlenhydrate: 41g | Protein: 6 g | Fett: 7 g |

7.14 Geschmorte Hirschzunge

Zutaten:

2 Rehzungen

1 Liter Reh oder Rinderbrühe

4 Lorbeerblätter

2 Teelöffel Salz, geteilt

2 große Knoblauchzehen

2 Teelöffel Senf

2 Esslöffel Weißwein oder Apfelessig

50 ml Olivenöl

Salat nach Belieben

Frisch gemahlener schwarzer Pfeffer

Zubereitung:

1 In einem mittelgroßen Topf bei mittlerer Hitze die Brühe, die Lorbeerblätter und 1 Teelöffel Salz zum Kochen bringen. Reduzieren Sie die Hitze auf mittel und köcheln Sie die Zunge mindestens 3 Stunden lang. Wenn die Zunge schwimmt, drehen Sie sie regelmäßig um. Dann vom Herd nehmen.

2 Während die Zungen noch warm sind, übertragen Sie sie auf eine Schneidfläche und schälen Sie sie mit Ihren Fingern oder einem Gemüsemesser. Die Haut ist wirklich das einzige Problem an der Zunge: Darunter befindet sich reines Fleisch. Schneiden Sie die geschälte Zunge in dünne Scheiben und legen Sie sie in die Brühe zurück. Schalten Sie die Brühe aus und decken Sie sie ab.

3 Um das Dressing zuzubereiten, geben Sie den Knoblauch, das restliche Salz, den Essig und den Senf in eine Küchenmaschine oder einen Mixer. Kurz pürieren. Entfernen Sie dann bei laufendem Motor die Kappe von der Mitte des Mixers und beträufeln Sie das Olivenöl. Diese 30 Sekunden vermengen.

4 Mischen Sie den Salat in einer großen Schüssel und zerreißen Sie es in kleine Stücke, die Sie mit einer Gabel essen können. Geben Sie ein paar Esslöffel Dressing hinein, gerade genug, um es zu beschichten. Die Salate gleichmäßig auf vier Teller verteilen.

5 Entfernen Sie die Zungenscheiben aus der Brühe und geben Sie sie mit etwas mehr Dressing auf die Teller. Mahlen Sie Pfeffer darüber und servieren Sie dieses köstliche Gericht.

Nährwerte:

Kalorien: 104 kcal | Kohlenhydrate: 8g | Protein: 2 g | Fett: 3 g |

7.15 Geschmorte Hirschzunge

Zutaten

2 bis 4 Rehzungen

1 Liter Rindfleisch oder Wildbretbrühe

6-10 Wacholderbeeren (optional)

1 getrockneter Chili, halbiert

2-3 Lorbeerblätter

3 Esslöffel Meerrettich oder ein 4-Zoll-Stück Meerrettich in einer Schüssel mit 1 Esslöffel Essig, 1 Teelöffel Wasser und einer großen Prise Salz gerieben.

60 ml saure Sahne

2 Esslöffel Dijon oder brauner Senf

2 Esslöffel gehackter Schnittlauch

Salz

Olivenöl

Cracker

Zubereitung:

1. Brühe, Wacholder, Lorbeer, Chili und die Zunge in einen Topf geben und 2 Stunden leicht köcheln lassen.

2. In der Zwischenzeit die Meerrettichsauce zubereiten. Meerrettich, Senf, Sauerrahm und Schnittlauch gut vermischen. Probieren Sie die Mischung und fügen Sie Salz bei Bedarf hinzu. Wenn Sie mehr Meerrettich mögen, fügen Sie mehr hinzu. Im Kühlschrank beiseite stellen, bis die Zunge fertig ist.

3. Nehmen Sie nach ca. 2 Stunden die Zunge heraus und lassen Sie sie einige Minuten abkühlen. Ziehen Sie die Haut mit Ihren Fingern oder einem Gemüsemesser ab und legen Sie die Zunge wieder in die Brühe. Noch eine Stunde köcheln lassen oder bis die Zunge leicht mit der Messerspitze durchbohrt wird.

4. Nehmen Sie die Zunge heraus und schneiden Sie sie dünn. Während es noch warm ist, die Scheiben mit Olivenöl bestreichen und zum Abkühlen beiseite stellen.

5. Wenn es kalt ist, einen Tupfer Meerrettichsauce auf einen Cracker geben und mit einer Scheibe Zunge belegen. Kühl oder bei Raumtemperatur servieren.

Nährwerte:

Kalorien: 79 kcal | Kohlenhydrate: 4g | Protein: 1 g | Fett: 7 g |

7.16 Gebratene Rehnieren

Zutaten:

2 Rehnieren

240 ml Milch

Salz

1-2 Esslöffel Traubenkernöl oder anderes Öl mit hohem Rauchpunkt

Saft einer Zitrone

Grobes Salz wie Fleur de Sel

Zubereitung:

1 Ziehen Sie die Membranen vorsichtig von den Nieren ab. Schneiden Sie sie der Länge nach in zwei Hälften, damit Sie die Nierenform erhalten. Schneiden Sie die harten, weißen Nierenmitten mit einer Küchenschere oder einem Gemüsemesser aus.

2 Die Nieren 2-3 Tage in der Milch im Kühlschrank einweichen. Wenn die Milch zu blutig wird, wechseln Sie sie bis zu einmal pro Tag.

3 Spülen Sie die Nieren ab und tupfen Sie sie mit einem Papiertuch trocken. Streuen Sie etwas Salz darauf.

4 Eine kleine Pfanne 1-2 Minuten lang erhitzen. Fügen Sie genug Traubenkernöl hinzu, um einen Film auf die Pfanne zu legen. Erhitzen Sie das Öl für 30 Sekunden bis eine Minute. Das Öl soll heiß sein, aber nicht rauchen.

5 Legen Sie die geschnittenen Nieren mit der Seite nach unten in das heiße Öl, damit sie sich nicht berühren. Sie wollen sich zusammenrollen, also drücken Sie sie vorsichtig mit einem Spatel nach unten. Für 2 Minuten anbraten.

6 Drehen Sie die Nieren um und braten Sie sie auf die gleiche Weise weitere 1-2 Minuten an. Die Nieren sollten in der Mitte immer noch rosa sein.

7 Nehmen Sie die Nieren vom Herd und lassen Sie sie 2-3 Minuten auf einem Schneidebrett ruhen. Streuen Sie etwas Zitronensaft darüber. Mit groben Fleur de Sel servieren.

Nährwerte:

Kalorien: 56 kcal | Kohlenhydrate: 2g | Protein: 2 g | Fett: 6 g |

8 Kaninchen Rezepte

8.1 Kaninchen Cacciatore

Zutaten:

Ein 1,5 kg Kaninchen, in 6 bis 8 Stücke geschnitten

Salz und frisch gemahlener Pfeffer

3 Esslöffel frische Thymianblätter (oder 1 EL getrocknet)

1 Teelöffel frische Rosmarinblätter (oder 1/2 Teelöffel getrocknet)

30 g Allzweckmehl

2 Esslöffel natives Olivenöl extra

30 g gehackte Zwiebel

2 Knoblauchzehen, gehackt

60 g gehackte Pilze

2-3 gehackte, sehr reife Tomaten

2 rote Paprika, entkernt, in 1-Zoll-Würfel geschnitten

1 Lorbeerblatt

16 salzgetrocknete Oliven, schwarz oder grün, entkernt

Zubereitung:

1. Bevor Sie beginnen, schneiden Sie das Kaninchen in Stücke oder lassen Sie es von Ihrem Metzger für Sie tun.
2. Die Kaninchenstücke großzügig mit Salz und Pfeffer bestreuen. Reiben Sie die Hälfte der Thymianblätter in die Stücke und bestreuen Sie sie mit Mehl, um sie leicht zu bestreichen.
3. Olivenöl in einer großen Pfanne auf mittlerer Höhe erhitzen. Legen Sie die Kaninchenstücke in einer Schicht in die Pfanne. Nicht umrühren.
4. Auf einer Seite 2-3 Minuten anbraten, bis sie leicht gebräunt sind, dann die Stücke wenden und auf der anderen Seite noch ein oder zwei Minuten bräunen. Nehmen Sie die Kaninchenstücke in eine Schüssel, um sie beiseite zu legen.
5. Fügen Sie Zwiebeln, dann Knoblauch, Paprika, Pilze, Rosmarin und Thymian hinzu. Reduzieren Sie die Hitze auf mittel. Zwiebeln in die Pfanne geben und 1 Minute kochen lassen. Dann Knoblauch, Paprika und Pilze hinzufügen und noch ein paar Minuten kochen lassen. Fügen Sie den Rosmarin und den restlichen Thymian hinzu.
6. Geben Sie das Kaninchen wieder in die Pfanne. Mit gehackten Tomaten und Lorbeerblatt bedecken.
7. Hitze auf mittlere Stufe reduzieren. Decken Sie die Pfanne ab und kochen Sie alles für 35 Minuten.
8. Decken Sie die Pfanne ab und fügen Sie die Oliven hinzu.
9. Erhöhen Sie die Hitze auf hoch und kochen Sie einige Minuten, um überschüssige Feuchtigkeit abzukochen und die Sauce zu reduzieren.
10. Wenn sich die Flüssigkeit halbiert hat, die Gewürze prüfen, nach Belieben Salz oder Pfeffer hinzufügen, vom Herd nehmen und servieren.
11. Mit Reis, Nudeln oder Kartoffeln servieren.

Nährwerte:

Kalorien: 390 kcal | Kohlenhydrate: 17 g | Protein: 53 g | Fett: 11 g

8.2 Tontopf Kaninchen

Zutaten:

1,5 kg Kaninchen

2 EL Olivenöl

6 Speckstreifen, in Scheiben geschnitten

1 EL Butter

2 Zwiebeln, halbiert und in Scheiben geschnitten

2 Selleriezweige, in Scheiben geschnitten

4 Knoblauchzehen, grob gehackt

10 Zweige frischer Thymian

2 EL frische Petersilie, grob gehackt

10 große Pilze halbieren

6 kleine Kartoffeln, geviertelt

1/2 Glas Weißwein

Zubereitung:

1. Das Kaninchen in Olivenöl anbraten und in eine große Schüssel geben. In einer anderen Pfanne den Speck anbraten, aus der Pfanne nehmen und mit dem Kaninchen in die Schüssel geben.
2. In derselben Pfanne die Butter hinzufügen und die Zwiebeln, den Sellerie und den Knoblauch anbraten.
3. Thymian und Petersilie untermischen und mit dem Kaninchen in die Pfanne geben. Fügen Sie die Pilze und Kartoffeln hinzu und rühren Sie alles gut um.
4. Die Kaninchenmischung in einen vor getränkten Tontopf geben und den Wein darüber gießen. Mit der Oberseite abdecken und 55 Minuten in einem auf 180 Grad vorgeheizten Ofen backen.

Nährwerte:

Kalorien: 600 kcal | Kohlenhydrate: 54 g | Protein: 47 g | Fett: 19 g

8.3 Frühlingskanincheneintopf

Zutaten:

- 2 Esslöffel Olivenöl
- 4 Kaninchenbeine
- Salz und frisch gemahlener schwarzer Pfeffer
- 90 g Bauch, gewürfelt
- 1 Schalotte, gewürfelt
- Nur 1 Lauch, weiße und hellgrüne Teile, dünn geschnitten
- 2 gehackte Knoblauchzehen
- 2 Karotten, gewürfelt
- 1 Stiel Sellerie, gewürfelt
- 3 Esslöffel Allzweckmehl
- 100 ml trockener Weißwein
- 250 ml Hühnerbrühe
- 1 Lorbeerblatt
- 3 Zweige frischer Thymian
- 250 g Bio-Honshimeji-Pilze
- 12 Kartoffeln, halbiert
- 100 g grüne Erbsen
- 60 g Crème Fraîche
- 1 Esslöffel Dijon-Senf
- 1 Esslöffel gehackte frische Petersilie
- 1 Esslöffel gehackter frischer Estragon

Zubereitung:

1. Olivenöl in einer großen Bratpfanne bei mittlerer bis hoher Hitze erhitzen. Kaninchen mit Salz und Pfeffer würzen. Das Kaninchen von allen Seiten goldbraun bräunen, ca. 5 Minuten. Aus der Pfanne nehmen und beiseite stellen.
2. Das Bauchfleisch in die Pfanne geben und anbraten, bis es braun und knusprig ist. Mit einem geschlitzten Löffel entfernen (das ausgelassene Fett belassen) und zum Abtropfen auf Papiertüchern beiseite stellen.
3. Reduzieren Sie die Hitze auf mittel und fügen Sie Schalotte, Lauch und Knoblauch hinzu. Nun braten, bis die Schalotten durchscheinend sind und der Lauch weich geworden ist. Fügen Sie Karotte und Sellerie hinzu ca. 3 Minuten anbraten. Das Gemüse mit Mehl bestreuen und umrühren. Weiter kochen, bis das Mehl goldbraun wird, ca. 3-5 Minuten. Bringen Sie die Pfanne wieder auf mittlere bis hohe Hitze.
4. Wein einrühren und gebräunte Stücke abkratzen. 2 Minuten kochen lassen. Hühnerbrühe einrühren, Lorbeerblatt und Thymian hinzufügen. Wenn die Mischung köchelt, stellen Sie die Hitze auf mittel bis niedrig und bringen Sie das Kaninchen wieder in die Pfanne.
5. Fügen Sie kleine Kartoffeln und Pilze hinzu. 15 Minuten kochen lassen, dann die Erbsen hinzufügen. Abdecken und weiter kochen, bis das Kaninchen zart und durch gegart ist, weitere 25 Minuten.
6. Kaninchenstücke entfernen, beiseite stellen. Lorbeerblatt und Thymianstängel entfernen. Hitze auf hochstellen und die Saue reduzieren, bis diese eingedickt ist. Vom Herd nehmen, Crème Fraîche und Dijonsenf einrühren. Mit Salz und Pfeffer abschmecken. An diesem Punkt können Sie das Kaninchen vom Knochen zerkleinern oder so lassen, wie es ist. Das Kaninchen wieder in die Sauce geben und mit Petersilie und Estragon belegen. Mit knusprigem Brot servieren.

Nährwerte:

Kalorien: 330 kcal | Kohlenhydrate: 31 g | Protein: 10 g | Fett: 15 g

8.4 Gebackenes Kaninchen

Zutaten:

3 Zwiebeln (ca. 150 Gramm)

2 Knoblauchzehen

1 Zitrone

4 Karotten (ca. 600 Gramm)

1,5 kg Kartoffeln

1 Kaninchen (ca. 1,2 kg vom Metzger in 8 Stücke geteilt)

Salz

Pfeffer

4 Esslöffel Olivenöl

160 ml Geflügelbrühe

2 Zweige Thymian

3 Lorbeerblätter

2 Pimentbeeren

2 Esslöffel Kapern

1 Bund Basilikum

Zubereitung:

1. Zwiebeln und Knoblauch schälen. Zwiebeln halbieren und in Keile schneiden. Knoblauch in dünne Scheiben schneiden.

2. Zitrone in heißem Wasser abspülen, trockenwischen und in dünne Scheiben schneiden.

3. Karotten und Kartoffeln schälen. Kartoffeln der Länge nach halbieren und Karotten in Scheiben schneiden.

4. Schneiden Sie überschüssiges Fett von den Kaninchenteilen zusammen mit der Haut nach Wunsch ab und würzen Sie das Fleisch mit Salz und Pfeffer.

5. 3 Esslöffel Olivenöl in einer Bratpfanne erhitzen und die Kaninchenstücke auf beiden Seiten goldbraun backen, dann aus der Pfanne nehmen.

6. Das restliche Öl in die Pfanne geben. Zwiebeln und Knoblauch glasig dünsten, dann Zitronenscheiben hinzufügen und kurz anbraten, bis sie weich sind. Karotten und geschälte Kartoffeln hinzufügen und unter Rühren kochen, bis alles gut vermischt ist, dann mit Salz und Pfeffer würzen. Gießen Sie die Brühe hinein und bringen Sie sie zum Kochen. Kochen Sie sie dann 3-5 Minuten lang, bis sie reduziert ist.

7. Thymian abspülen, trocken schütteln, Blätter zupfen und zusammen mit Lorbeerblättern, Pimentbeeren und Kapern unter Rühren in die Pfanne geben. Geben Sie das Kaninchen wieder in die Pfanne. Geben Sie die Pfanne auf den mittleren Rost des vorgeheizten Ofens bei 180 °C und backen Sie das Gericht, bis das Kaninchen durchgekocht ist und das Gemüse sehr zart ist (ca. 50 Minuten).

8. Basilikum abspülen, trocken, Blätter zupfen und in feine Streifen schneiden. Das Gericht aus dem Ofen nehmen und mit Salz und Pfeffer würzen. Mit Basilikum bestreuen und sofort servieren.

Nährwerte:

Kalorien: 390 kcal | Kohlenhydrate: 62 g | Protein: 9 g | Fett: 14 g

8.5 Geschmortes Kaninchen

Zutaten:

1,2 kg Kaninchen in Stücke geschnitten

2 mittelgroße Zwiebeln

4 Knoblauchzehen

150 ml Weißwein

100 ml Olivenöl

Pfeffer

1 Lorbeerblatt

Petersilie

Salz

Zubereitung:

1. Die Kaninchenstücke mit Weißwein, gehacktem Knoblauch, Pfeffer, Lorbeerblatt und Salz würzen. Etwa eine Stunde marinieren.

2. Das Olivenöl, die in runde Scheiben geschnittenen Zwiebeln und das Kaninchen zusammen mit der Marinade in einen Topf geben und bei schwacher Hitze etwa 40 bis 45 Minuten unter gelegentlichem Rühren kochen.

3. Dann die Platte des Herdes ausschalten und mit gehackter Petersilie bestreuen. Servieren Sie das Kaninchen mit weißem Reis oder Pommes.

Nährwerte:

Kalorien: 851 kcal | Kohlenhydrate: 7 g | Protein:88 g | Fett: 48 g

8.6 Geschmortes Kaninchen mit Knoblauch

Zutaten:

3 Esslöffel Olivenöl

1 Hauskaninchen, in Portionsstücke geschnitten

1 große Zwiebel

1 Stück Knoblauch, geschält

Salz

40 ml Sherryessig

1 Lorbeerblatt

Schwarzer Pfeffer

150 g Erbsen

Zubereitung:

1. Erhitzen Sie das Olivenöl in einem großen Topf mit Deckel oder, falls vorhanden, einem Tontopf. Braten Sie die Kaninchenstücke gut an und salzen Sie sie dabei. Wenn das Kaninchen gebräunt ist, fügen Sie die Zwiebel hinzu und kochen Sie sie unter gelegentlichem Rühren etwa 8 bis 10 Minuten lang, bis es anfängt zu bräunen.

2. Fügen Sie die Knoblauchzehen hinzu und kochen Sie noch ein oder zwei Minuten.

3. Legen Sie das Kaninchen wieder in den Topf, streuen Sie etwas Salz über alles und fügen Sie den Essig und das Lorbeerblatt hinzu. Gießen Sie genug Wasser ein, um etwa die Hälfte der Seiten des Kaninchens zu erreichen.

4. Decken Sie den Topf ab und kochen Sie ihn langsam bei schwacher Hitze etwa 2 Stunden lang.

5. Wenn das Kaninchen zart ist, fügen Sie schwarzen Pfeffer hinzu und mischen Sie die Erbsen unter. Mit viel knusprigem Brot servieren.

Nährwerte:

Kalorien: 423 kcal | Kohlenhydrate: 8 g | Protein: 57 g | Fett: 16 g

8.7 In Buttermilch gebratenes Kaninchen

Zutaten:

1 Kaninchen

500 ml Buttermilch

2 Esslöffel italienisches Gewürz oder 1 1/2 Teelöffel Oregano, 1

1/2 Teelöffel Thymian

1 Esslöffel getrocknete Petersilie mischen

1 Esslöffel Paprika

1 Esslöffel Knoblauchpulver

2 Teelöffel Cayennepfeffer oder nach Geschmack

180 g Mehl

1 Teelöffel Salz

200 ml Pflanzenöl

Zubereitung:

1 Mischen Sie die Buttermilch mit allen Gewürzen außer Salz und Mehl. Beschichten Sie das Kaninchen mit der Mischung und stellen Sie es über Nacht oder mindestens 4 Stunden in einen abgedeckten Behälter.

2 Wenn Sie zum Braten bereit sind, gießen Sie das Öl in eine große Pfanne – eine große gusseiserne Pfanne ist ideal – bis zu einer Tiefe von etwa 2 cm. Die allgemeine Idee ist, dass das Öl auf halber Höhe des Kaninchens austreten soll. Stellen Sie die Hitze auf mittelhoch.

3 In der Zwischenzeit das Kaninchen aus der Buttermilch nehmen und in einem Sieb abtropfen lassen.

4 Schütteln Sie die Buttermilch oder etwas anderes nicht ab, lassen Sie sie einfach dort.

5 Wenn das Öl heiß ist, gießen Sie das Mehl und Salz in eine Plastiktüte und schütteln Sie es, um es zu kombinieren. Legen Sie ein paar Kaninchenstücke in den Beutel und schütteln Sie ihn, um ihn mit Mehl zu überziehen. Sie können dies auch in einer Schüssel tun.

6 Legen Sie die panierten Kaninchenstücke in das heiße Öl, sie sollten sich nicht berühren. 8 bis 12 Minuten braten. Vorsichtig braten – sie sollten gleichmäßig Brutzeln. Die Kaninchenstücke wenden und weitere 10 Minuten braten, bis sie goldbraun sind. Die Vorderbeine kommen zuerst heraus, gefolgt von der Lende, und die Hinterbeine kommen zuletzt heraus. Sie müssen wahrscheinlich in Chargen braten, also lassen Sie die ungekochten Kaninchenstücke einfach im Sieb, bis Sie bereit sind, sie zu bemehlen und zu braten. Lassen Sie keine bemehlten Stücke liegen.

7 Wenn das Kaninchen fertig ist, legen Sie es auf ein Gestell über einem Papiertuch, um überschüssiges Öl abzulassen. Wenn Sie in Chargen kochen, stellen Sie dies in einen warmen Ofen.

Nährwerte:

Kalorien: 930 kcal | Kohlenhydrate: 46 g | Protein: 119 g | Fett: 27 g

8.8 Griechischer Kanincheneintopf. Kouneli Stifado

Zutaten:

1 Kaninchen

Salz

2 Zwiebeln, in Scheiben geschnitten

5 gehackte Knoblauchzehen

10 Pimentbeeren

1 Zimtstange

4 Lorbeerblätter

1 Esslöffel getrockneter Oregano

2 Esslöffel Tomatenmark

4 große Tomaten

150 ml trockener Rotwein

60 ml süßer Rotwein

60 ml Hühner- oder Kaninchenbrühe

30 ml Rotweinessig

Frisch gemahlener schwarzer Pfeffer

30 ml Olivenöl

Zubereitung:

1. Die Kaninchen in Portionsstücke schneiden. Achten Sie darauf, kleine Teile wie die Bauchlappen, die Vorderbeine, die Nieren und dergleichen einzuschließen. Im fertigen Eintopf werden sie zu leckeren Überraschungen. Die Kaninchenstücke gut salzen und 30 Minuten beiseite stellen.

2. Das Olivenöl in einer Pfanne erhitzen und das Kaninchen gut anbraten. Wenn jedes Stück braun wird, stellen Sie es in einen Bräter, oder in einen anderen Topf mit Deckel.

3. Wenn das Kaninchen gebräunt ist, braten Sie die Zwiebeln 4-5 Minuten bei mittlerer Hitze an, bis sie anfangen zu bräunen. Fügen Sie den Knoblauch hinzu und braten Sie ihn für eine weitere Minute an. Mit Salz bestreuen. Lassen Sie den Knoblauch nicht anbrennen.

4. Den Inhalt der Pfanne in den Bräter geben und die Lorbeerblätter, den Oregano, die Pimentbeeren und die Zimtstange darüber verteilen.

5. In die Pfanne nun den Wein, den süßen Wein, den Essig, die Brühe, das Tomatenmark und die geriebenen Tomaten hinzufügen. Schneiden Sie die Tomaten in zwei Hälften und lassen Sie sie durch Ihre gröbste Reibe laufen. Bei starker Hitze 3-4 Minuten kochen lassen, dann alles in den Topf geben.

6. Den Topf abdecken und zum Kochen bringen. 1 Stunde lang langsam kochen, dann prüfen. Es kann bis zu einer weiteren Stunde dauern. Sie möchten, dass das Fleisch fast vom Knochen fällt.

Nährwerte:

Kalorien: 557 kcal | Kohlenhydrate: 11 g | Protein: 75 g | Fett: 17 g

8.9 Deutscher Kanincheneintopf

Zutaten:

2 Kaninchen, in Portionsstücke geschnitten

Salz

2 Esslöffel ungesalzene Butter

2 Esslöffel Mehl

300 ml Hühnerbrühe

1 Zwiebel, geschnittene Wurzel bis zur Spitze

Zitronenschale entfernt, in breite Streifen geschnitten

2 bis 3 Lorbeerblätter

Saft einer Zitrone

2 Esslöffel Kapern

125 ml saure Sahne

Weißwein nach Geschmack, mindestens 2 Esslöffel

Schwarzer Pfeffer

Petersilie zum Garnieren

Zubereitung:

1. Die Kaninchenstücke gut salzen und ca. 10 Minuten beiseite stellen. Stellen Sie einen Schmortopf oder einen anderen schweren Topf mit Deckel auf mittlere bis hohe Hitze. Die Kaninchenstücke von allen Seiten trocken und gut bräunen. Wenn nicht alle Fleischteile im Topf Platz haben, dann braten Sie diese nach und nach an. Entfernen Sie die Kaninchenstücke, sobald sie gebräunt sind. Dies kann ungefähr 15 Minuten dauern.

2. Fügen Sie den restlichen Esslöffel Butter, dann die in Scheiben geschnittene Zwiebel hinzu und kochen Sie, bis die Ränder gerade anfangen zu bräunen, ungefähr 6 Minuten. Mit Mehl bestreuen und gut umrühren. Unter häufigem Rühren etwa 5 Minuten kochen, bis das Mehl golden wird.

3. Legen Sie das Kaninchen wieder in den Topf und fügen Sie genügend Hühnerbrühe hinzu, um es zu bedecken. Verwenden Sie einen Holzlöffel, um gebräunte Teile vom Topfboden abzukratzen.

4. Zitronenschale, Lorbeerblätter und Zitronensaft hinzufügen und zum Kochen bringen. Decken Sie den Topf ab und kochen Sie alles vorsichtig, bis das Kaninchen vom Knochen fällt.

5. Dies dauert je nach Alter Ihres Kaninchens zwischen 90 Minuten und 3 Stunden.

6. Dies ist ein optionaler Schritt, aber ich bevorzuge ihn: Schalten Sie die Heizung aus, fischen Sie die Kaninchenstücke aus und lassen Sie sie auf einem Backblech abkühlen. Ziehen Sie das gesamte Fleisch von den Knochen und legen Sie das Fleisch wieder in den Eintopf.

7. Servieren Sie dies mit Brot oder Kartoffeln und einem knusprigen deutschen Weißwein. Ein Lagerbier wäre auch gut.

Nährwerte:

Kalorien: 705 kcal | Kohlenhydrate: 8 g | Protein: 110 g | Fett: 23 g

8.10 Toskanisches Hasen Ragout mit Pappaderelle

Zutaten:

3 Esslöffel Olivenöl

1,5-2 kg Hasenschenkel
Salz

2 gehackte Zwiebel

150 g gehackte Karotte

150 g gehackter Sellerie

2 Esslöffel Salbeiblätter, gehackt

2 Esslöffel Rosmarin, gehackt

2 Lorbeerblätter

1 Handvoll getrocknete Steinpilze,

2 Esslöffel Tomatenmark

2 Esslöffel Rotweinessig

350 g zerkleinerte Tomaten

150 ml Rotwein

Petersilie und geriebener Käse zum Garnieren

Zubereitung:

1 Wenn Sie die Hasenstücke einweichen müssen, tauchen Sie sie über Nacht in Buttermilch ein. Hacken Sie sie am nächsten Tag mit einem Hackmesser oder einer Küchenschere in große Stücke. Dadurch kochen sie schneller und fallen leichter vom Knochen. Spülen Sie den Hasen unter kaltem Wasser ab und tupfen Sie ihn mit Papiertüchern trocken.

2 Das Olivenöl in einen Schmortopf bei mittlerer bis hoher Hitze erhitzen. Die Hasenstücke gut anbraten. Nehmen Sie sich Zeit und tun Sie dies in Chargen. Lassen Sie die Teile sich nicht berühren, wenn sie braun werden. Salz sie beim Kochen. Wenn gebräunt, beiseite stellen.

3 Wenn das Fleisch gebräunt ist, fügen Sie die Zwiebel, die Karotte und den Sellerie hinzu und kochen Sie unter gelegentlichem Rühren, bis das Gemüse anfängt zu bräunen. Das Fleisch wieder in den Topf geben, dann den Salbei, den Rosmarin, die Lorbeerblätter und die getrockneten Pilze. Gut mischen und eine Minute kochen lassen.

4 Tomatenmark und Wein verquirlen und in den Topf geben. Fügen Sie den Essig hinzu. Stellen Sie die Hitze auf hoch, um alles zum Kochen zu bringen, und fügen Sie dann die Dose mit den zerkleinerten Tomaten hinzu. Gut mischen, die Hitze auf ein Minimum reduzieren – nur ein paar Blasen kommen an die Oberfläche – abdecken und kochen lassen, bis das Hasenfleisch bis zu 3 1/2 Stunden vom Knochen fällt.

5 Wenn das Fleisch zart ist, fischen Sie die Lorbeerblätter aus dem Topf. Entfernen Sie die Hasenstücke und ziehen Sie das Fleisch von den Knochen. Geben Sie es zurück in den Topf. Etwa 1/3 bis 1/2 der Sauce ausschöpfen und mit einem mittelgroßen Rost in eine Lebensmittelmühle geben. Alternativ können Sie es in eine Küchenmaschine oder einen Mixer geben. Pürieren Sie nun die Sauce, ohne das Fleisch. Entsorgen oder füttern Sie Ihre Haustiere. Das Püree wieder in den Topf geben.

6 Mit Nudeln Ihrer Wahl servieren.

Nährwerte:

Kalorien: 267 kcal | Kohlenhydrate: 15 g | Protein: 27 g | Fett: 8 g

8.11 Hasencurry

Zutaten:

50 g Butterschmalz oder Pflanzenöl

1 kg Hasen- oder Kaninchenfleisch, Knochen abschneiden und in Stücke schneiden

Salz

2 gelbe oder weiße Zwiebel, geschnittene Wurzel bis zur Spitze

2 Esslöffel gehackter Ingwer

2 Esslöffel gehackter Knoblauch

Eine Dose Tomatenmark (3-5 EL)

100 g Naturjoghurt nach griechischer Art ist am besten

250 ml Wasser

2 Lorbeerblätter

1 gehäufter Teelöffel Kurkuma

30 g Madras Curry Paste oder 2 Esslöffel Madras Curry Pulver

1 Esslöffel Garam Masala

30 g gehackter Koriander zum Garnieren

Zubereitung:

1. Erhitzen Sie die Butter in einem breiten Topf bei mittlerer bis hoher Hitze. Die Hasenstücke mit Papiertüchern trocken tupfen und gut anbraten. Das Fleisch beim Kochen salzen. Nach dem Bräunen in eine Schüssel geben.

2. Fügen Sie die Zwiebel hinzu und braten Sie sie ca. 5 Minuten lang an, bis sie an den Rändern braun wird. Fügen Sie den Ingwer und den Knoblauch hinzu und kochen Sie eine weitere Minute.

3. Das Fleisch wieder in den Topf geben und Tomatenmark, Wasser, Lorbeerblätter, Kurkuma und Madras-Curry-Paste hinzufügen. Joghurt einrühren und leicht köcheln lassen. Nach Geschmack Salz hinzufügen und 30 Minuten köcheln lassen.

4. Zum Schluss den Garam Masala und den Koriander unterrühren. Über Reis servieren.

5. Mit Reis oder Fladenbrot servieren.

Nährwerte:

Kalorien: 501 kcal | Kohlenhydrate: 13 g | Protein: 52 g | Fett: 25 g

8.12 Mit Speck gedünstetes Kaninchen

Zutaten:

100 g Pflaumen

2 EL Brandy

30 g brauner Zucker

2 vorbereitete Kaninchen, in Portionsstücke geschnitten

1 TL Meersalz

1 TL frisch gemahlener schwarzer Pfeffer

60 g Allzweckmehl

2 EL natives Olivenöl extra

1 Zwiebel, grob gehackt

3 Karotten, geschält und in 3 cm geschnitten

2 Stiele Sellerie, in 3 cm geschnitten

6 Scheiben dick geschnittener Speck, in 3 cm Stücke geschnitten

1 Knoblauchzehe, gehackt

150 ml Rotwein

300 ml Hühnerbrühe

3 Zweige frischer Thymian (2 TL trocken)

1 Zweig frischer Rosmarin (2 TL trocken)

1 Lorbeerblatt

Zubereitung:

1. Heizen Sie Ihren Backofen zunächst auf 180 Grad vor.
2. Kombinieren Sie in einer flachen Schüssel den Brandy, die Pflaumen und den braunen Zucker. Rühren Sie sie zusammen und legen Sie sie vorerst beiseite.
3. Die Kaninchenstücke mit Papiertüchern trocken tupfen. Das Kaninchen mit Salz und Pfeffer bestreuen.
4. Das Kaninchen in das Mehl eintauchen, um es leicht zu beschichten.
5. Erhitzen Sie das Öl in einem Ofenfesten Schmortopf bei mittlerer Hitze.
6. Die Kaninchenstücke im Öl auf beiden Seiten goldbraun anbraten. Arbeiten Sie in Chargen, damit Sie den Topf nicht überfüllen.
7. Wenn jedes Stück gebräunt ist, legen Sie es auf einen Teller und bräunen Sie den Rest. Legen Sie alle Stücke auf den Teller, wenn Sie gebräunt sind.
8. Zwiebel, Karotten, Sellerie, Speck und Knoblauch in den Topf geben. Bei mittlerer Hitze unter gelegentlichem Rühren anbraten, bis Speck und Zwiebel eine goldbraune Farbe entwickeln.
9. Gießen Sie den Wein ein und lösen Sie mit Ihrem Holzlöffel alle braunen Stücke vom Boden des Topfes.
10. Legen Sie die Kaninchenstücke in den Inhalt des Topfes.
11. Hühnerbrühe einfüllen. Fügen Sie die Kräuter hinzu. Gießen Sie die Schale mit den Brandy-Pflaumen und der gesamten Flüssigkeit über den Inhalt des Topfes. Alles zum Kochen bringen.
12. Wenn es anfängt zu kochen, schalten Sie die Platte aus, decken Sie es ab und geben Sie es in den Ofen. Ca. 2 Stunden backen oder bis das Kaninchen zart ist.

Nährwerte:

Kalorien: 554 kcal | Kohlenhydrate: 64 g | Protein: 24 g | Fett: 16 g

8.13 Weißes Chili Kaninchen

Eine cremige und köstliche Wintersuppe, die Ihre Familie lieben wird.

Zutaten:

500 g Kaninchenfleisch (vom Knochen losgelöst)

1 EL natives Olivenöl extra

1 Zwiebel, gewürfelt

3 Knoblauchzehen, gehackt

1 1/2 TL Kreuzkümmel

1/4 TL Cayennepfeffer

1 TL Oregano

3 EL Mehl

350 ml Hühnerbrühe

1 Dose, grüne Chilis

1 Jalapenopfeffer, entkernt und gehackt

250 g Bohnen, gespült und abgetropft

1/2 TL Salz

1/4 TL frisch gemahlener schwarzer Pfeffer

1/4 TL weißer Pfeffer

zerkleinerter weißer Cheddar-Käse zum Belegen

Zubereitung:

1. Erhitzen Sie zunächst in Ihren Schmortopf das Olivenöl extra vergine bei mittlerer Hitze. Das Kaninchen hineingeben und kochen, bis es braun wird.
2. Dann schöpfen Sie das Kaninchen mit einem geschlitzten Löffel heraus und legen Sie es in eine Schüssel.
3. Geben Sie die Zwiebel und den Knoblauch in den Topf in die Tropfen und braten Sie es goldbraun an.
4. Nun reduzieren Sie Ihre Hitze auf niedrig und streuen Sie das Mehl hinein, rühren Sie es um, um den Inhalt des Topfes beschichten.
5. Cayennepfeffer, Oregano und Kreuzkümmel hinzufügen. Alles gut umrühren.
6. Hühnerbrühe, grüne Chilis, Jalapeno, Bohnen, Kaninchen, Salz und Paprika dazugeben.
7. Bringen Sie die Suppe zum Kochen, reduzieren Sie die Hitze und kochen Sie sie etwa 15 bis 20 Minuten lang oder bis das Kaninchen durchgegart und zart ist.
8. Mit dem geriebenen Käse garnieren.

Nährwerte:

Kalorien: 273 kcal | Kohlenhydrate: 15 g | Protein: 29 g | Fett: 6 g

8.14 Kaninchen Ragù mit Garganelli

Zutaten:

60 g Olivenöl

1,5 kg Kaninchen, in Viertel geschnitten

Salz und frisch gemahlener schwarzer Pfeffer nach Geschmack

4 Knoblauchzehen, fein gehackt

2 mittelgelbe Zwiebeln, grob gehackt

2 mittelgroße Karotten, grob gehackt

2 Stück Sellerie, grob gehackt

1 große Rübe, geschält und grob gehackt

30 g Tomatenmark

250 ml Rotwein

250 ml Hühnerbrühe

2 EL getrockneten Salbei

3 Zweige Thymian

2 Lorbeerblätter

1 Dose geschälte Tomaten in Saft, zerkleinert

1 kg Spinat Garganelli oder Penne Pasta, gekocht

2 EL gehackte Petersilie

2 EL gehackter Estragon

Zubereitung:

1 Ofen auf 180 ° C erhitzen. Öl in einem großen Topf oder einem Schmortopf bei mittlerer bis hoher Hitze erhitzen. Das Kaninchen mit Salz und Pfeffer würzen und in den Topf geben. Anbraten, einmal drehen, bis auf beiden Seiten gebräunt, ca. 15 Minuten. Auf einen Teller geben und beiseitelegen.

2 Knoblauch, Zwiebeln, Karotten, Sellerie und Rübe in den Topf geben und kochen bis es karamellisiert, ca. 20 Minuten. Fügen Sie Tomatenmark hinzu. Wein hinzufügen und kochen bis er halbiert ist. Ca. 5 Minuten. Geben Sie das Kaninchen zusammen mit Brühe, Salbei, Thymian, Lorbeerblättern und Tomaten in den Topf zurück. Mit Deckel abdecken. In den Ofen geben; Schmoren, bis das Fleisch vom Knochen fällt, ca. 1 1/2 bis 2 Stunden.

3 Nehmen Sie das Kaninchen aus dem Topf, zerkleinern Sie das Fleisch von den Knochen und werfen Sie die Knochen weg. Das Fleisch wieder in den Topf geben und mit Salz und Pfeffer würzen. Ragù über Garganelli servieren. Mit Kräutern bestreuen.

Nährwerte:

Kalorien: 720 kcal | Kohlenhydrate: 87 g | Protein: 44 g | Fett: 17 g

8.15 Kaninchen mit Sauce

Zutaten:

2 Esslöffel Pflanzenöl

1 Kaninchen

1/2 Zwiebel

1 Karotte

2 Knoblauchzehen

10 Pfefferkörner

2 Paprika

2 Lorbeerblätter

60 ml Weißwein

getrockneter Thymian

500 ml Wasser

Zubereitung:

1. Reiben Sie das Kaninchen in einem Schnellkochtopf mit 1 Esslöffel Öl ein und braten Sie es bei starker Hitze an. Nach dem Anbraten von allen Seiten aus dem Topf nehmen und beiseitestellen.
2. Fügen Sie das restliche Öl hinzu und braten Sie die Zwiebel, die Karotte und den Knoblauch an. 8 Minuten anbraten, bis alles weich ist.
3. Fügen Sie die Pfefferkörner, Paprika, Lorbeerblätter, Wein und eine Prise getrockneten Thymian hinzu. Gut mischen und kochen, bis der Wein verdunstet ist.
4. Mit 500 ml Wasser abdecken und den Schnellkochtopf verschließen.
5. 8 Minuten ab dem Zeitpunkt kochen, an dem der Dampf entweicht.
6. Nach dem Kochen das Kaninchen entfernen und die Sauce fein rühren.

Nährwerte:

Kalorien: 190 kcal | Kohlenhydrate 4 g | Protein: 53 g | Fett: 7 g

8.16 Geschmortes Kaninchen mit Pflaumen

Zutaten:

1,5 bis 2 kg Kaninchen, in sechs bis acht Portionsteile geschnitten

Salz

Natives Olivenöl extra

1 EL Butter

3-4 große Schalotten, in Scheiben geschnitten

1 Knoblauchzehe, gehackt

150 ml trockener Weißwein (oder Hühnerbrühe mit einem Esslöffel Essig)

Frisch gemahlener schwarzer Pfeffer

200 Gramm entkernte Pflaumen (getrocknete Pflaumen)

Mehrere Zweige frischer Thymian

1 Lorbeerblatt

1 Kaninchenleber (optional, sollte zusammen mit dem Kaninchen verkauft werden)

1 EL Essig (optional)

Zubereitung:

1. Erhitzen Sie 3 EL Olivenöl in einem großen Schmortopf mit dickem Boden bei mittlerer bis hoher Hitze. Fügen Sie einen Esslöffel Butter hinzu. Die Kaninchenstücke trocken tupfen, mit Salz bestreuen und in Chargen von allen Seiten bräunen.

2. Die Kaninchenstücke aus der Pfanne nehmen. Fügen Sie die geschnittenen Schalotten hinzu, reduzieren Sie die Hitze auf mittel und kochen Sie für 2 Minuten. Fügen Sie die gehackte Knoblauchzehe hinzu und kochen Sie sie weitere 30 Sekunden lang.

3. Fügen Sie den Weißwein hinzu und erhöhen Sie die Hitze. Verwenden Sie einen Holzlöffel, um die gebräunten Teile vom Boden der Pfanne abzukratzen. Lassen Sie den Wein kochen, bis er mindestens halbiert ist.

4. Verringern Sie die Hitze auf niedrig (möglicherweise möchten Sie den Topf auf den kleinsten Brenner Ihres Ofens stellen). Die Kaninchenstücke, Pflaumen, den Thymian und das Lorbeerblatt in die Pfanne geben. Nach Belieben mit schwarzem Pfeffer bestreuen.

5. Fügen Sie Pflaumen und Thymian dem Kaninchen im Topf hinzu und kochen Sie geschmortes Kaninchen mit Pflaumen

6. Dicht abdecken und 45 Minuten kochen lassen. (Die Garzeit setzt voraus, dass Sie mit einem Kaninchen beginnen, das vor dem Kochen auf Raumtemperatur gebracht wurde. Wenn Sie ein Kaninchen direkt aus dem Kühlschrank verwenden, kann das Durchkochen noch einige Minuten dauern.)

7. Optionaler Schritt mit Kaninchenleber: Nach dem Durchkochen des Kaninchens können Sie den Geschmack der Sauce mit der Kaninchenleber intensivieren. Die Leber sollte mit dem Kaninchen von Ihrem Metzger enthalten sein, genau wie ganze Hühner mit den Innereien kommen. (Keine Sorge, die Leber lässt Ihr Gericht nicht wie Leber schmecken. Sie können sogar eine kleine Menge probieren, um sicherzugehen. Die Leber fungiert als "Verbindungsstelle", verdickt die Sauce und macht sie reicher.)

8 Pürieren Sie die Kaninchenleber mit 1 EL Essig. Nehmen Sie die Kaninchenstücke, Pflaumen, Thymianzweige und Lorbeerblätter aus dem Topf (werfen Sie Thymian und Lorbeerblätter weg) auf eine Servierplatte.

9 Die pürierte Leberessigmischung in die Sauce im Topf schlagen und weitere 10 Minuten kochen lassen. (Wenn die Sauce noch zu dünn ist, können Sie sie mit Maisstärke oder Mehl weiter eindicken.) Dann die Sauce über und um das Kaninchen und die Pflaumen träufeln.

10 Toll serviert über Eiernudeln.

Nährwerte:

Kalorien: 770 kcal | Kohlenhydrate: 53 g | Protein: 92 g | Fett: 16 g

8.17 Paniertes Kaninchen

Zutaten:

- 1-2 kg Kaninchen in Stücke geschnitten
- 3 Knoblauchzehen
- 2 mittelgroße Zwiebeln
- Pfeffer (nach Geschmack)
- Muskatnuss (nach Geschmack)
- 100 ml Weißwein
- 50 ml Olivenöl
- Pflanzenöl zum Braten
- 1 Lorbeerblatt
- 1 Ei
- Semmelbrösel
- Salz (nach Geschmack)

Zubereitung:

1. Das Kaninchen mit Salz, Pfeffer, Muskatnuss, gehacktem Knoblauch, Lorbeerblatt und Weißwein würzen. Etwa eine Stunde marinieren lassen.
2. In einen Topf das Olivenöl und die in runde Scheiben geschnittene Zwiebel geben. Bei schwacher Hitze anbraten lassen, bis die Zwiebel golden wird. Hin und wieder umrühren. Dann das Kaninchen zusammen mit der Marinade hinzufügen, umrühren und bei schwacher Hitze etwa 15 bis 20 Minuten kochen. Nach dem Kochen auf einen Teller legen und abkühlen lassen.
3. Die Kaninchenstücke mit geschlagenem Ei und dann mit Semmelbröseln bestreichen.
4. Eine Pfanne mit Öl erhitzen. Wenn es heiß ist, fügen Sie die Hasenstücke hinzu und braten Sie sie auf beiden Seiten. Sollte das Fleisch nicht zart sein, dann geben Sie es in den Backofen bis es zart ist.
5. Das panierte Kaninchen mit Bratkartoffeln servieren.

Nährwerte:

Kalorien: 754 kcal | Kohlenhydrate: 6,5 g | Protein: 89,5 g | Fett: 9 g

8.18 Geschmortes Kaninchen mit Karotten

Zutaten:

1,2 kg Kaninchen in Stücke geschnitten

50 ml Weißwein

4 Knoblauchzehen

2 mittelgroße Zwiebeln

50 ml Olivenöl

Pfeffer nach Belieben

3 mittelgroße Karotten

Petersilie nach Belieben

5 mittelreife Tomaten

1 Teelöffel Paprika

Salz nach Belieben

Zubereitung:

1. In einen Topf das Olivenöl geben. Die in kleine Stücke geschnittenen, geschälten Tomaten, die in Ringe geschnittenen Zwiebeln, das Kaninchen, den gehackten Knoblauch, die in runde Scheiben geschnittenen geschälten Karotten und den Weißwein geben. Mit etwas Salz, Pfeffer und Paprika würzen.
2. Bei schwacher Hitze ca. 1 Stunde kochen, dabei gelegentlich umrühren.
3. Die Hitze abstellen, mit gehackter Petersilie bestreuen und mit Pommes oder weißem Reis servieren.

Nährwerte:

Kalorien: 780 kcal | Kohlenhydrate: 18 g | Protein: 90 g | Fett: 9 g

8.19 Kaninchen mit Schinken aus dem Ofen

Zutaten:

1,2 kg Kaninchen in Stücke geschnitten

2 Esslöffel Honig

100 ml Olivenöl

150 Gramm Schinkenscheiben

Pfeffer (nach Geschmack)

Oregano (nach Geschmack)

Muskatnuss (nach Geschmack)

Salz

Zubereitung:

1. Die Kaninchenstücke auf eine Auflaufform legen und mit etwas Salz, Pfeffer, Oregano, Muskatnuss, Honig und gerollten Schinkenscheiben würzen. Mit Olivenöl beträufeln und ca. eine Stunde marinieren lassen.
2. Den Backofen auf 180 ° C vorheizen.
3. Geben Sie die Auflaufform in den Backofen. Für ca. 50 Minuten backen, bis das Kaninchen goldbraun wird. Gelegentlich das Kaninchen und den Schinken mit der Sauce beträufeln.
4. Den Backofen ausschalten und servieren.

Nährwerte:

Kalorien: 887 kcal | Kohlenhydrate: 10 g | Protein: 93,5 g | Fett: 11,5 g

8.20 Kaninchen mit Ananas

Zutaten:

1,5 kg Kaninchen in Stücke geschnitten

300 g Ananas

1 Teelöffel Zimt

1 Esslöffel Honig

100 ml Olivenöl

4 Knoblauchzehen

Muskatnuss (nach Geschmack)

Lorbeerblatt (nach Geschmack)

Salz (nach Geschmack)

Zubereitung:

1. Den Backofen auf 180 ° C vorheizen.
2. Das Kaninchen zusammen mit der in Stücke geschnittenen Ananas auf eine Auflaufform legen und mit Salz, Muskatnuss, Zimt, Honig, geschältem Knoblauch und Lorbeerblatt würzen. Mit Olivenöl beträufeln.
3. Für ca. 1 Stunde und 15 Minuten goldbraun backen.
4. Den Backofen ausschalten und mit Pommes oder weißem Reis servieren.

Nährwerte:

Kalorien: 853 kcal | Kohlenhydrate: 15,5 g | Protein: 88 g | Fett: 10,5 g

8.21 Kaninchen in Tomatensauce

Zutaten:

1 kg Kaninchen in Stücke geschnitten

5 mittelreife Tomaten

50 ml Olivenöl

100 ml Weißwein

2 mittelgroße Zwiebeln

Lorbeerblatt (nach Geschmack)

6 Knoblauchzehen

Pfeffer (nach Geschmack)

Muskatnuss (nach Geschmack)

1 Esslöffel Paprikasauce

Petersilie (nach Geschmack)

Salz (nach Geschmack)

Zubereitung:

1. Das Olivenöl, die in runde Scheiben geschnittenen Zwiebeln und den geschälten Knoblauch in einen Topf geben und anbraten, bis die Zwiebel goldbraun wird. Fügen Sie die in kleine Stücke geschnittenen geschälten Tomaten zusammen mit der Paprikasauce hinzu und kochen Sie sie bei mittlerer Hitze.
2. Fügen Sie das Kaninchen hinzu und würzen Sie es mit Salz, Pfeffer und Muskatnuss. Mit Weißwein beträufeln, umrühren und bei schwacher Hitze ca. 45 bis 50 Minuten unter gelegentlichem Rühren kochen.
3. Die Hitze abstellen, mit gehackter Petersilie bestreuen und mit Pommes oder weißem Reis servieren.

Nährwerte:

Kalorien: 770 kcal | Kohlenhydrate: 13,5 g | Protein: 89,5 g | Fett: 9 g

8.22 Kaninchen aus dem Ofen mit Apfel & Zimt

Zutaten:

1-2 kg Kaninchen in Stücke geschnitten

2 Äpfel

1 Zitrone

Saft einer Zitrone

Pfeffer

Muskatnuss

6 Knoblauchzehen

100 ml Olivenöl

100 Gramm Margarine

2 Lorbeerblätter

Salz

Zubereitung:

1. Den Backofen auf 180 ° C vorheizen.
2. Die Äpfel waschen, vierteln und die Kerne entfernen. Die Zitrone waschen und vierteln.
3. Die Kaninchenstücke auf eine Auflaufform legen und mit etwas Salz, Zitronensaft, Pfeffer, Muskatnuss, Lorbeerblatt, geschältem Knoblauch und der in Viertel geschnittenen Zitrone und Äpfeln würzen.
4. Die in Stücke geschnittene Margarine dazugeben, mit Olivenöl beträufeln und ca. 1 Stunde backen.
5. Gelegentlich das Kaninchen mit der Sauce beträufeln.
6. Schalten Sie den Ofen aus und servieren Sie das Kaninchen mit Pommes.

Nährwerte:

Kalorien: 1045 kcal | Kohlenhydrate: 17,5 g | Protein: 88 g | Fett: 14 g

8.23 Gebratenes Kaninchen

Zutaten:

1,2 kg Kaninchen in Stücke geschnitten

8 Knoblauchzehen

Allzweckmehl

100 ml Weißwein

Muskatnuss

Pfeffer

Petersilie

100 ml Olivenöl

Olivenöl zum Braten des Kaninchens

1 Lorbeerblatt

Salz

Zubereitung:

1. Die Kaninchenstücke mit Salz, gehackten Knoblauch, Pfeffer, Muskatnuss, Lorbeerblatt und Weißwein würzen. Etwa eine Stunde marinieren lassen.
2. Die Marinade abtropfen lassen und die Kaninchenstücke mit Mehl bestreichen.
3. Eine Pfanne mit Olivenöl erhitzen. Wenn das Olivenöl heiß ist, fügen Sie die Kaninchenstücke hinzu und braten Sie sie auf allen Seiten an. Dies kann ca. 20 Minuten Zeit benötigen. Wenn sie gebraten sind, legen Sie sie mit saugfähigem Papier auf einen Teller.
4. 100 ml Olivenöl, den restlichen gehackten Knoblauch, Pfeffer und gehackte Petersilie in eine Schüssel geben und alles gut mischen. Das Kaninchen mit dieser Sauce beträufeln und mit Pommes servieren.

Nährwerte:

Kalorien: 824 kcal | Kohlenhydrate: 2,5 g | Protein: 87,5 g | Fett: 10,5 g

8.24 Bratenkaninchen mit Kartoffeln

Zutaten:

1,2 kg Kaninchen in Stücke geschnitten

100 ml Olivenöl

100 ml Weißwein

6 Knoblauchzehen

Rosmarin (nach Geschmack)

Thymian (nach Geschmack)

Lorbeerblatt (nach Geschmack)

Oregano (nach Geschmack)

1,5 kg kleine Kartoffeln

Salz (nach Geschmack)

Zubereitung:

1. Legen Sie das Kaninchen in eine Auflaufform und beträufeln Sie es mit Olivenöl und Weißwein. Mit etwas Salz, gehacktem Knoblauch, Lorbeerblatt, Rosmarin, Thymian und Oregano würzen.
2. Etwa eine Stunde marinieren lassen.
3. Waschen Sie die Kartoffeln und schneiden Sie sie mit einem Messer leicht ein. Auf eine andere Auflaufform legen und mit Salz würzen.
4. Den Backofen auf 180 ° C vorheizen.
5. Backen Sie die Kartoffeln und das Kaninchen etwa eine Stunde lang (legen Sie die Kartoffelbackform in das obere Gitter und die Kaninchenbackform in das untere Gitter). Das Kaninchen gelegentlich mit der Sauce beträufeln.
6. Den Backofen ausschalten und servieren.

Nährwerte:

Kalorien: 1024 kcal | Kohlenhydrate: 49,5 g | Protein: 92,5 g | Fett: 10,5 g

8.25 Kaninchenreis

Zutaten:

1 kg Kaninchen in Stücke geschnitten

100 ml Olivenöl

1 große Zwiebel

3 Knoblauchzehen

1 Lorbeerblatt

Muskatnuss

100 ml Weißwein

250 Gramm Reis

Koriander

3 mittelreife Tomaten

1 Teelöffel Paprika

Salz

Zubereitung:

1. Das Olivenöl, die gehackte Zwiebel, den gehackten Knoblauch und das Lorbeerblatt in einen Topf geben und bei schwacher Hitze anbraten, bis die Zwiebel unter gelegentlichem Rühren leicht goldbraun wird.
2. Fügen Sie die Kaninchenstücke zusammen mit dem Weißwein, der in kleine Stücke geschnittenen geschälten Tomate, Salz, Muskatnuss und Paprika hinzu.
3. Rühren, mit gehacktem Koriander bestreuen, die Pfanne mit einem Deckel abdecken und bei mittlerer Hitze etwa eine Stunde unter gelegentlichem Rühren kochen.
4. Reis hinzufügen und mit etwas mehr Salz würzen. Rühren, gießen Sie das Wasser (doppelt so viel Reisvolumen) und kochen Sie den Reis bei mittlerer bis hoher Hitze. Wenn das Kochen beginnt, auf mittlere bis niedrige Hitze reduzieren und etwa 10 bis 12 Minuten kochen lassen.
5. Schalten Sie den Ofen aus und servieren Sie sofort.

Nährwerte:

Kalorien: 981 kcal | Kohlenhydrate: 59 g | Protein: 78,5 g | Fett: 9,5 g

9 Wildschwein
9.1 Geschmorte Wildschweinschenkel

Zutaten:

2 Wildschweinschenkel

feines Meersalz und frisch gemahlener Pfeffer

1-2 Esslöffel natives Olivenöl extra

60 ml Rotwein

7 frische Knoblauchzehen geschält und mit der Seite eines Messers zerschlagen

4 Sterne Aniskapseln

1 Teelöffel ganze Nelken

2 ganze Zimtstangen

1/8 Teelöffel Piment

1/8 Teelöffel frisch gemahlene Muskatnuss

120 ml Sojasauce mit niedrigem Natriumgehalt

60 g hellbrauner Zucker

Wasser

2 Esslöffel Maisstärke mit etwas Wasser verquirlt

1 Esslöffel Butter

Gebackener Reis

Zubereitung:

1. Ofen auf 180 Grad vorheizen.
2. Spülen Sie Ihre Eberschenkel gut aus und tupfen Sie sie trocken. Übermäßige Feuchtigkeit verhindert deren Bräunung.
3. Großzügig mit feinem Meersalz und frisch gemahlenem Pfeffer würzen.
4. Olivenöl bei starker Hitze in einem großen Topf erhitzen. Arbeiten Sie mit jeweils 1 Schenkel und bräunen Sie jede Seite der Schenkel leicht an (insgesamt ca. 6-8 Minuten). Weil sie so seltsam geformt sind, kann dies einige kreative Manöver mit der Zange erfordern, um alle Winkel zu erhalten. Entfernen, beiseitestellen und mit den restlichen Schenkeln wiederholen.
5. Reduzieren Sie die Hitze auf niedrig und löschen Sie die Pfanne mit Rotwein ab, wobei Sie alle gebräunten Teile abkratzen.
6. Fügen Sie Knoblauch und braunen Zucker hinzu und rühren Sie um, um alles gut zu kombinieren.
7. Fügen Sie Eberschenkel hinzu und fügen Sie gerade genug Wasser hinzu, um das Fleisch zu bedecken.
8. Die Mischung zum Kochen bringen. Abdecken und in den Ofen stellen. Hitze auf 160 Grad C. reduzieren.
9. 2-3 Stunden schmoren lassen.
10. Die Größe der Schenkel variieren stark, daher sollten Sie die Temperatur im Verhältnis zur Zeit abstimmen.
11. Nehmen Sie den Topf aus dem Ofen, fischen Sie die Eberschenkel heraus und legen Sie sie beiseite.
12. Lassen Sie die Flüssigkeit durch ein feinmaschiges Sieb laufen und geben Sie sie in einen Fettabscheider. Die Flüssigkeit in eine mittelgroße Saucenpfanne geben.
13. Zum Kochen bringen und dann 2 Esslöffel Maisstärke in 1 Esslöffel Wasser und 1 Esslöffel Butter unterrühren. Mit dem Schneebesen unter kochen rühren, bis die Mischung eindickt.

14 Mit Reis und einer Keiller Sauce servieren.

Nährwerte:

Kalorien: 793 kcal | Kohlenhydrate: 120 g | Protein: 32 g | Fett: 17 g

9.2 Geschmortes Wildschwein

Zutaten:

2 kg (Wildschwein; kochfertig)

3 Lorbeerblätter

1 Teelöffel gemahlener Piment

Pfeffer

60 ml Wildbrühe (oder Hühnerbrühe)

1000 ml Apfelsaft

200 g Schalotten

2 Knoblauchzehen

Salz

2 Esslöffel geklärte Butter

2 orange

2 Grapefruit (klein)

4 Salbeiblätter (frisch)

Zubereitung:

1. Eberfleisch abspülen, trocken tupfen und in einen großen Gefrierbeutel (6 Liter) legen.
2. Lorbeerblatt, Piment, Pfeffer, Brühe und Apfelsaft hinzufügen.
3. Verschließen Sie den Beutel fest und drehen Sie den Beutel, um das Fleisch zu beschichten.
4. 8-12 Stunden (vorzugsweise über Nacht) im Kühlschrank marinieren.
5. Schalotten und Knoblauch schälen. Knoblauch würfeln und Schalotten vierteln.
6. Gefrierbeutel öffnen, Marinade in eine große Schüssel geben, Fleisch herausnehmen und mit Papiertüchern trocken tupfen. Die Fettschicht mit einem scharfen Messer in einem rautenförmigen Muster einschneiden und das Fleisch von allen Seiten mit Salz und Pfeffer einreiben.
7. Die Butter in einer Bratpfanne erhitzen und das Fleisch von allen Seiten bei starker Hitze kochen. Fügen Sie Schalotten und Knoblauch hinzu und kochen Sie diese, bis sie weich sind.
8. Gießen Sie die Marinade in eine Pfanne, decken Sie sie ab und kochen Sie sie im vorgeheizten Ofen bei 180 ° C etwa 2 1/2 Stunden lang, wobei Sie sie regelmäßig wenden.
9. Nehmen Sie den Deckel ab und erhöhen Sie die Temperatur auf 200 ° C. Drehen Sie das Fleisch mit der fetten Seite nach oben und kochen Sie es, bis es eine schöne Kruste bildet. Weitere 30 Minuten im Ofen lassen.
10. Verwenden Sie in der Zwischenzeit ein scharfes Messer, um Orangen und Grapefruits abzuschälen, damit alle bitteren weißen Mark entfernt werden. Schneiden Sie die Früchte zwischen den Membranen aus und arbeiten Sie über einer Schüssel, um die Säfte zu sammeln.
11. Nehmen Sie das Fleisch aus der Pfanne und decken Sie es ab, um es warm zu halten. Lorbeerblätter entfernen und Kochflüssigkeit in einen Topf geben. Zum Kochen bringen und weitere 10 Minuten

kochen lassen.

12 Salbei abspülen, trocken schütteln, Blätter zupfen und fein hacken.

13 Fügen Sie Zitrussegmente und gesammelten Zitrussaft mit dem Salbei zur Sauce hinzu und kochen Sie für ungefähr 5 Minuten. Mit Salz und Pfeffer würzen.

14 Fleisch in Scheiben schneiden und mit der Zitrus-Salbei-Sauce servieren.

Nährwerte:

Kalorien: 620 kcal | Kohlenhydrate: 44 g | Protein: 76 g | Fett: 14 g

9.3 Wildschwein Ragu

Zutaten:

1,5 kg knochenloses Wildschwein, vorzugsweise vom Bein abgeschnitten

200 ml trockener Rotwein

1 Esslöffel Wacholderbeeren

2 Lorbeerblätter

6 frische Salbeiblätter

3 Esslöffel natives Olivenöl extra

1 kleine gelbe Zwiebel, gehackt

1 Karotte, geschält und gehackt

1 Selleriestiel, geschnitten und gehackt

500 g Pflaumentomaten, geschält und gehackt

Salz und frisch gemahlener schwarzer Pfeffer

Zubereitung:

1. Kombinieren Sie in einer Schüssel Wildschwein, Wein, Wacholderbeeren, Lorbeerblätter und Salbei. Marinieren Sie das Fleisch an einem kühlen Ort für 6-12 Stunden. Das Fleisch abtropfen lassen und mit Papiertüchern trocken tupfen. Die Marinade abseihen, die Flüssigkeit aufbewahren und beiseitestellen.

2. In einem Auflauf bei mäßiger Hitze das Olivenöl erwärmen. Fügen Sie das Fleisch hinzu und kochen Sie es etwa 10 Minuten lang, bis es von allen Seiten braun ist. Zwiebel, Karotte und Sellerie hinzufügen und bei schwacher Hitze 2 Minuten lang rühren.

3. Fügen Sie die Tomaten hinzu und kochen Sie sie bei schwacher Hitze etwa 50 Minuten lang weiter. Wenn die Flüssigkeit aus den Tomaten verdunstet ist, fügen Sie etwa 150 ml der Marinadenflüssigkeit hinzu.

4. Kochen Sie das Fleisch etwa 3 Stunden lang und fügen Sie nach und nach die restliche Marinade hinzu, damit das Fleisch nie an der Pfanne haftet. Wenn die Sauce fertig ist, mit Salz und Pfeffer abschmecken. Entfernen Sie das Fleisch und zerkleinern Sie es. Mit hausgemachten Gnocchi servieren.

Nährwerte:

Kalorien: 580 kcal | Kohlenhydrate: 17 g | Protein: 65 g | Fett: 20 g

9.4 Wildschwein Carnitas mit Jicama-Mango Salsa

Zutaten:

Für die Carnitas:

5 frische Majoranzweige

5 mittelgroße Knoblauchzehen, geschält und zerschlagen

2 Esslöffel Koriandersamen

2 mittelgroße Lorbeerblätter

1 1/2 mittelweiße Zwiebeln, geschält und durch das Wurzelende geviertelt

1 Esslöffel koscheres Salz

2,5 kg Wildschweinschulter ohne Knochen, in 3-4 cm Würfel geschnitten (Fett nicht abschneiden)

Für die Salsa:

200 g Yambohne in kleine Würfel geschnitten

200 g Mango mit kleinen Würfeln

1/2 mittelweiße Zwiebel, fein gehackt

3 Esslöffel fein gehackte frische Korianderblätter

3 Esslöffel frisch gepresster Limettensaft (von ca. 2 mittelgroßen Limetten)

2 Serrano-Chilis, gestielt und fein gehackt

Koscheres Salz

Zum Servieren:

Zubereitung:

Für die Carnitas:

1 Legen Sie Majoran, Knoblauch, Koriander und Lorbeerblätter in ein kleines Stück Käsetuch und binden Sie es fest mit Metzgerschnur zusammen. Legen Sie das Bündel zusammen mit den Zwiebeln und dem Salz in einen Schmortopf oder einen großen Topf mit starkem Boden. Ordnen Sie den Eber in 2 Schichten und fügen Sie genug Wasser hinzu, um das Fleisch gerade zu bedecken.

2 Bei mittlerer Hitze zum Kochen bringen. Entsorgen Sie mit einem großen Löffel den Schaum, der an der Oberfläche schwimmt. Unbedeckt köcheln lassen, die Oberfläche abschöpfen und die Eberstücke gelegentlich wenden, bis das Fleisch zart ist und gerade anfängt, sich zu zerkleinern, etwa 3 bis 3 1/2 Stunden. (Möglicherweise müssen Sie die Hitze auf mittel niedrig einstellen, damit es köchelt.) In der Zwischenzeit die Salsa zubereiten.

Für die Salsa:

1 Alle Zutaten in eine mittelgroße Schüssel geben, mit Salz würzen und umrühren. Abdecken und bis zum Servieren im Kühlschrank aufbewahren.

2 Wenn das Fleisch fertig ist, entfernen und entsorgen Sie das Kräuterbündel und die Zwiebelviertel. Erhöhen Sie die Hitze auf mittelhoch und kochen Sie, bis das restliche Wasser verdunstet ist und nur das ausgeschmolzene Fett den Boden der Pfanne bedeckt.

3 Reduzieren Sie die Hitze auf niedrig und lassen Sie das Fleisch im Fett braten, drehen Sie es gelegentlich, bis es ganz braun ist und auseinanderfällt, ungefähr 20 Minuten.

4 Entfernen und entsorgen Sie alle großen Stücke nicht gerenderten Fettes.

Servieren Sie die Carnitas in den Tortillas mit der Salsa und den Limettenschnitzen an der Seite.

Mais oder Mehl Tortillas

Limettenspalten

Nährwerte:

Kalorien: 260 kcal | Kohlenhydrate: 12 g | Protein: 38 g | Fett: 5 g

9.5 Crepinettes mit Wildschwein

Zutaten:

2-3 kg Wildschweinschulter oder Schweineschulter

36 Gramm koscheres Salz, ca. 3 Esslöffel

1 Esslöffel Steinpilzpulver (siehe oben)

1 Esslöffel Quatre Epices

1 Esslöffel schwarzer Pfeffer

1 Esslöffel getrockneter Salbei

1 Teelöffel Majoran

500 g Kastanien oder Walnüsse (optional)

Fett nach Bedarf

Zubereitung:

1. Schneiden Sie den Eber oder die Schweineschulter in Würfel, die groß genug sind, um in Ihren Fleischwolf zu passen. Mischen Sie das Salz und alle Kräuter und Gewürze mit dem Fleisch und mahlen Sie es dann durch die grobe Platte auf Ihrer Mühle. Dies kann auch der Fleischer für Sie erledigen.
2. Die Kastanien (falls verwendet) von Hand untermischen. Wenn Sie vorgemahlenes Fleisch verwenden, mischen Sie alles auf einmal von Hand ein.
3. Das Fett in eine Schüssel mit lauwarmem Wasser geben. Falten Sie es vorsichtig auseinander und legen Sie es flach auf eine große Arbeitsfläche, wie ein Nudelbrett, ein großes Schneidebrett oder eine Theke oder Tischplatte.
4. Das Fleisch zu kleinen Pastetchen formen. Größe und Form sind Ihre Option.
5. Viele Crepinetten sind torpedoförmig, so dass Sie auch diesen Weg gehen können.
6. Legen Sie jedes Pastetchen auf das Fett und schneiden Sie mit einem scharfen Messer ein Quadrat Caul-Fett um das Pastetchen, das etwas größer als das Fleisch ist: Sie müssen es vollständig um das Pastetchen wickeln.
7. Es ist besser, zu viel Fett als zu wenig zu haben.
8. Legen Sie jede fertige Crepette mit der Naht nach unten auf ein Backblech.
9. Kühlen Sie für 1 Stunde, bevor Sie sie kochen.
10. Dies hilft den Crepinetten, ihre Form zu halten.
11. Legen Sie zum Kochen die Crepinettes mit der Naht nach unten in eine große Bratpfanne und stellen Sie die Hitze auf mittelhoch.
12. Wenn sie anfangen zu brutzeln, stellen Sie die Hitze auf mittel und lassen Sie sie ungefähr 10 Minuten lang leicht brutzeln.
13. Seien Sie nicht versucht, dies zu beschleunigen.
14. Crepinettes werden am besten in gemächlichem Tempo gekocht.

15 Wenn die Nahtseite schön gebräunt ist, drehen Sie sie um und kochen Sie sie auf der anderen Seite weitere 6-8 Minuten.

16 Wenn diese Seite gebräunt ist, servieren Sie sie heiß.

Nährwerte:

Kalorien: 970 kcal | Kohlenhydrate: 16 g | Protein: 60 g | Fett: 78 g

9.6 Wildschwein Filet mit Spargelsauce

Zutaten:

500 g Schweinefilet

2 Esslöffel ungesalzene Butter, geteilt

Salz

500 g Spargel

1 Esslöffel Olivenöl

6 grüne Knoblauchzehen

3 Frühlingszwiebeln

Zubereitung:

1. Einen großen Topf Wasser zum Kochen bringen und gut salzen.
2. Blanchieren Sie die grünen Knoblauchzehen und Zwiebeln mit dem weißen Teil nach unten - halten Sie sie 3-4 Minuten lang an den Grüns im kochenden Wasser.
3. Nachdem die weißen Enden 3-4 Minuten lang eingedrungen sind, geben Sie den Rest hinein und lassen Sie alles 2 Minuten lang kochen.
4. Entfernen und zum Abkühlen in eine große Schüssel mit Eiswasser geben.
5. Nehmen Sie das Gemüse heraus und hacken Sie es grob. Geben Sie die Frühlingszwiebeln und den grünen Knoblauch in eine Küchenmaschine.
6. Das Einarbeiten dauert etwas, aber Sie erhalten schließlich ein hellgrünes Püree.
7. Schieben Sie das Püree durch ein Tamis oder ein feinmaschiges Sieb. Dies wird einige Anstrengungen erfordern. Nehmen Sie sich Zeit und halten Sie sich etwa 10 Minuten lang daran, oder bis sich nur noch Fasern im Netz befinden. Bewahren Sie das Püree vorerst auf.
8. Die Schweinefleischstücke gut salzen und beiseitestellen.
9. Den Spargel mit dem Esslöffel Olivenöl gut bestreichen und salzen.
10. Geben Sie einen Esslöffel Butter in eine Bratpfanne bei starker Hitze. Wenn die Butter schmilzt, stellen Sie die Hitze auf mittelhoch.
11. Braten Sie das Wildschweinfilet bei mittlerer bis hoher Hitze an und drehen Sie es so, dass es alle Seiten angebraten werden.
12. Sie suchen hier nach Medium - nur ein Hauch von Pink.
13. Wenn die Filets fertig sind, entfernen Sie den Spargel.
14. Gießen Sie das Frühlingszwiebel-Knoblauch-Püree in einen kleinen Topf und fügen Sie den anderen Esslöffel Butter hinzu, stellen Sie ihn auf mittlere bis niedrige Hitze und schwenken Sie

ihn, um ihn zu kombinieren.

15 Nach Geschmack Salz hinzufügen.

16 Lassen Sie das Fleisch ruhen, während sich die Sauce erwärmt.

17 In der Sekunde, in der die Sauce zu sprudeln beginnt, stellen Sie die Hitze ab und legen Sie etwas Sauce auf den Teller. Dann den Spargel und das Fleisch mit auf den Teller zur Sauce geben.

Nährwerte:

Kalorien: 490 kcal | Kohlenhydrate: 11 g | Protein: 53 g | Fett: 27 g

9.7 Wildschwein Fleischbällchen mit Quinoa

Zutaten:

500 g Wildschweinhackfleisch

1 Esslöffel Taco-Gewürz

1-2 Teelöffel Salz

1 Esslöffel gehackter Koriander

1 Teelöffel Limettenschale

1 Ei

40 g glutenfreie Semmelbrösel

Quinoa Masse:

250 g gekochte Quinoa

60 g schwarze Bohnen

60 g Mais

1 Esslöffel Limettensaft

gehackte Tomaten

geschnittene Avocado

würziges Mayo optional

Zubereitung:

1. Gemahlenes Wildschwein, Taco-Gewürz, Salz, gehackten Koriander, Ei und Semmelbrösel mischen.
2. Zu 12 Fleischbällchen formen.
3. 25 Minuten bei 180 Grad C. backen.
4. Quinoa Taco Mischung:
5. Quinoa, schwarze Bohnen, Mais und Limettensaft mischen.
6. Fügen Sie bei Bedarf Salz hinzu.
7. Mit Tomaten, geschnittener Avocado und 3-4 Wildschweinfleischbällchen belegen.
8. Fügen Sie würziges Mayo hinzu, wenn Sie es möchten.

Nährwerte:

Kalorien: 340 kcal | Kohlenhydrate: 31 g | Protein: 33 g | Fett: 9 g

9.8 Gebratenes Wildschwein

Zutaten:

1 Zwiebel, grob gehackt

4 Knoblauchzehen, gehackt

2 Karotten, grob gehackt

2 Selleriestangen, grob gehackt

1/2 Zwiebelfenchel, grob gehackt

50 ml Olivenöl, geteilt

Salz und Pfeffer nach Geschmack

750 g Wildschweinbraten

6 Zweige frischer Thymian

3 Zweige frischer Rosmarin

1 Esslöffel frischer Oregano

60 ml Wasser

Zubereitung:

1. Heizen Sie den Ofen auf 180 Grad C vor.
2. Das gehackte Gemüse (Zwiebel, 2 Knoblauchzehen, Karotten, Sellerie und Fenchel) und das Olivenöl in eine kleine Pfanne geben und mit Salz und Pfeffer dazu. Stellen Sie die Pfanne beiseite.
3. Erhitzen Sie eine weitere Pfanne bei starker Hitze, bis sie sehr heiß ist.
4. Den Braten mit Salz und Pfeffer würzen. Einen Esslöffel Olivenöl in die Pfanne geben und den Braten von allen Seiten anbraten.
5. Während das Fleisch anbrät, nehmen Sie etwa die Hälfte der Menge an frischen Kräutern und hacken Sie sie fein.
6. Legen Sie die gehackten Kräuter in eine kleine Schüssel und fügen Sie den Rest des gehackten Knoblauchs und Olivenöls hinzu; rühren, um eine lose Paste zu bilden.
7. Nachdem das Fleisch angebraten wurde, reiben Sie ihn mit der Paste ein und legen Sie es auf das Gemüse in der Bratpfanne.
8. Die restlichen Kräuter mit Metzgerschnur zusammenbinden und in die Bratpfanne werfen.
9. Geben Sie das Wasser in die Pfanne, decken Sie die Pfanne ab und braten Sie sie eine halbe Stunde lang oder so lange, bis mit einem Fleischthermometer eine Innentemperatur von 155-160 ° C erreicht ist.
10. Vor dem Schneiden und Servieren mit dem gerösteten Gemüse etwa fünf Minuten ruhen lassen.

Nährwerte:

Kalorien: 280 kcal | Kohlenhydrate: 11 g | Protein: 10 g | Fett: 27 g

9.9 Wildschwein Chile Colorado

Zutaten:

1 kg Wildschweinfleisch

2 getrocknete Chipotle Chiles

4 getrocknete Ancho Chiles

4 getrocknete Guajillo-Chilis

Sollten diese Chillis nicht vorhanden sein, dann wählen Sie welche nach eigener Wahl.

2 Esslöffel Schmalz oder Pflanzenöl

200 g gehackte Zwiebel

5 Knoblauchzehen, gehackt

1 Liter der entsprechenden Brühe, Eber, Rindfleisch, Huhn usw.

60 g zerkleinerte Tomaten

2 Teelöffel Zimt

1 Esslöffel mexikanischer Oregano

Zubereitung:

1. Schneiden Sie das Fleisch in große Eintopfstücke mit einem Durchmesser von etwa 2-3 cm. Gut salzen und beiseitestellen.
2. Entfernen Sie die Stängel und Samen von den getrockneten Chilis, zerreißen Sie sie in Stücke und geben Sie sie in eine große Schüssel.
3. Gießen Sie kochendes Wasser über sie und bedecken Sie sie. Lassen Sie dies stehen, bis die Chilis genug Wasser aufgesogen haben, ca. 30 Minuten.
4. Sobald die Chilis weich sind, geben Sie sie in einen Mixer mit ausreichend Chili-Einweichwasser, damit ein Püree die Konsistenz von Ketchup erhält.
5. Wenn Sie möchten - und ich empfehle dies -, schieben Sie die Sauce durch ein feinmaschiges Sieb (in eine andere Schüssel), um verirrte Samen oder Hautstücke zu entfernen.
6. In einem schweren Topf mit Deckel oder einem Schmortopf das Schmalz bei mittlerer bis hoher Hitze erhitzen.
7. Das Fleisch mit einem Papiertuch trocken tupfen und gut anbraten.
8. Tun Sie dies in Chargen und nehmen Sie sich Zeit.
9. Entfernen Sie das Fleisch, während es bräunt und beiseitestellen.
10. Die Zwiebeln in den Topf geben und unter gelegentlichem Rühren kochen, bis sie an den Rändern anfangen zu bräunen.
11. Fügen Sie den Knoblauch hinzu und kochen Sie eine weitere Minute. Das Fleisch wieder in den Topf geben und alle restlichen Zutaten untermischen. Zum Kochen bringen und kochen, bis das Fleisch zart ist.
12. Mit Tortillas oder über Reis servieren, garniert mit Queso Seco, Koriander, vielleicht etwas rohen Zwiebeln, Avocado und scharfer Sauce.

Nährwerte:

Kalorien: 283 kcal | Kohlenhydrate: 21g | Protein: 31 g | Fett: 9 g

9.10 Ungarische Wildschweinschulter

Zutaten:

120 g geräucherter Speck, gewürfelt

500 g Wildschweinschulter in kleine Stücke geschnitten, wie Sie es für Pfannengerichte tun würden

2 Esslöffel geräucherter süßer ungarischer Paprika

1 große Karotte, geschält, gewürfelt

1 große Zwiebel, gewürfelt

2 Knoblauchzehen, gehackt

150 ml trockener Weißwein

250 g frische Wildpilze von höchster Qualität (z. B. Pfifferlinge oder Morcheln), gewürfelt

60 g getrocknete Steinpilze

240 ml hausgemachte Hühnerbrühe

400 ml ungesalzene Kalbsbrühe um ½ reduziert

120 ml Vollfett-Sauerrahm

1 TL gehackte frische Minze

2 TL gehackter frischer Thymian

Salz und Pfeffer nach Geschmack

Zubereitung:

1. Getrocknete Pilze in der Hühnerbrühe einweichen (zuerst zum Kochen erhitzen).
2. Pilze einweichen, bis sie geschmeidig und wieder hydratisiert sind.
3. Bewahren Sie Brühe und Pilze auf.
4. Nun das Fleisch kochen: Speck in einem schweren Topf bei mittlerer Hitze bräunen.
5. Fügen Sie Wildschwein hinzu und rühren Sie es häufig um, bis es durchgekocht ist.
6. Paprika, Karotten, Zwiebeln und Knoblauch hinzufügen.
7. Rühren Sie die Zutaten weiter, bis sich der Paprika aufgelöst hat.
8. Weißwein einfüllen und Hitze auf köcheln lassen.
9. Weißwein halbieren lassen.
10. Frische und rehydrierte Pilze hinzufügen und weichkochen.
11. Hühnerbrühe und Kalbsbrühe einarbeiten.
12. Reduzieren Sie die Flüssigkeit um die Hälfte, bis sie leicht eingedickt ist. Sauerrahm, Thymian, Minze vorsichtig unterheben und abschmecken.

Nährwerte:

Kalorien: 560 kcal | Kohlenhydrate: 31 g | Protein: 38 g | Fett: 29 g

9.11 Geschmorter Wildschweinbauch mit knusprigen Yukon-Goldkartoffeln

Zutaten:

1 kg Wildschweinbäuche

1 große Zwiebel - mittlere Würfel

1 Zwiebelfenchel - mittlere Würfel

2 Karotten - mittlere Würfel

2 Stangen Sellerie

300 ml braune Hühnerbrühe

300 ml Kalbsbrühe

2 Zweige frischer Salbei

3 Yukon Gold Kartoffeln

1 TL Erdnussöl

Zubereitung:

1 Ofen auf 180° C vorheizen

2 Bei mittlerer Hitze eine Schmorpfanne auf dem Herd erhitzen und heißes Erdnussöl hinzufügen

3 Wildschweinbauch reichlich mit Salz und Pfeffer würzen und in der Pfanne von allen Seiten braun anbraten.

4 Dann Fleisch herausnehmen und auf einem Teller beiseitestellen.

5 Zwiebel und Fenchel hinzufügen, weichkochen.

6 Sellerie und Karotte hinzufügen, weichkochen. Salbei, Kalbfleisch und Hühnerbrühe hinzufügen und zum Kochen bringen, Brühe sollte fast den Bauch bedecken.

7 Dann alles in den Ofen geben und für 2 Stunden kochen lassen und bei Bedarf zusätzliche Brühe hinzufügen.

8 Bauch aus der Pfanne nehmen und Fett einkerben. Dann ruhen lassen.

9 Schmorflüssigkeit abseihen und eine Bratpfanne erhitzen. Geben Sie Erdnussöl in die Pfanne, wenn es heiß ist fügen Sie Kartoffeln hinzu und achten Sie dabei darauf, dass eine Schicht in der Pfanne knusprig bis goldbraun ist. Schneiden Sie den Bauch in quadratische Portionen.

Nährwerte:

Kalorien: 470 kcal | Kohlenhydrate: 30 g | Protein: 61 g | Fett: 10 g

9.12 Wildschweinpilz Schweizer Burger

Zutaten:

2 Wildschwein-Burger (gepresstes Hackfleisch oder Hackfleischbuletten)

4 Scheiben Schweizer Käse

1 große rote Zwiebel, in dünne Scheiben schneiden und den Mittelteil entfernen (so dass Sie schöne dünne Streifen haben)

1 große süße Maya-Zwiebel, in dünne Scheiben geschnitten und die Mitte ebenfalls entfernt

350 g Crimini-Pilzscheiben

2 Gourmet-Burgerbrötchen

2 Esslöffel Butter

2 Esslöffel Olivenöl

Mayonnaise

Salz und Pfeffer

Zubereitung:

1. In einem großen Topf 1 Esslöffel Olivenöl und 1 Esslöffel Butter bei niedriger / mittlerer Temperatur erhitzen. Fügen Sie Zwiebeln hinzu, sobald die Butter geschmolzen ist und schäumt. Mit einem Spatel die Zwiebeln umrühren, um sie mit Butter und Öl zu bestreichen. Die Zwiebeln 15 Minuten kochen lassen oder bis sie karamellisiert sind. Stellen Sie sicher, dass Sie alle 1 bis 2 Minuten umrühren, um Verbrennungen zu vermeiden. Sie sollten jedoch sicherstellen, dass die Zwiebeln ein tiefes Goldbraun haben und einen süßen Geschmack haben.

2. In einer anderen Pfanne den Rest der Butter und des Olivenöls bei mittlerer Hitze erhitzen. Fügen Sie Pilze hinzu und rühren Sie mit einem Spatel, um mit der Butter und dem Öl zu beschichten. Unter häufigem Rühren die Pilze kochen, bis sie zart und gebräunt sind. Nach dem Kochen die Pfanne vom Herd nehmen und beiseitestellen.

3. In einer anderen Pfanne auf mittlere Hitze erhitzen. Die Wildschwein-Burger-Pastetchen leicht salzen und pfeffern. In die heiße Pfanne geben und auf jeder Seite ca. 5 Minuten kochen lassen oder bis die Innentemperatur 75 Grad C beträgt. Fügen Sie zwei Scheiben Schweizer Käse auf die Burger und setzen Sie einen Deckel auf und lassen Sie die Restwärme aus der Pfanne den Käse schmelzen.

4. Schneiden Sie das Brötchen in halbe Breite. Verteilen Sie etwas Mayo auf jeder geschnittenen Seite des Brötchens. Legen Sie das Burgerpastetchen auf das untere, legen Sie dann einige Zwiebeln darauf und dann die Pilze.

Nährwerte:

Kalorien: 520 kcal | Kohlenhydrate: 21 g | Protein: 28 g | Fett: 36 g

9.13 Wildschwein aus dem Slow Cooker

Zutaten:

2-3 kg Wildschweinschulterbraten Olivenöl zum Überziehen von Braten

2 Esslöffel Steak Gerwürz

1 Zwiebel, fein gehackt

2 Karotten, in grobe Stücke geschnitten

1 Bund Petersilie - gehackt

6 Knoblauchzehen

1 Dose gewürfelte Tomatensaft oder Paste

50 ml Bourbon

50 g brauner Zucker

Zubereitung:

1. Braten in zwei handliche Stücke schneiden.
2. Braten mit Olivenöl einreiben und reichlich würzen, beiseitestellen.
3. Hacken Sie das Gemüse für Ihren Slow Cooker.
4. Erhitzen Sie eine große Bratpfanne auf Ihrem Herd. Wenn die Pfanne sehr heiß ist, fügen Sie etwas Olivenöl hinzu und braten Sie beide Seiten Ihres Bratens an.
5. Legen Sie geschnittenes Gemüse und Knoblauch auf den Boden Ihres Slow Cookers.
6. Braten, Bourbon, braunen Zucker und Tomatenwürfel hinzufügen.
7. Slow Cooker abdecken und auf niedriger Stufe ca. 7 Stunden köcheln lassen.
8. Die Sauce, die sich am Boden des Slow Cookers befindet, sollte gesiebt und in einen kleinen Saucenbehälter gegeben werden, wobei die Flüssigkeit bei mittlerer bis hoher Hitze um die Hälfte reduziert wird.
9. Servieren Sie das Wildschwein in Stücken und ermutigen Sie Ihre Gäste, es in Stücke zu ziehen und die Sauce aus dem Slow Cooker oder Ihren Lieblingssaucen einzutauchen.

Nährwerte:

Kalorien: 122 kcal | Kohlenhydrate: 6g | Protein: 11 g | Fett: 4 g

9.14 Wildschweineintopf mit Pastinaken und Pilzen

Zutaten:

1 kg Wildschweinragout

Salz nach Geschmack

1 rote Zwiebel

2 EL Sonnenblumenöl

2 Blätter Lorbeer

5 Zweige Thymian

1 TL getrockneter Oregano

1 Prise Zimt

400 ml Rotwein

500 ml Brühe

2 El Preiselbeer Marmelade

100 g Dattelkuchen mit Walnuss Delicieux

150 g Lebkuchen

2 EL Senf

5 Pastinaken

250 g Pilze nach Wahl

150 g Pfifferlinge

Würzige Preiselbeeren

75 g Preiselbeeren

30 ml Worcestershire-Sauce

30 ml Sherryessig

15 ml brauner Rum

15 ml Chipotle Tabasco

Zubereitung:

1. Für die würzigen Preiselbeeren.Rum, Worcestershire-Sauce, Sherryessig und Tabasco mischen und über die Preiselbeeren gießen. Die Preiselbeeren mindestens 4 Stunden einweichen.

Für den Wildschwein-Eintopf:

2. Das Wildschweinragout mit Salz würzen. Smoken Sie diesen 2 Stunden. Fügen Sie etwas Rauchholz zwischen die Kohlen und arbeiten Sie indirekt bei der niedrigsten möglichen Temperatur.

3. Stellen Sie eine gusseiserne Pfanne auf den Herd und karamellisieren Sie die rote Zwiebel in einem Esslöffel. Sonnenblumenöl. Stellen Sie diese Pfanne unter das Wildschweinragout auf den Smoker, damit alle Säfte gesammelt werden können.

4. Stellen Sie einen Schmortopf mit hoher Temperatur auf den Grill und schmelzen Sie die Butter darin, bis sie hellbraun wird. Fügen Sie die Gewürze hinzu und kochen Sie sie 2 Minuten lang, damit sich die Aromen entwickeln können.

5. Das Wildschweinragout in die heiße Butter geben und goldbraun braten.

6. Reduzieren Sie die Temperatur auf 150 ° C und geben Sie die karamellisierte Zwiebel in das Wildschweinragout. Mit Rotwein und Brühe ablöschen.

7. Fügen Sie die Preiselbeer Marmelade zusammen mit den Dattelkuchenwürfel mit Walnuss hinzu. Lassen Sie es mit dem Deckel des Schmortopfes etwa 3 Stunden lang leicht köcheln.

8. 1 Stunde vor dem Ende 2 Stück Lebkuchen mit Senf in den Eintopf geben und leicht schmelzen lassen.

9. Die Pilze, Pfifferlinge und Pastinakenwürfel in einem guten Schuss Sonnenblumenöl goldbraun braten. Zum Eintopf geben und eine Weile köcheln lassen.

10. Mit frisch gehackter Petersilie und den Sherry-Äpfeln servieren.

Nährwerte:

Kalorien: 540 kcal | Kohlenhydrate: 84 g | Protein: 6 g | Fett: 14 g

9.15 Wildschweineintopf mit Blaubeeren

Zutaten:

- 1 Kilogramm Wildschwein (gewürfelt, Schulter oder Bein)
- 1 1/2 Esslöffel Pflanzenöl
- 1 Zwiebel (fein geschnitten)
- 2 Karotten
- 1 Orange (Bio)
- 1 Knoblauchzehe
- 1 Gewürznelke
- 1 Zimtstange
- 4 Wacholderbeeren
- 2 Prisen Muskatnuss
- 2 Lorbeerblätter
- 2 Esslöffel Cognac
- 1 Liter Rotwein
- 4 Esslöffel Rinderbrühe
- 2 Esslöffel Blaubeermarmelade
- 200 Gramm frische Blaubeeren
- 2 Esslöffel Mehl (optional)
- Hühnersuppe

Zubereitung:

1. Das gewürfelte Fleisch in einer Pfanne mit dem Öl anbraten, das Fleisch herausnehmen und beiseitestellen.
2. In derselben Pfanne die Zwiebeln (in dünne Scheiben geschnitten) und die Karotten anbraten. Fügen Sie die Orangenschale, den zerdrückten Knoblauch, die Nelken, die Zimtstange und die Wacholderbeeren hinzu, würzen Sie sie mit Salz und Pfeffer, bestreuen Sie sie mit Muskatnuss und fügen Sie eine Kräutermischung hinzu.
3. Das Fleisch wieder in den Topf geben und den Brandy hinzufügen, falls gewünscht, aufflammen lassen.
4. Fügen Sie den Rotwein und die Brühe hinzu, um das Fleisch zu bedecken, bringen Sie es zum Kochen, reduzieren Sie die Hitze, decken Sie es ab und kochen Sie es 2 Stunden lang.
5. Wenn die Sauce zu dünn ist, mischen Sie etwas von der Sauce mit einem Esslöffel Mehl mit einer Gabel. Diese Mischung in den Eintopf geben und köcheln lassen, bis die Sauce eingedickt ist.
6. Wenn das Fleisch gekocht ist, fügen Sie die Rinderbrühe und die Blaubeermarmelade hinzu. Passen Sie die Gewürze nach Bedarf an.
7. Fügen Sie die Blaubeeren hinzu und halten Sie den Eintopf warm, bis er servierfertig ist.
8. Den Eintopf mit hausgemachtem Kartoffelpüree servieren.

Nährwerte:

Kalorien: 530 kcal | Kohlenhydrate: 31 g | Protein: 61 g | Fett: 15 g

9.16 Eber Nachos mit Chipotle Creme

Zutaten:

1 Esslöffel Öl

1 kg gekochtes Wildschwein entbeintes Beinfleisch in 3 cm Würfel geschnitten

30 g gemahlener Kreuzkümmel

1 Esslöffel gemahlener Oregano

2 Esslöffel Paprika

Salz und Pfeffer nach Geschmack

¼ Zwiebel gewürfelt

1 Knoblauch gehackt

Für die Nachos:

Tortilla-Chips

Salat optional

Tomaten optional

Cheddar-Käse optional

Koriander optional

geschnittene Jalapenos optional

Eingelegte Karotten optional

Mais optional

Salsa optional

Für Chipotle Crema:

60 ml saure Sahne

30 ml Mayonnaise

1 Chipotle fein gehackt

Prise Kreuzkümmel

Salz und Pfeffer

Zubereitung:

Für Wildschweinfleisch:

1. Das Öl erhitzen. Fügen Sie das Eberfleisch, Kreuzkümmel, Oregano, Paprika, Salz und Pfeffer hinzu. Das Fleisch knusprig anbraten.

2. Wenn Sie ungekochtes Fleisch verwenden, würzen Sie es wie oben beschrieben und fügen Sie die Hühnerbrühe hinzu, um es gründlich zu kochen. Das Kochen dauert ca. 1 Stunde.

Für Chipotle Crema:

1. Mischen Sie alle Zutaten zusammen.

Für Nachos:

1. Alle gewünschten Zutaten auf den Teller geben.

2. Mit dem Fleisch und der Chipotle Crema belegen und genießen.

Nährwerte:

Kalorien: 481 kcal | Kohlenhydrate: 6g | Protein: 50 g | Fett: 28 g

9.17 Wildschwein Ragu mit Käsepolenta

Zutaten:

500 g Wildschwein-Eintopffleisch, in Würfel geschnitten

1 mittelgroße Zwiebel, gewürfelt

2 Karotten, geschält und gewürfelt

2 Selleriestangen, gewürfelt

5 gehackte Knoblauchzehen

1 Esslöffel Sardellenpaste (alternativ 4-5 ganze Sardellenfilets, gehackt und mit der Seite des Kochmessers zerdrückt)

4 Thymianzweige

2 getrocknete Lorbeerblätter

150 ml Rinderbrühe

150 ml trockener Rotwein

½ Teelöffel Muskatnuss

2 Esslöffel Tomatenmark

Salz und Pfeffer nach Geschmack

Für die Cheesey Polenta:

150 g Polenta (auch Maiskörner oder gelbes Maismehl genannt)

550 ml Wasser

200 g frisch geriebener Pecorino Romano Käse

2 Teelöffel gehackter

Zubereitung:

1. Heizen Sie Ihren Backofen auf 180 Grad C. vor.
2. In einem gusseisernen oder einem anderen ofenfesten Suppentopf Olivenöl bei starker Hitze erhitzen.
3. Fügen Sie Fleischstücke hinzu und braten Sie sie von allen Seiten an, bis sie braun sind.
4. Aus dem Topf nehmen und beiseitestellen.
5. Reduzieren Sie die Hitze auf mittel und geben Sie nach Bedarf etwas zusätzliches Öl in den Topf.
6. Fügen Sie Zwiebel, Karotte und Sellerie hinzu. Mit Salz und Pfeffer würzen. Braten Sie, bis das Gemüse weich wird und die Zwiebel durchscheinend ist.
7. Fügen Sie Knoblauch, Sardellen, Thymian und Lorbeerblätter hinzu.
8. Noch 1-2 Minuten anbraten.
9. Als nächstes fügen Sie Tomaten, Rinderbrühe, Rotwein und Muskatnuss hinzu. Gut umrühren und alle gebräunten Teile vom Boden der Pfanne abkratzen.
10. Die Mischung zum Kochen bringen.
11. Abdecken und 4 Stunden im Ofen backen oder bis das Fleisch sehr zart ist und leicht auseinanderfällt. Regelmäßig überprüfen, um den Flüssigkeitsstand zu überwachen.
12. Wenn das Ragu zu trocken wird, fügen Sie zusätzlichen Wein, Wasser oder Rinderbrühe hinzu.
13. Nachdem der Ragu aus dem Ofen genommen wurde, entfernen Sie die Thymianstängel (die Blätter sollten alle abgefallen sein) und die Lorbeerblätter. Verwenden Sie einen Löffel oder einen Gabelbrei und zerkleinern Sie das Fleisch, bis keine großen Stücke mehr übrig sind.
14. Tomatenmark einrühren. Fügen Sie Wasser hinzu, wenn die Mischung zu dick erscheint.
15. Nach Bedarf mit zusätzlichem Salz und Pfeffer abschmecken und

frischer Thymian (optional)

Salz und Pfeffer nach Geschmack

würzen.

Zubereitung der Polenta:

1 In einem mittelgroßen Topf Polenta und Wasser zum Kochen bringen. Wenn die Mischung zu kochen beginnt, stellen Sie sie auf mittlere Hitze und kochen Sie unter häufigem Rühren weiter, bis die Mischung eindickt. Dies dauert ca. 45-50 Minuten.

2 Käse und Thymian einrühren (falls verwendet). Mit Salz und Pfeffer abschmecken.

3 Ragu über der Polenta servieren.

Nährwerte:

Kalorien: 670 kcal | Kohlenhydrate: 25 g | Protein: 42 g | Fett: 42 g

9.18 Wildschwein Lakritz

Zutaten:

Für das Wildschwein:

2 Wildschweinfilets zu je ca. 300 g

½ Orange, Schale und Saft

½ Bergamotte, nur Schale

1 g Lakritzpulver

2 g schwarze Fenchelsamen

10 g Rosmarinblätter

10g Salbeiblätter

40 g Bananenschalotten

2 Nelken

6 Wacholderbeeren

1 Lorbeerblatt

1 g geräucherter Paprika

1 rote Chili, fein gehackt

½ TL Salz

250 ml Olivenöl

Für die Rübenoberteile:

300 g Rübenoberteile, gewaschen

Salz

50 ml Olivenöl

1 Knoblauchzehe, fein gehackt

für die Soße

5 g Butter

10 ml Lakritzlikör

50 ml Hühnerbrühe

Zubereitung:

1. Für das Wildschwein-Lakritz alle Zutaten für das Wildschwein in einer großen Schüssel oder einem Behälter mischen. Abdecken und über Nacht im Kühlschrank marinieren.

2. Den Backofen auf 190C vorheizen.

3. Für die Rübenoberteile in einer großen Pfanne Salzwasser zum Kochen bringen. Die Rübenspitzen eine Minute lang blanchieren. Abgießen und bis zum Abkühlen in eine Schüssel mit eiskaltem Wasser geben. Gründlich abtropfen lassen und trocken tupfen.

4. Das Olivenöl in einer Pfanne erhitzen und den Knoblauch eine Minute braten. Fügen Sie die Rübenoberteile hinzu und kochen Sie sie 2-3 Minuten lang, bis sie welk sind. Beiseitelegen.

5. Entfernen Sie die Wildschweinfilets aus der Marinade. In der gleichen Pfanne, in der die Rüben gebraten wurden, die Filets auf beiden Seiten braten, bis sie gut gefärbt sind.

6. Auf ein Backblech geben und 4 Stunden braten. Sobald das Fleisch vom Knochen fällt ist es fertig gebraten. Dies kann auch weniger als die angegebene Zeit dauern. Die unterschiedliche Zeit wird durch das Alter des Wildschweines bestimmt. Je älter es ist, desto länger die Garzeit.

7. Für die Sauce das Fett aus der Pfanne nehmen und die Butter hinzufügen. Nach dem Schmelzen den Lakritzlikör und die Hühnerbrühe hinzufügen. Einige Minuten köcheln lassen, bis es heiß und leicht eingedickt ist.

8. Zum Servieren das Wildschwein und die Rübenspitzen auf zwei Servierteller verteilen. Gießen Sie die Sauce über das Fleisch.

Nährwerte:

Kalorien: 1330 kcal | Kohlenhydrate: 20 g | Protein: 3 g | Fett: 14 g

9.19 Gebratene Wildschweinkeule

Zutaten:

Ein 3 kg Wildschweinkeule

30 g grobes Meersalz

30 g grob gemahlener schwarzer Pfeffer

Für die Marinade:

400 ml herzhaften Rotwein

2 getrocknete importierte Lorbeerblätter

40 Zweige frischer Thymian, gespült

20 schwarze Pfefferkörner

6 Nelken

1 Karotte, geschnitten, geschält und in 1/4-Zoll-Stücke geschnitten

1 mittelgroße Zwiebel, in Achtel geschnitten

30 ml Rotweinessig bester Qualität

Zum Braten des Wildschweines:

20 ganze Nelken

2 bis 3 Esslöffel Olivenöl

Für die Soße:

350 ml Hühner- oder Kalbsbrühe

3 Esslöffel rotes aktuelles Gelee

Zubereitung:

1 Reiben Sie die Wildschweinkeule mit Salz und Pfeffer ein. Legen Sie sie in eine flache Schüssel, decken Sie die Schüssel ab und geben Sie die Schüssel für 36 Stunden in den Kühlschrank.

2 Wein, Kräuter, Gewürze und Gemüse in einem mittelgroßen Topf bei mittlerer Hitze zum Kochen bringen und ca. 3 Minuten kochen lassen. Vom Herd nehmen und auf Raumtemperatur abkühlen lassen. Das Lorbeerblatt, den Thymian, die Pfefferkörner und die Nelken abseihen und das Gemüse wegwerfen. Den Essig unterrühren.

3 Spülen Sie Salz und Pfeffer schnell vom Eber ab, um das meiste, aber nicht alles zu entfernen. Das Fleisch trocken tupfen und in eine flache Schüssel geben. Gießen Sie die abgekühlte Marinade darüber, stellen Sie sie locker abgedeckt in den Kühlschrank und lassen Sie sie 36 Stunden lang marinieren, wobei Sie sie mindestens viermal drehen sollten.

4 Heizen Sie den Ofen auf 180 ° C vor.

5 Entfernen Sie die Wildschweinkeule aus der Marinade und tupfen Sie sie trocken. Machen Sie überall 20 winzige Schlitze und stecken Sie eine Nelke in jeden Schlitz. Übertragen Sie den Eber in eine Auflaufform und gießen Sie ein Viertel der Marinade darüber. In der Mitte des Ofens rösten, bis der Eber außen sehr golden ist.

6 Wenn Sie hineinschneiden, ist er sehr schwach rosa, aber nicht im Geringsten rot, was ungefähr 2 Stunden dauert. Überprüfen Sie es gelegentlich, um sicherzustellen, dass die Marinade nicht vollständig verdunstet ist, und gießen Sie die zusätzliche Marinade jeweils zu einem Viertel über den Braten.

7 Wenn der Eber geröstet ist, nehmen Sie ihn aus dem Ofen und legen Sie ihn auf eine Platte an einem warmen, locker bedeckten Ort, damit er mindestens 20 Minuten lang ruht, damit sich die Säfte wieder in das Fleisch zurückziehen können.

8 Um die Sauce zuzubereiten, geben Sie den Koch Saft und alle gebräunten Stücke vom Boden der Auflaufform in einen

mittelgroßen Topf. Hähnchen- oder Kalbsbrühe unterrühren und bei mittlerer Hitze zum Kochen bringen. Um etwa ein Viertel reduzieren, dann das rote Gelee einrühren. Weiter kochen und verquirlen, bis die Sauce 8 bis 10 Minuten glatt und seidig ist. Vom Herd nehmen.

9 Entfernen Sie vor dem Schneiden des Ebers so viele Nelken wie möglich. Das Wildschwein in dünne Scheiben schneiden und auf einer Platte anrichten. Mit Petersilienblättern garnieren. Gießen Sie die Sauce entweder über das Fleisch oder servieren Sie sie auf der Seite.

Nährwerte:

Kalorien: 560 kcal | Kohlenhydrate: 15 g | Protein: 69 g | Fett: 4 g

9.20 Wildschweinmedaillons mit eingelegtem Kürbis und püriertem Knollensellerie

Zutaten:

2 Schalotten (in Scheiben geschnitten)

100 ml Apfelessig

80 g Honig

10 cm Zimt (Stick)

5 Nelken

2 Streitkolben (Blumen)

1 Zitrone (geschält)

1 Teelöffel Meersalz

1 Butternusskürbis (in dünne Scheiben geschnitten)

550 g Backkartoffeln (wie Russet, geschält und gewürfelt)

500 g Knollensellerie (geschält und gewürfelt)

5 Esslöffel Butter

60 ml Milch

1 Prise Muskatnuss (frisch gemahlen)

8 Streifen Speck

500 g Wildschweinfilet, in 8 Medaillons geschnitten)

2 Esslöffel Öl

100 ml Rinderbrühe

2 Esslöffel frische Petersilienblätter (gehackt)

Zubereitung:

1 Für die Beizsauce Schalotten, Essig, 150 ml Wasser, Honig, Zimt, Nelken, Muskatblüte, Zitronenschale und Meersalz in einen großen Topf geben und zum Kochen bringen. Den Butternusskürbis in die Pfanne geben und 8-10 Minuten köcheln lassen, bis er weich ist.

2 Übertragen Sie die Kürbisstücke in sterilisierte Gläser und füllen Sie dann jedes Glas mit der Beizflüssigkeit, damit der Kürbis bedeckt ist.

3 Setzen Sie die Deckel der Gläser wieder auf und lassen Sie sie abkühlen.

4 Vor Gebrauch mindestens 24 Stunden einlegen lassen.

5 Kartoffeln und Knollensellerie in einem Topf mit kochendem Salzwasser 10-15 Minuten kochen, bis sie weich sind.

6 Die Kartoffeln und den Knollensellerie abtropfen lassen und wieder in die Pfanne geben. Würzen, dann 2 1/2 EL Butter, Milch und Muskatnuss hinzufügen und pürieren Sie, bis alles glatt ist. Warmhalten.

7 In der Zwischenzeit wickeln Sie ein Stück Speck um jedes Wildschweinmedaillon.

8 Das Öl in einer Pfanne erhitzen, die Medaillons hinzufügen und 5-6 Minuten anbraten.

9 Würzen, dann aus der Pfanne nehmen und zum Ausruhen in Folie einwickeln.

10 Gießen Sie die Brühe in die Pfanne und köcheln Sie für 3-4 Minuten.

11 Nach und nach 2 1/2 EL Butter untermischen und würzen.

12 Die Medaillons und den pürierten Knollensellerie auf 4 Teller verteilen, etwas eingelegten Kürbis und Soße hinzufügen. Mit Petersilie garniert servieren.

Nährwerte:

Kalorien: 1090 kcal | Kohlenhydrate: 112 g | Protein: 49 g | Fett: 16 g

9.21 Wildschweinwurst und Shrimps Jambalaya

Zutaten:

1 Esslöffel Olivenöl

500 g Wildschweinwurst, in dünne Runden geschnitten

500 g geräucherter Schinken (gewürfelt)

1 Esslöffel Schmalz

1 Zwiebel

100 g Sellerie (gewürfelt)

2 Paprika in Würfel geschnitten

150 g Tomatenwürfel

4 Knoblauchzehen (gehackt)

1/2 Teelöffel Cayennepfeffer

2 Teelöffel Oregano

1 Teelöffel Thymian

2 Esslöffel Tomatenmark (Bio)

600 ml Brühe (Gemüse-, Hühner- oder Schweinebrühe sind alle in Ordnung. Vermeiden Sie Rinderbrühe.)

350 g Langkornreis, gekocht

3 Lorbeerblätter

Salz

1 Teelöffel weißer Pfeffer (oder schwarzer, - frisch gemahlener ist immer besser)

Zubereitung:

1. Fett in einem großen, schweren Topf bei mittlerer Hitze schmelzen.
2. Fügen Sie Zwiebeln hinzu und kochen Sie sie, bis Sie gerade anfangen zu karamellisieren.
3. Fügen Sie grünen Pfeffer, Sellerie und Knoblauch hinzu und kochen Sie bis zart, ungefähr 5 Minuten.
4. Salz, schwarzen Pfeffer, Cayennepfeffer, Thymian, Lorbeerblatt und ungekochten Reis hinzufügen.
5. Zum Mischen umrühren. Fügen Sie Tomaten und Hühnerbrühe hinzu.
6. Flüssigkeit zum Kochen bringen und im Topf umrühren.
7. Hitze auf niedrig stellen und abdecken.
8. Nach 15 Minuten die Wurst einrühren und den Topf abdecken.
9. Weitere 5 Minuten kochen, dann die Garnelen und die Frühlingszwiebeln unterrühren.
10. Decken Sie den Topf ab, stellen Sie die Hitze ab und lassen Sie den Jambalaya 10 Minuten lang mit seiner eigenen Hitze weitergaren.
11. Diese Methode kocht die Garnelen schonend, ohne sie zu verkochen.
12. Umrühren, um den Reis auf den Tellern anrichten.

Nährwerte:

Kalorien: 1340 kcal | Kohlenhydrate: 142 g | Protein: 83 g | Fett: 49 g

Jambalaya

6 Spritzer scharfe Sauce

60 g Frühlingszwiebeln, gehackt

80 g frische Petersilie (gehackt und geteilt)

30 ml Zitronensaft

500 g mittelgroße Garnelen (– frisch ist am besten, aber gefroren ist auch in Ordnung. Einfach auftauen und zuerst abspülen.)

9.22 Wildschweineintopf

Zutaten:

1,5 kg Wildschwein, überschüssiges Fett weggeschnitten

Trockener Rotwein (für Marinade)

5 Wacholderbeeren

2 Rosmarinzweige

4 schwarze Pfefferkörner

3 frische Lorbeerblätter

3 Salbeiblätter

3 Esslöffel natives Olivenöl extra

1 rote Zwiebel, gehackt

1 Karotte, gehackt

1 Stiel Sellerie, gehackt

250 ml trockener Rotwein (zum Kochen)

500 g Tomaten, gehackt

1 Handvoll Petersilie, fein gehackt

Zubereitung:

1 Das Fleisch in eine große Schüssel geben und mit dem Wein bedecken. Wacholderbeeren, Rosmarin, Pfefferkörner und Lorbeerblätter dazugeben. Mit Plastikfolie abdecken und über Nacht im Kühlschrank marinieren.

2 Am nächsten Tag den Ofen auf 180. Grad C vorheizen.

3 Entfernen Sie das Fleisch aus der Marinade, legen Sie es in einen großen Schmortopf und werfen Sie die Marinade weg.

4 Fügen Sie die rote Zwiebel, Karotte, Sellerie, Rotwein und Tomaten sowie eine große Prise Salz und Pfeffer hinzu.

5 Im Ofen ca. 4 Stunden kochen, bis das Fleisch weich ist.

6 Vor dem Servieren mit gehackter Petersilie abschließen.

Nährwerte:

Kalorien: 690 kcal | Kohlenhydrate: 16 g | Protein: 72 g | Fett: 18 g

9.23 Wildschwein-Bolognese-Sauce

Zutaten:

4 Esslöffel ungesalzene Butter

150 g gehackte Zwiebel

150 g gehackte Karotte

150 g gehackter Sellerie

1 kg Hackfleisch aus Wildschwein

30 g getrocknete Steinpilze. In einer Schüssel heißem Wasser rekonstituiert und dann gehackt

1 Dose Tomatenmark

150 ml Schweinebrühe oder Wasser

150 ml Rot- oder Weißwein

100 ml Milch

1/2 Muskatnuss, geriebene oder 1/2 Teelöffel gemahlene Muskatnuss

Salz und schwarzer Pfeffer nach Geschmack

Pasta (Tagliatelle, Penne)

Geriebener Käse zum Garnieren

Zubereitung:

1. Erhitzen Sie die Butter bei mittlerer bis hoher Hitze in einem großen, schweren Schmortopf. Fügen Sie die Zwiebel, den Sellerie und die Karotten hinzu und kochen Sie sie 5 bis 8 Minuten lang unter häufigem Rühren. Bräunen Sie sie nicht an. Streuen Sie beim Kochen etwas Salz über das Gemüse.

2. Wenn das Gemüse weich ist, rühren Sie die gehackten Steinpilze und das Tomatenmark ein und lassen Sie alles erneut 3 oder 4 Minuten kochen, wobei Sie häufig umrühren. Wenn das Tomatenmark die Farbe eines Ziegels annimmt, fügen Sie das Hackfleisch, das eingeweichte Steinpilzwasser und die Brühe hinzu. Zum Kochen bringen.

3. Lassen Sie dies bei mittlerer bis niedriger Hitze kochen. Nehmen Sie sich hier Zeit und widerstehen Sie dem Drang, dies bei höherer Hitze zu tun. Von Zeit zu Zeit umrühren. Wenn die Flüssigkeit größtenteils verdunstet ist, fügen Sie den Wein hinzu und wiederholen Sie den Vorgang. Wenn der Wein größtenteils verdunstet ist, Milch, Muskatnuss und schwarzen Pfeffer hinzufügen und gut umrühren. Zum Kochen bringen und nach Belieben salzen. Lassen Sie dies kochen, bis es die gewünschte Konsistenz hat.

4. Wenn Sie die Milch in die Sauce geben, bringen Sie einen großen Topf Wasser zum Kochen. Fügen Sie genug Salz hinzu. Sobald die Bolognese-Sauce eingedickt ist, fügen Sie die Nudeln in das Salzwasser und kochen Sie sie al dente.

5. Zum Servieren die Nudeln auf jeden Teller geben und eine gut gefüllte Kelle Sauce hinzufügen.

6. Geben Sie allen ihre Portion und geben Sie eine kleine Kelle Sauce darauf. Den Käse darüber reiben und servieren.

Nährwerte:

Kalorien: 280 kcal | Kohlenhydrate: 17 g | Protein: 27 g | Fett: 9 g

9.24 Wildschweineintopf mit Spätzle

Zutaten:

4 Esslöffel Öl

1 Kilo Wildschweinsteak

150 g Speck (grob gehackt)

3 Zwiebeln (fein gewürfelt)

2 Teelöffel Paprika

2 Teelöffel getrockneter Thymian

5 Wacholderbeeren

2 Lorbeerblätter

200 ml Wildbrühe

120 ml Rotwein

1 Prise Zucker

500 g Spätzle

400 g Pfifferlinge

220 ml saure Sahne

4 Stiel Petersilie (gehackt)

Zubereitung:

1 2 EL Öl in einer Bratpfanne erhitzen und das Wildschwein bei starker Hitze regelmäßig anbraten. Nach Geschmack würzen, Speck und Zwiebeln dazugeben und weitere 2 Minuten kochen lassen.

2 Paprika, Thymian, Wacholderbeeren und Lorbeerblätter hinzufügen.

3 Gießen Sie die Brühe und Rotwein und eine Prise Zucker.

4 Abdecken und ca. 2 Stunden schmoren lassen.

5 Kochen Sie die Spätzle in reichlich kochendem Salzwasser gemäß den Anweisungen in der Packung.

6 2 EL Öl in einer Pfanne erhitzen und die Pfifferlinge anbraten. Nach Geschmack würzen. Kurz bevor die Sauce fertig ist, Pfifferlinge und Sauerrahm hinzufügen und gut umrühren. Die Sauce mit der mit Petersilie bestreuten Spätzle servieren.

Nährwerte:

Kalorien: 990 kcal | Kohlenhydrate: 59 g | Protein: 65 g | Fett: 49 g

9.25 Wildschwein-Fleischbällchen

Zutaten:

Für die Fleischbällchen:

120 g gehackte Zwiebel

2 Esslöffel ungesalzene Butter

1 Teelöffel Salz

650 g Hackfleisch vom Wildschwein

60 g Semmelbrösel

1 Eigelb

2 Teelöffel Sardellenpaste oder 5 Sardellen, püriert

1 Teelöffel Worcestershire-Sauce

Zitronenschale

1 Esslöffel gehackte Petersilie

1/2 Teelöffel weißer oder schwarzer Pfeffer

2 Eier

Für die Sauce:

1 Liter Enten- oder Gemüsebrühe

3 Esslöffel ungesalzene Butter

60 g gehackte Zwiebel

3 Esslöffel Mehl

2 Esslöffel Kapern

2 Esslöffel Petersilie

2-4 Esslöffel saure Sahne

Zubereitung:

1. Die 2 Esslöffel Butter in einer kleinen Pfanne erhitzen und die Zwiebeln bei mittlerer Hitze kochen, bis sie weich sind. Bräunen Sie sie nicht an. Streuen Sie ein wenig Salz über die Zwiebeln, während sie anbraten. Wenn sie durchscheinend und weich sind, nehmen Sie sie aus der Pfanne und legen Sie sie zum Abkühlen beiseite.

2. Sobald die Zwiebeln abgekühlt sind, mischen Sie alle Fleischbällchen-Zutaten in einer Schüssel. Mit einem Teelöffel zu kleinen Fleischbällchen formen. Sie können sie größer machen, aber ein gehäufter Teelöffel macht eine schöne Größe.

3. Erhitzen Sie die Brühe in einem Topf, der groß genug ist, um alle Ihre Fleischbällchen aufzunehmen. Eine breite, tiefe Bratpfanne mit Deckel ist eine gute Wahl. Sobald die Brühe kocht, drehen Sie die Hitze auf so niedrig wie möglich und fügen Sie die Fleischbällchen vorsichtig hinzu.

4. Wenn sie nicht alle in die Brühe getaucht sind, ist es in Ordnung. Decken Sie den Topf ab und lassen Sie die Fleischbällchen 25 Minuten lang leicht kochen. Entfernen Sie sie vorsichtig und legen Sie sie beiseite.

5. Gießen Sie die Brühe aus und bewahren Sie sie auf. Wischen Sie die Pfanne mit einem Papiertuch ab und stellen Sie sie wieder auf die Hitze.

6. Fügen Sie die 3 Esslöffel Butter hinzu und stellen Sie die Hitze auf mittelhoch.

7. Kochen Sie die Zwiebeln, bis sie durchscheinend sind.

8. Mehl hinzufügen und gut mischen.

9. Bei mittlerer Hitze unter häufigem Rühren kochen, bis alles die Farbe oder den Kaffee mit Sahne hat. Fügen Sie die heiße Brühe nacheinander unter ständigem Rühren hinzu.

10. Fügen Sie es so lange hinzu, bis Sie eine Sauce mit der Konsistenz einer dünnen Soße haben.

11. Die Fleischbällchen wieder in die Sauce geben und die Kapern hinzufügen. Bei schwacher Hitze durchwärmen, dann die

Salz und schwarzer
Pfeffer nach Geschmack

Petersilie hinzufügen.

12 Mit der sauren Sahne am Tisch servieren. Lassen Sie die Leute es mischen, wenn sie essen. Dies verhindert, dass die Sahne gerinnt, und lässt die Leute das Gericht so cremig machen, wie sie wollen. Mahlen Sie schwarzen Pfeffer über alles.

Nährwerte:

Kalorien: 753 kcal | Kohlenhydrate: 25g | Protein: 37 g | Fett: 55 g

10 Ente
10.1 Klassische Entenbrust

Zutaten:

4 Entenbrüste

Salz

1 Teelöffel Entenfett oder Olivenöl

Zubereitung:

1. Nehmen Sie das Fleisch aus dem Kühlschrank. Wenn Sie eine Hausente oder eine sehr fette Wildente verwenden, schneiden Sie die Haut (aber nicht das Fleisch) in einem Kreuzschraffurmuster ein, sodass die Kreuzschraffuren einen Durchmesser von etwa 1 cm haben. Dies hilft dem Fett beim Rendern und gibt Ihnen eine knusprigere Haut.

2. Auf beiden Seiten gut salzen, dann mindestens 15 Minuten auf einem Schneidebrett oder Ähnlichem und bei einer Gänsebrust bis zu 45 Minuten stehen lassen. Es ist weitaus einfacher, die Innentemperatur mit einer Brust bei Raumtemperatur zu kontrollieren als mit einer eiskalten.

3. Die Entenbrüste mit Papiertüchern trocken tupfen. Wenn Sie eine Hausente oder eine sehr fette Wildente kochen, geben Sie 1 Teelöffel Entenfett oder Speiseöl in eine große Pfanne. Legen Sie die Brüste mit der Haut nach unten und streichen Sie damit das Fett über die gesamte Oberfläche der Pfanne. Stellen Sie die Hitze auf mittelhoch. Ja, das haben Sie richtig gelesen: Heizen Sie die Pfanne nicht vor. Sie möchten so viel Fett wie möglich rendern, beginnen Sie also mit einer kühlen Pfanne.

4. Wenn Sie mit normalen Wildentenbrüsten arbeiten, d.h. mit dünnen, erhitzen Sie die Pfanne 1 Minute lang bei starker Hitze und fügen Sie dann 2 Esslöffel Entenfett, Butter oder ein anderes Öl hinzu. Lassen Sie dies heiß werden, aber lassen Sie das Fett nicht rauchen. Erst dann legen Sie die Entenbrüste mit der Haut nach unten in die Pfanne.

5. So oder so, sobald die Entenbrüste anfangen zu kochen, werden Sie sofort die "Schwänze" von Haut und Fett von der Kopf- und der Schwanzseite des Filets bemerken. Wenn sich die Haut zusammenzieht, erhalten Sie manchmal einen kleinen ovalen Fleck am hinteren Ende der Brust, der sich zusammenrollt und keinen Kontakt mit der Pfanne hat. Drücken Sie mit Ihrer Zange 30 bis 60 Sekunden lang auf diesen Teil. Dies gibt Ihnen eine gleichmäßigere Sear.

6. Lassen Sie die Pfanne ihren Job machen. Kochen Sie das Fleisch bei einem scherzhaften Brutzeln - kein Inferno, kein Gurgeln. Denken Sie darüber nach, wie Speck in der Pfanne klingt, wenn Sie ihn kochen, und

Sie haben die richtige Idee. Wie lang? Kleine Enten wie blaugrünen oder rötlichen Enten, benötigen Sie nur etwa 3 Minuten auf der Hautseite, und Sie möchten möglicherweise die Hitze höher halten. Mittelgroße Enten wie Wigeon, Gadwall benötigen 3 bis 5 Minuten. Stockenten, Spießente, Canvasbacks und Hausenten benötigen zwischen 5 und 8 Minuten.

7 Wenn Sie eine Gänsebrust kochen, möchten Sie die Hitze auf mittlerer Stufe und Sie müssen die Hautseite 10 bis 12 Minuten lang fest kochen. Der Schlüssel ist, die Brust den größten Teil ihres Kochens auf dieser Seite machen zu lassen – es ist die flachste und gibt Ihnen diese fabelhaft knusprige Haut, die wir alle kennen und lieben.

8 Ich wiederhole noch einmal: Wenn Sie eine Entenbrust kochen, sind 3/4 der gesamten Garzeit auf der Hautseite.

9 Drehen Sie die Brüste um. Wann? Befolgen Sie die obigen Richtlinien, aber verwenden Sie auch Ihre Ohren: Sie werden hören, wie sich das Zischen ändert. Es wird nachlassen, nur ein bisschen. Dann drehen Sie die Brüste um. Nun – das ist wichtig – salzen Sie die jetzt exponierte Haut sofort leicht. Dies scheint jedes zusätzliche Öl zu absorbieren und gibt Ihnen definitiv eine noch leckerere, knusprigere Haut.

10 Lassen Sie die Enten weniger Zeit auf der Fleischseite kochen. Ich empfehle: 1 bis 2 Minuten für kleine Enten; 3 bis 4 Minuten für mittlere Enten; 4 bis 6 Minuten für große Wildenten und Hausenten; 5 bis 7 Minuten für Gänse.

11 Lassen Sie nun die beiden Brüste sich selbst küssen, indem Sie zwei Hälften gegeneinanderstellen. Sie werden feststellen, dass Enten- und Gänsebrüste sich beim Kochen zusammenziehen. Eine Seite des Filets ist breiter als die andere, und diese Seite benötigt etwas Wärme. Kippen Sie die Brüste einfach auf die Seite und kochen Sie sie 30 bis 90 Sekunden lang, um eine gute Farbe zu erhalten.

12 Nachdem die Ente vom Herd genommen wurde, geben Sie sich auf ein Schneidebrett. Die Hautseite sollte nach oben zeigen. Eine Entenbrust ist wie ein Steak: Wenn Sie sie nicht ausruhen, laufen die Säfte über Ihr Schneidebrett – und nicht über den Teller, wo sie sein sollten.

13 Sie können die Brust von beiden Enden mit beiden Seiten nach oben schneiden. Sie erhalten dünnere Scheiben, indem Sie am Fleischende beginnen, aber Sie verlieren ein wenig von der Knusprigkeit der Haut. Wenn Sie eine ganze Brust servieren, servieren Sie sie immer mit der Haut nach oben und der Sauce darunter.

Nährwerte:

Kalorien: 287 kcal | Kohlenhydrate: 11 g | Protein: 45 g | Fett: 11g

10.2 Geräucherte Ente

Es gibt viele Möglichkeiten, eine Ente oder Gans zu räuchern. Dieses Rezept wurde für Wildenten oder Gänse entwickelt, funktioniert aber auch bei Hausvögeln. Sobald der Vogel geräuchert wurde, bleiben sie bis zu 3 Wochen im Kühlschrank. Machen Sie diese geräucherte Entenbrühe mit Knödeln.

Zutaten:

1 große Ente oder kleine Wildgans

Salz

30 g dicker Ahornsirup

Zubereitung:

1 Die Ente gut in der Höhle salzen und dann die Außenseite des Vogels mit dem Ahornsirup bepinseln. Die Außenseite gut salzen.

2 Stellen Sie den Vogel mit einer Auffangwanne darunter in Ihren Smoker. 4 Stunden lang zwischen 200 und 225 Grad über Apfelholz smoken. Die Enten jede Stunde mit dem Ahornsirup begießen.

3 Nach dem Smoken vollständig abkühlen lassen. Kühl oder bei Raumtemperatur als Aufschnitt oder Vorspeise servieren oder die Brust in einer Pfanne anbraten. In Scheiben schneiden und mit Knödeln servieren.

Ernährung

Kalorien: 551 kcal | Kohlenhydrate: 9g | Protein: 15 g | Fett: 50 g |

10.3 Entenconfit

Zutaten

1 bis 2 Kilo Beine oder Flügel von Gänsen oder Enten

Salz

1 Esslöffel getrockneter Thymian

2 Teelöffel frisch gemahlener schwarzer Pfeffer

3 Lorbeerblätter (optional)

150 ml Gänse-, Enten- oder Schweinefett

Zubereitung:

1. Mischen Sie Salz, Thymian und schwarzen Pfeffer zusammen. Massieren Sie die Mischung in die Beine und Flügel. Stellen Sie sicher, dass auf jedem Teil etwas vorhanden ist. Vakuumieren oder in einen verschlossenen Behälter geben und über Nacht oder bis zu einigen Tagen im Kühlschrank aufbewahren.

2. Wenn Sie bereit sind zu kochen, spülen Sie die Beine ab und trocknen Sie sie gut ab. Wenn Sie vakuumieren, stellen Sie sicher, dass die Beine nicht gestapelt sind. Sie müssen in einer Schicht nebeneinander sein. Das Fett in den Boden jedes Vakuumbeutels aufteilen. Teilen Sie die Lorbeerblätter in jeden Beutel. Wenn Sie nicht vakuumieren, legen Sie die Lorbeerblätter in den Topf mit Fett.

3. Holen Sie sich einen großen Suppentopf, der größtenteils mit Wasser gefüllt ist, und bringen Sie das Wasser zum Kochen. Stellen Sie die versiegelten Vakuumbeutel ins Wasser und kochen Sie sie mindestens 3 Stunden lang bei etwa 85 °C, bei im Laden gekauften Enten und 6 Stunden oder länger bei Wildgänsen.

4. Nehmen Sie die Beutel aus dem Wasser und tauchen Sie sie zum Abkühlen in ein Eiswasserbad. Nehmen Sie sie zum Trocknen in ein Gestell. Wenn sie außen trocken sind, lagern Sie sie bis zu einem Monat im Kühlschrank, in den Vakuumbeuteln.

5. Zum Essen können Sie das Fleisch zerkleinern.

Ernährung

Kalorien: 343 kcal | Kohlenhydrate: 1 g | Protein: 42 g | Fett: 18 g

10.4 Wilde Ente

Zutaten:

2 bis 4 Wildenten

Koscheres Salz und frisch gemahlener Pfeffer

250 ml Wasser

Kleine Handvoll Selleriestangen plus 1 gehackter Selleriestiel

50 g gehackte Schalotte

1 Karotte, geschält und gehackt

2 Blätter Bucht

15 g getrocknete Pilze, ungefähr eine Handvoll

1 Teelöffel getrockneter Thymian

30 ml Brandy

150 ml Rotwein

150 ml Entenbrühe

500 g geschnittene frische Pilze wie Knopf oder Cremini

60 g gehackte gelbe Zwiebel

1 Scheibe knuspriges Baguette in dicke Stücke schneiden

2 Esslöffel ungesalzene Butter zum Abschluss der Sauce

Entenleberpastete, optional

Zubereitung:

1. Heizen Sie Ihren Backofen auf 220 ° C oder die höchste Einstellung vor. Lassen Sie es volle 30 Minuten erhitzen. Die Enten mit einem Papiertuch trocken tupfen, innen und außen gut salzen und dann bei Zimmertemperatur ruhen lassen, während der Ofen heizt.

2. In einer kleinen Schüssel die getrockneten Pilze in heißem Wasser einweichen.

3. Wenn sie weich sind, heben Sie sie aus dem Wasser, drücken Sie sie trocken, hacken Sie diese und dann beiseitestellen.

4. Ein feinmaschiges Sieb mit einem einfachen Papiertuch auslegen und das Wasser in dem die Pilze eingeweicht wurden in einen Messbecher gießen. Stellen Sie 120 ml des Einweichwassers beiseite.

5. Wenn der Ofen heiß ist, tupfen Sie die Enten erneut mit einem Papiertuch trocken und schmieren Sie sie dann mit dem Entenfett oder Olivenöl ein. Legen Sie die Selleriestangen in den Boden einer gusseisernen Pfanne oder einer anderen ofenfesten Pfanne, um als Boden für die Enten zu dienen, und gießen Sie dann gerade genug Wasser in die Pfanne, um den Boden zu bedecken, etwa 2 Esslöffel. Legen Sie die Entenbrust mit der Brust nach oben auf die Selleriestangen.

6. Legen Sie die Enten in den heißen Ofen und stellen Sie die Stoppuhr auf 15 Minuten ein. Nach 10 Minuten Braten die Enten mit den Säften begießen, die sich am Boden der Pfanne angesammelt haben.

7. Nehmen Sie nach Ablauf von 15 Minuten die Backform aus dem Ofen und legen Sie die Enten auf ein Schneidebrett.

8. Wenn Sie eine Muscovy-Ente oder einen anderen domestizierten Vogel braten, übertragen Sie es nach Ablauf von 22 bis 25 Minuten auf das Schneidebrett. Sie möchten, dass das Brustfleisch und die Beine etwas verkocht sind.

9. Schalten Sie den Ofen aus. Lassen Sie die Enten 10 Minuten ruhen.

10. Gießen Sie die Säfte aus der Pfanne und legen Sie die Beine und Flügel mit der Haut nach oben in die Pfanne. Stellen Sie die Pfanne wieder in den Ofen. Die Übertragungswärme sollte heiß genug sein, um das Kochen der Beine und Flügel während der Zubereitung der Sauce zu beenden. Legen Sie die Brüste vorerst mit der Haut nach oben auf das Schneidebrett.

11. Schneiden Sie das Fleisch mit einer schweren Küchenschere in kleine

Gehackte frische Petersilie zum Garnieren

Stücke oder hacken Sie sie mit einem Hackmesser und legen Sie die Stücke in einen Schmortopf oder einen anderen schweren Topf mit 2 Esslöffeln Entenfett oder Butter. Bei mittlerer Hitze platzieren und das Fleisch bräunen.

12. Fügen Sie den gehackten Sellerie, die Schalotte, die Karotte und die rehydrierten Pilze hinzu. Für 8 bis 10 Minuten kochen lassen und gelegentlich umrühren, bis das Gemüse beginnt braun zu werden. Lorbeerblätter, Thymian und Brandy untermischen und kochen, bis fast der gesamte Brandy verkocht ist. Wein, Brühe und das reservierte Pilzwasser einrühren, die Hitze auf Hoch stellen und zum Kochen bringen.

13. Während die Sauce kocht, stellen Sie eine Bratpfanne auf hohe Hitze. Wenn es heiß ist, fügen Sie die frischen Pilze hinzu und schütteln Sie die Pfanne. Lassen Sie die Pilze etwa 4 Minuten in der trockenen Pfanne anbraten, bis sie ihr Wasser abgeben. Fügen Sie 2 Esslöffel Entenfett oder Butter, ein wenig Salz und die Zwiebel hinzu und braten Sie sie bei mittlerer Hitze etwa 6 bis 8 Minuten lang an, bis sie schön gebräunt sind.

14. Die Zwiebeln und Pilze aus der Pfanne nehmen, beiseitestellen und die Pfanne abwischen.

15. Die Sauce durch ein feinmaschiges Sieb in einen kleinen Topf abseihen, bei starker Hitze platzieren und kochen, bis sie halbiert ist.

16. Während die Sauce reduziert wird, legen Sie die Entenbrüste mit der Haut nach unten in die Pfanne, in der Sie die Pilze gekocht haben. Stellen Sie die Hitze auf mittelhoch, damit die Haut knusprig wird. Möglicherweise benötigen Sie einen zusätzlichen Esslöffel Butter oder Fett. Toasten Sie die Brotscheiben (oder braten Sie sie in Entenfett oder Butter) und legen Sie sie beiseite.

17. Wenn die Sauce fertig ist, vom Herd nehmen und die 2 Esslöffel Butter einrühren. Die Sauce sollte die Konsistenz einer dünnen Soße haben. Die Sauce mit Salz und Pfeffer würzen.

18. Zum Schluss die Beine kurz in die Sauce tauchen und auf Tellern anrichten. Tauchen Sie die Brüste in die Sauce und legen Sie sie mit der Haut nach oben auf die Teller.

19. Die Pastete auf den gerösteten Brotscheiben verteilen und alle Pilze zugeben. Die Ente mit etwas Sauce übergießen und mit Petersilie garnieren.

Ernährung

Kalorien: 1780kcal | Kohlenhydrate: 16g | Protein: 50 g | Fett: 157 g

10.5 Langsam gebratene Ente

Zutaten:

1 domestizierte Ente oder 2 sehr fette Wildenten

1 Esslöffel koscheres Salz

1 Zitrone, halbieren

4 Zweige Salbei, Rosmarin, Petersilie oder Thymian

Zubereitung:

1. Ofen auf 160 ° C vorheizen. Stechen Sie mit einer Nadel oder einer scharfen Messerspitze die Haut der Ente überall an – aber achten Sie darauf, dass Sie nicht das Fleisch selbst, sondern nur die Haut durchstechen. Dadurch wird das Fett ausgeschieden und die Haut wird knuspriger. Achten Sie besonders auf den Rücken, die Flanken und die Vorderseite der Brust.

2. Reiben Sie die geschnittene Zitrone über die Ente und stecken Sie sie in den Hohlraum. Salzen den Vogel großzügig. Verwenden Sie etwas mehr Salz, als Sie für nötig halten. Die Ente mit den Kräutern füllen. Lassen Sie den Vogel etwa 30 Minuten auf Zimmertemperatur erwärmen.

3. Wenn Sie zum Braten bereit sind, legen Sie die Ente auf eine Eisenpfanne oder eine andere ofenfeste Pfanne und umgeben Sie sie mit Wurzelgemüse.

4. Stellen Sie die Pfanne für eine Stunde in den Ofen.

5. Kleine Enten (Holzenten, Tauben, Blaugrün, Rotwein usw.) benötigen nur 40 Minuten.

6. Wenn Sie eine Gans rösten, erhöhen Sie die Röstzeit auf 1 Stunde und 20 Minuten. Nehmen Sie nach der festgelegten Zeit die Pfanne aus dem Ofen und stellen Sie die Enten auf ein Schneidebrett, um sich abzukühlen.

7. Löffeln Sie das Fett, das sich über dem Gemüse angesammelt hat, und salzen Sie es gut. Wenn das Gemüse essfertig ist, entfernen Sie es. Wenn es viel überschüssiges Fett gibt, löffeln Sie es ab.

8. Erhöhen Sie nun die Hitze auf 230 ° C. Wenn der Ofen diese Temperatur erreicht hat, braten Sie die Enten noch bis zu 30 Minuten oder bis die Haut knusprig ist. Der Grund, warum Sie die Enten aus dem Ofen nehmen, ist, dass a) die Ruhezeit dazu beiträgt, die Säfte im Mittelstrom des Vogels neu zu verteilen, und b) Sie die Haut knusprig machen, ohne die Ente vollständig zu verkochen, indem Sie sie nur dann in den Ofen zurückbringen, wenn sie heiß ist.

9. Nehmen Sie die Vögel aus dem Ofen. Kleine Enten brauchen 5 Minuten Ruhezeit, große Enten 10 Minuten, Gänse 15.

Ernährung

Kalorien: 780kcal | Kohlenhydrate: 3g | Protein: 22 g | Fett: 75 g

10.6 Asiatische in Tee geräucherte Ente

Zutaten:

4 bis 6 Entenbrüste

2 Esslöffel Salz

1 Esslöffel Sichuan Pfefferkörner

2 Teelöffel schwarze Pfefferkörner

2 Esslöffel Shaoxing Wein oder trockener Sherry

60 g Reis

60 g Loseblatt-Tee

60 g brauner Zucker

1 Stern Anisschote (optional)

1 Teelöffel getrocknete Orangen- oder Mandarinenschale (optional)

2 Teelöffel Erdnuss oder anderes Pflanzenöl

1 Teelöffel geröstetes Sesamöl

240 g Pilze, in Scheiben geschnitten

300 g Bok Choy, grob gehackt

1 Esslöffel geschälter und gehackter frischer Ingwer

1 Esslöffel Zucker

1 Esslöffel Sojasauce

30 ml Entenbrühe oder Hühnerbrühe

2 bis 4 frische rote Chilischoten, geschnitten in dünne Scheiben

Zubereitung:

1. Nehmen Sie die Entenbrüste aus dem Kühlschrank. Kombinieren Sie das Salz, die Sichuan-Pfefferkörner, die schwarzen Pfefferkörner und das Salz in einer Gewürzmühle und mahlen Sie es zu einem Pulver.

2. Befeuchten Sie die Entenbrüste gleichmäßig mit dem Wein und bestreichen Sie sie mit der Gewürzmischung. Wickeln Sie jede Brust einzeln in Plastikfolie, legen Sie sie in den Kühlschrank und lassen Sie sie mindestens 4 Stunden oder vorzugsweise 12 Stunden aushärten. Wenn Sie große Brüste verwenden, lassen Sie diese 24 Stunden lang aushärten

3. Legen Sie sie mit der Haut nach oben auf ein Kühlregal und lassen Sie sie 2 bis 3 Stunden trocknen. Wenn Sie können, richten Sie einen Ventilator auf die Ente, damit sie gründlich trocknet.

4. Legen Sie einen Wok mit Aluminiumfolie so aus, dass etwa 5 cm Folie über den Rand um den Umfang hinausragen. Damit versiegeln Sie den Wok. Geben Sie alle rauchenden Zutaten in den Boden des Woks, gefolgt von einem Gestell (oder verwenden Sie 4 billige Stäbchen oder Holzspieße, um ein Gestell zu improvisieren).

5. Legen Sie die Ente mit der Haut nach unten auf das Gestell. Verschließen Sie den Wok und stellen Sie ihn auf den Herd. Wenn Sie nur Folie verwenden, drapieren Sie diese über den Wok. Wenn Sie den Deckel haben, setzen Sie den Deckel auf und versiegeln Sie alles mit der überschüssigen Folie im Wok. Stellen Sie sicher, dass Ihr Ofenabluftventilator hoch ist.

6. Schalten Sie die Hitze für 3 bis 5 Minuten auf Hoch, bis die rauchenden Zutaten gerade anfangen zu rauchen.

7. Sie werden viel Knacken, Knistern und Knallen hören. Stellen Sie die Hitze auf mittel und rauchen Sie die Ente 20 bis 30 Minuten lang: Entenbrüste normaler Größe benötigen 20 Minuten.

8. Wirklich große wie Moulard oder Gänsebrüste benötigen die vollen 30 Minuten.

9. Nehmen Sie den Deckel ab und nehmen Sie die Entenbrüste

heraus. Sie können sie abkühlen lassen und an dieser Stelle ein oder zwei Tage im Kühlschrank aufbewahren. Zum Schluss erhitzen Sie in einer Bratpfanne die 2 Teelöffel des Pflanzenöls bei mittlerer bis hoher Hitze. Fügen Sie die Brüste mit der Haut nach unten hinzu und kochen Sie, bis die Haut knusprig ist. Kochen Sie nicht die Fleischseite, die bereits gekocht wird. Nehmen Sie die Brüste aus der Pfanne, schneiden Sie sie in Scheiben und legen Sie sie beiseite, während Sie das Gemüse kochen.

10 Um das Gemüse zu kochen, stellen Sie die Hitze unter derselben Pfanne, in der Sie die Haut der Ente knusprig gemacht haben, auf hoch. Fügen Sie die Pilze hinzu, um sie mit dem in der Pfanne verbleibenden Öl zu bestreichen. Lassen Sie die Pilze 2 bis 4 Minuten ungestört sitzen, bis sie beginnen, ihr Wasser freizusetzen. Fügen Sie den Teelöffel Sesamöl, den Bok Choy und den Ingwer hinzu und braten Sie ihn 1 Minute lang an.

11 Fügen Sie den Zucker, die Sojasauce und die Brühe hinzu und werfen Sie sie zusammen. Kochen Sie dies für 4 Minuten, lassen Sie die Flüssigkeit kochen und eindicken. Schalten Sie die Hitze aus, fügen Sie die geschnittene Ente und die Chilischoten nach Geschmack hinzu und werfen Sie sie zusammen. Sofort servieren.

Nährwerte:

Kalorien: 552 kcal | Kohlenhydrate: 56 g | Protein: 50 g | Fett: 13 g

10.7 Ente mit Ahorn-Bourbon-Soße

Zutaten:

2 Wildenten wie Stockenten, Spießente, Canvasbacks, Gadwall

Olivenöl zum Überziehen von Enten

Salz

Pfannentropfen von der Ente, ca. 3 Esslöffel

3 Esslöffel Mehl

30 ml Bourbon oder Whisky

60 ml Entenbrühe, Rinderbrühe oder Wasser

2 Esslöffel Ahornsirup

1 Teelöffel Tabasco-Sauce oder eine andere scharfe Sauce

1 bis 2 Esslöffel Sahne

Schwarzer Pfeffer und Salz nach Geschmack

Zubereitung:

1. Nehmen Sie die Enten aus dem Kühlschrank und bestreichen Sie sie mit Olivenöl. Salzen Sie sie innen und außen gut. Lassen Sie sie 30 Minuten lang auf Zimmertemperatur kommen. Heizen Sie den Ofen auf 230 °C vor.

2. Wenn der Ofen heiß ist, legen Sie die Entenbrust mit der Brust nach oben in eine gusseiserne Pfanne oder eine andere schwere, ofenfeste Pfanne. Stellen Sie sicher, dass sie sich nicht berühren. Braten Sie, bis das Brustfleisch etwa 60 °C erreicht, etwa 18 bis 22 Minuten. Nehmen Sie die Enten aus dem Ofen und schnitzen Sie die Brüste ab. Legen Sie sie mit der Haut nach oben auf ein Schneidebrett. Legen Sie die Enten wieder in den Ofen, damit Sie die Beine weitere 5 Minuten kochen können.

3. Nehmen Sie die Enten wieder aus dem Ofen. Geben Sie die Enten auf ein Schneidebrett und stellen Sie die Pfanne auf das Kochfeld. Stellen Sie die Hitze auf mittelhoch und knusprig die Haut an den Brüsten. Dies sollte ungefähr 2 bis 4 Minuten dauern. Achten Sie auf den Pfannengriff - es wird sehr heiß! Sobald die Brusthaut knusprig ist, bewegen Sie sie mit der Haut nach oben auf das Schneidebrett.

4. Sie möchten 3 Esslöffel Entenfett in der Pfanne lassen. Löffel extra heraus oder fügen Sie etwas Butter hinzu. Mehl hinzufügen und gut mischen. Stellen Sie die Hitze auf mittel und kochen Sie das Mehl 5 Minuten lang unter gelegentlichem Rühren.

5. Fügen Sie den Bourbon hinzu. Die Mehlschwitze wird sich festsetzen, also seien Sie bereit mit der Brühe oder dem Wasser. Fügen Sie es unter ständigem Rühren hinzu, um es zu kombinieren. Zum Kochen bringen.

6. Gießen Sie den Ahornsirup Tabasco ein und fügen Sie nach Belieben Salz und schwarzen Pfeffer hinzu. Ein oder zwei Minuten köcheln lassen.

7. Wenn die Soße die richtige Konsistenz hat, können Sie die Creme hinzufügen. Wenn es zu dick ist, fügen Sie mehr Brühe hinzu.

8 Wenn es zu dünn ist, lassen Sie es etwas einkochen. Sobald es die Konsistenz einer Soße hat, fügen Sie die Sahne hinzu und kochen Sie 1 Minute.

9 Schneiden Sie die Enten und geben Sie jedem etwas Brustfleisch und Beine. Mit Kartoffelpüree servieren und die Soße darüber geben.

Nährwerte:

Kalorien: 238 kcal | Kohlenhydrate: 11g | Protein: 24 g | Fett: 5 g |

10.8 Klassisches italienisches Enten-Ragu

Zutaten:

1,5 kg Enten- oder Gänsebeine und / oder Flügel

Salz

15 g getrocknete Pilze, in Stücke gebrochen

3 Esslöffel Entenfett, Olivenöl oder Butter

1 gehackte Zwiebel

2 Selleriestangen, gehackt

2 Karotten, gehackt

2 Esslöffel Tomatenmark

120 ml Weißwein

1 Liter Ente oder Hühnerbrühe

1 Liter zerkleinerte Tomaten oder Tomatenmark

2 Lorbeerblätter

2 Teelöffel Oregano

30 g gehackte Petersilie

Geriebener Pecorino- oder Pamesan-Käse

Zubereitung:

1. Legen Sie alle Entenbeine und Flügel mit der Haut nach oben auf eine Bratpfanne. Streuen Sie etwas Salz darüber und stellen Sie es in den Ofen. Die Temperatur auf 200 ° C einstellen. Heizen Sie den Ofen nicht vor, da das Fett in der Ente langsam austreten soll. Wenn Sie zufällig hautlose Beine und Flügel verwenden, müssen Sie diese alle mit Olivenöl überziehen, bevor Sie sie salzen. Unabhängig davon, braten Sie, bis sie schön gebräunt sind, etwa 45 Minuten bis 1 Stunde.

2. In der Zwischenzeit die getrockneten Pilze 30 Minuten in heißem Wasser einweichen, dann herausnehmen und hacken. Das Pilzwasser durch ein Papiertuch abseihen, um Schmutz zu entfernen und zu reservieren.

3. Wenn die Entenschenkel noch etwa 15 Minuten Zeit haben, erhitzen Sie einen Schmortopf und fügen Sie das Entenfett hinzu.

4. Wenn es schmilzt, fügen Sie die gehackte Zwiebel, den Sellerie und die Karotte hinzu und bräunen Sie sie gut an.

5. Das Gemüse beim Kochen leicht salzen. Wenn das Gemüse braun wird, fügen Sie das Tomatenmark hinzu und mischen Sie es gut ein. Die Mischung kochen, bis die Tomatenmark etwa 5 Minuten lang ziegelrot wird.

6. Wenn die Entenschenkel noch nicht fertig sind, schalten Sie den Schmortopf aus. Wenn dies der Fall ist, entfernen Sie die Beine und geben Sie diese in eine Schüssel oder etwas anderes. Wenn sich viel Fett in der Pfanne befindet, lassen Sie es abtropfen.

7. Gießen Sie das Pilzwasser und den Weißwein in die Bratpfanne und kratzen Sie die gebräunten Stücke mit einem Holzlöffel ab. Gießen Sie diese mit dem Schmortopf in die Pfanne.

8. Die Flüssigkeit aus der Bratpfanne in die Tomaten-Paste-Gemüse-Mischung mischen und zum Kochen bringen. Kochen Sie es um die Hälfte ein. Die Entenschenkel und alle in der Schüssel angesammelten Säfte in den Schmortopf geben.

9. Mit der Entenbrühe und dem Tomatenpüree bedecken, die Lorbeerblätter und den Oregano hinzufügen und gut mischen.

Zum Kochen bringen und mindestens 90 Minuten kochen lassen. An diesem Punkt sieht es aus wie Enteneintopf, was gut ist. Sie möchten, dass alles langsam abkocht.

10. Das Fleisch ist fertig, wenn es fast von alleine vom Knochen abfällt. Fischen Sie alle Beine aus, zerkleinern Sie das Fleisch und legen Sie es wieder in den Topf.
11. Wenn der "Eintopf" zu einer schönen Sauce gekocht hat, können Sie loslegen.
12. Fügen Sie Salz und schwarzen Pfeffer hinzu. Abschließend die Petersilie einrühren.

Nährwerte:

Kalorien: 519 kcal | Kohlenhydrate: 21g | Protein: 46 g | Fett: 25 g |

10.9 Wildreis mit Ente

Zutaten:

Eine Handvoll getrockneter Pilze, ungefähr 30 g

200 ml heißes Wasser

3 Esslöffel Entenfett, Sonnenblumenöl oder Butter

1 gehackte Zwiebel

150 g Wildreis

60 g geröstete Walnüsse

60 g getrocknete Preiselbeeren

350 ml Entenbrühe oder Hühnerbrühe

Salz und schwarzer Pfeffer

50 g gehackte frische Petersilie

Ein Spritzer guten Öls wie Kürbiskernöl oder Sonnenblumenöl

500 g – 1000 g Entenbrust mit Haut

Salz

1 Esslöffel Entenfett

Schwarzer Pfeffer

Ein Spritzer Pontack oder Balsamico-Essig

Zubereitung:

1. Nehmen Sie die Entenbrust aus dem Kühlschrank und salzen Sie sie gut. Vorerst beiseitestellen. Die getrockneten Pilze in heißem Wasser einweichen und 20 Minuten ruhen lassen. Wenn die Pilze weich genug sind, hacken Sie sie gut. Das eingeweichte Wasser durch ein Papiertuch abseihen, das in ein Sieb gelegt wurde. Verwenden Sie das Wasser zum Kochen des Reises.

2. Erhitzen Sie das Entenfett für den Reis in einem Topf. Die Zwiebeln ca. 5 Minuten lang anbraten, bis sie an den Rändern gerade anfangen zu bräunen. Fügen Sie die Pilze und den Reis hinzu und braten Sie noch ein oder zwei Minuten. Fügen Sie die getrockneten Preiselbeeren, dann die Brühe und 150 ml des Einweichwassers hinzu. Nach Geschmack Salz hinzufügen. Zum Kochen bringen, abdecken und ca. 20 Minuten kochen, bis der Reis gar ist.

3. Möglicherweise müssen Sie den Reis abtropfen lassen. Unterschiedlicher Reis nimmt beim Kochen unterschiedliche Mengen an Flüssigkeit auf. Abgießen und in eine Schüssel geben.

4. Fügen Sie die Walnüsse und Petersilie sowie Salz und Pfeffer hinzu, um zu schmecken. Das Öl über den Pilaw träufeln und gut mischen.

5. Die Entenbrüste mit Papiertüchern trocken tupfen. Das restliche Entenfett in eine große Pfanne geben.

6. Wenn Ihre Enten fett sind, stellen Sie die Hitze auf mittelhoch und legen Sie die Entenbrüste in die Pfanne, sobald das Fett schmilzt. Wenn Ihre Enten dünn sind, warten Sie, bis die Pfanne heiß ist, bevor Sie die Entenbrüste einsetzen.

7. Kochen Sie die Haut der Entenbrust mit der Seite nach unten in einem gleichmäßigen Zischen, bis die Haut schön gebräunt ist, etwa 5 bis 8 Minuten.

8. Drehen Sie die Brüste und kochen Sie sie 2 bis 4 Minuten lang auf der Fleischseite.

9   Verwenden Sie dabei den Fingertest, um den Gargrad zu bestimmen.

10 Nehmen Sie die Entenbrüste heraus und mahlen Sie schwarzen Pfeffer darüber. Lassen Sie sie 5 bis 8 Minuten ruhen, bevor Sie sie in Scheiben schneiden. Vor dem Servieren mit Reis und einem Gemüse Ihrer Wahl etwas Pontack oder Balsamico-Essig darüber träufeln.

Nährwerte:

Kalorien: 587 kcal | Kohlenhydrate: 65 g | Protein: 28 g | Fett: 26 g |

10.10 Klassische französische Ente a L'Orange

Zutaten:

2 fette Enten wie Stockenten oder Spießente

Salz

3 EL Zucker

30 ml Rotweinessig

220 ml Entenbrühe oder Rinderbrühe

4 süße Orangen

1 Esslöffel Pfeilwurzel oder Maisstärke

3 Esslöffel Grand Marnier oder anderer Orangenlikör

1/4 Teelöffel Orangenbitter (optional)

2 Esslöffel Butter bei Raumtemperatur

Zubereitung:

1. Verwenden Sie eine Nadel oder eine scharfe Messerspitze, um die Haut der fetten Enten überall zu durchstechen, und achten Sie darauf, das Fleisch selbst nicht zu durchstechen. in einem Winkel hineingehen. Dies hilft dem Fett, aus dem Vogel zu laufen.
2. Die Enten gut salzen und den Ofen auf 160 Grad. C vorheizen.
3. Legen Sie die Enten auf ein Backblech. Legen Sie sie auf Sellerieblätter, um sie über das Niveau der Pfanne zu stützt. Hierdurch wird die Ente besser knusprig. Wenn Sie möchten, umgeben Sie die Ente mit etwas Wurzelgemüse. 90 Minuten rösten.
4. Nehmen Sie das Backblech heraus und erhöhen Sie die Hitze auf 220 Grad C. Wenn diese Temperatur erreicht ist, legen Sie die Enten wieder in den Ofen und braten Sie sie etwa 15 bis 20 Minuten lang, bis die Haut knusprig ist.
5. In der Zwischenzeit den Essig und den Zucker in einem kleinen Topf kochen, bis er braun wird. Gießen Sie die Brühe nach und nach unter ständigem Rühren ein. Beiseitelegen.
6. Schneiden Sie die Schale von den Orangen, reiben Sie etwas fein und halten Sie die Schale von 2 Orangen in großen Stücken. Saft aus 2 Orangen. Schneiden Sie Segmente aus den anderen 2 Orangen.
7. Nachdem die Enten fertig sind, öffnen Sie den Ofen und nehmen diese heraus. Geben Sie die Enten auf ein Brett zum Ruhen.
8. Bringen Sie die Sauce zum Kochen, dann etwa 60 ml Orangensaft und die großen Schalenstücke hinzufügen. 5 Minuten köcheln lassen. Ein wenig Sauce mit der Stärke verquirlen und, wenn sie gut gemischt ist, zum Eindicken in den Topf rühren. Fügen Sie den Grand Marnier und genügend Salz und Orangenbitter hinzu, um es abzuschmecken. Geben Sie die Butter hinzu.
9. Zum Servieren die Ente in Scheiben schneiden und auf Tellern anrichten. Geben Sie allen Orangensupremes und gießen Sie sie über die Sauce. Mit der geriebenen Schale garnieren und mit gutem Brot, Kartoffelpüree oder Selleriewurzel oder Polenta servieren.

Nährwerte:

Kalorien: 1752 kcal | Kohlenhydrate: 31g | Protein: 48 g | Fett: 156 g |

10.11 Gebratene Ente mit Frühlingszwiebeln

Zutaten:

500 g hautlose Ente

30 ml Sojasauce

Für die Marinade:

1 Esslöffel Sesamöl

1 Esslöffel Erdnuss oder Pflanzenöl

1 1/2 Teelöffel Reisessig

Für die Sauce:

2 Teelöffel Maisstärke

2 Teelöffel Zucker

60 ml Hühnerbrühe

1 Esslöffel Sojasauce

2 Teelöffel Reisessig

1 Esslöffel Shaoxing Wein oder Sherry

2 Teelöffel Maisstärke

2 Teelöffel Zucker

Eine Prise Salz

3 Esslöffel Erdnuss- oder Pflanzenöl

250 g Frühlingszwiebeln

3 gehackte Knoblauchzehen

Ein Stück Ingwer, geschält und gehackt

1 Esslöffel Wein oder Sherry

Sesamöl zum beträufeln

Zubereitung:

1. Schneiden Sie das Entenfleisch in dünne Streifen.
2. Mischen Sie alle Marinaden-Zutaten in einer Schüssel und fügen Sie das geschnittene Entenfleisch hinzu. Mischen Sie alles gut, so dass jedes Stück Ente etwas Marinade enthält. Decken Sie die Schüssel ab und stellen Sie sie eine Stunde lang in den Kühlschrank.
3. Mischen Sie alle Saucenbestandteile und legen Sie diese in eine Schüssel. Bereiten Sie alle anderen Zutaten vor und stellen Sie sie in die Nähe Ihres Woks.
4. Wenn Sie keinen Wok haben, verwenden Sie eine große Pfanne. Nehmen Sie das Entenfleisch aus dem Kühlschrank.
5. 1 Esslöffel Erdnussöl im Wok bei starker Hitze erhitzen.
6. Fügen Sie die Frühlingszwiebeln hinzu und rühren Sie sie 30 Sekunden bis 1 Minute lang oder bis sie alle welk sind. Entfernen Sie sie und legen Sie sie für den Moment in eine Schüssel. Wischen Sie den Wok aus.
7. Fügen Sie das restliche Erdnussöl hinzu und braten Sie Ingwer und Knoblauch 30 Sekunden lang bei starker Hitze. Fügen Sie das Entenfleisch hinzu und rühren Sie es an, bis Sie keine rosa Flecken mehr im Fleisch sehen.
8. Fügen Sie den Shaoxing-Wein hinzu und rühren Sie ihn ein oder zwei Sekunden lang um. Fügen Sie dann die Sauce hinzu.
9. Rühren Sie die Sauce vor dem Hinzufügen um, da sonst die gesamte Maisstärke auf den Boden gesunken ist. Die Frühlingszwiebeln wieder in den Wok geben.
10. Rühren braten Sie dies für 1 bis 2 Minuten, bis die Sauce dickflüssig und glänzend wird.
11. Schalten Sie die Hitze aus, beträufeln Sie alles mit etwas Sesamöl und servieren Sie es sofort mit Reis.

Nährwerte:

Kalorien: 239 kcal | Kohlenhydrate: 13g | Protein: 26 g | Fett: 9 g |

10.12 Vietnamesische Entensuppe

Zutaten:

Für die Brühe:

- 1,5 kg Ente
- 2 geschnittene Zwiebeln
- Ein geschältes Stück Ingwer, in Scheiben schneiden
- 10 Kardamomkapseln
- 5 Sterne Aniskapseln
- 1 Esslöffel Koriandersamen
- 6 Nelken
- 1 Esslöffel Fenchelsamen
- 3 Esslöffel Zucker
- 2 Esslöffel Salz
- 60 ml Fischsauce

Zutaten für die Ente:

- 4 Entenbrüste
- 2 Esslöffel Sesamöl
- 1 kg Pho Ba Nudeln oder japanische Soba
- 2 dünn geschnittene Zwiebeln
- Ein Stück Ingwer, geschält und in Scheiben geschnitten
- 500 g Sojabohnensprossen
- Eine große Menge Koriander oder asiatisches Basilikum

Zubereitung

1. Geben Sie für die Brühe alle Entenstücke in einen großen Suppentopf. Geben Sie dann soviel Wasser zu, dass das Entenfleisch bedeckt ist und bringen Sie dann alles zum Kochen. Den Schaum, der nach oben steigt mit einem Löffel entfernen und stellen Sie die Hitze auf mittel. Lassen Sie es von hier an nicht mehr kochen.

2. In der Zwischenzeit rösten Sie Koriander, Nelken, Fenchelsamen, Kardamom und Sternanis in einer trockenen Pfanne, bis alles duftet. Oft umrühren, damit es nicht anbrennt.

3. Sobald das Wasser im Suppentopf so gut wie schaumfrei ist, Zwiebel, Ingwer, Gewürze, Fischsauce, Zucker und Salz hinzufügen und gut umrühren.

4. Bewegen Sie den Topf ein wenig aus der Mitte der Platte und köcheln Sie mindestens 2 Stunden lang.

5. Wenn Sie den Topf ein wenig zur Seite stellen, können Sie von der Oberseite regelmäßig das fett und den Schaum entfernen. Sie möchten das meiste Fett von der Oberseite entfernen.

6. Sobald die Brühe lecker schmeckt, stellen Sie die Hitze ab und werfen Sie alle Entenstücke, Zwiebeln usw. weg. Anschließend die Brühe durch ein Stück Käsetuch in einem feinmaschigen Sieb passieren. Gießen Sie langsam und verwerfen Sie den letzten Bodensatz der Brühe, der Sediment enthält.

7. Optional: Kühlen Sie die Brühe jetzt ab und nehmen Sie nach einer Weile im Kühlschrank die eventuell entstehende Fettkappe ab.

8. Zum Servieren die Brühe mit dem Stück Ingwer und den in Scheiben geschnittenen Zwiebeln erhitzen – nicht kochen lassen. Lassen Sie diese Hitze durch, bis die Zwiebeln verwelkt sind, ca. 10 Minuten.

9. Stellen Sie eine Reihe von Gewürzen bereit: Kräuter, Sojasprossen, geschnittene Chilischoten, Fischsauce, scharfe Sauce und Hoisinsauce. Dies ist traditionell, obwohl Sie bei Bedarf improvisieren können.

4 scharfe Chilischoten, in dünne Scheiben geschnitten

10 Das einzige, was Sie haben müssen, sind jedoch frische Kräuter.

11 Wasser kochen, salzen und die Nudeln kochen. Traditionelle Pho-Nudeln (erhältlich in asiatischen Läden) sind am besten.

12 2 Esslöffel Sesamöl in eine Pfanne geben und erhitzen. Braten Sie die Entenbrüste von allen Seiten unter einem sehr heißen Feuer an – Sie möchten eine schöne Bräune an den Rändern, aber damit die Ente innen noch roh ist. Sie brauchen dies nicht zu tun, aber die angebratenen Kanten fügen dem Gericht etwas hinzu.

13 Wenn die Nudeln fertig sind, sammeln Sie Portionen und legen Sie sie in Servierschalen.

14 Schneiden Sie die Entenbrust so dünn wie möglich und legen Sie sie auf die Nudeln.

15 Nehmen Sie den Ingwer aus der Brühe und gießen Sie etwas Brühe über die Nudeln und die Ente. Sofort servieren.

Nährwerte:

Kalorien: 653 kcal | Kohlenhydrate: 110 g | Protein: 29 g | Fett: 10 g

10.13 Chinesische Entenbeine

Zutaten:

Für die Sauce:

60 ml Shaoxing Wein oder trockener Sherry

2 Esslöffel Honig

3 Esslöffel Sojasauce

3 Esslöffel Hoisinsauce

2 Esslöffel heiße Chilibohnenpaste

2 Teelöffel Knoblauchpulver

2 Esslöffel geschälter, gehackter frischer Ingwer

1/2 Teelöffel chinesisches Fünf-Gewürz-Pulver

8 bis 12 im Laden gekaufte Enten- oder Wildgänsebeine, ungefähr 2 Kilo

Zubereitung:

1. Geben Sie alle Saucenzutaten in einen Mixer und pürieren Sie diese. Gießen Sie die Sauce in eine große Schüssel. Reinigen Sie die Mixschüssel noch nicht. Heizen Sie den Ofen auf 160 Grad C vor.
2. Suchen Sie sich eine flache, ofenfeste Schüssel, die fast alle Entenbeine aufnehmen kann.
3. Die Entenschenkel mit der Sauce bestreichen und mit der Haut nach oben in die Schüssel legen.
4. Fügen Sie gerade genug Wasser hinzu, um die verbleibende BBQ-Sauce in der Mixerschüssel aufzufangen, und in der Schüssel, in der Sie die Entenschenkel überzogen haben.
5. Gießen Sie dieses aromatische Wasser mit den Entenschenkeln bis zur Hauthöhe in die Schüssel. Tauchen Sie die Beine nicht unter, und wenn Sie mehr Wasser benötigen, fügen Sie es hinzu.
6. Stellen Sie das Gericht in den Ofen und garen Sie die Entenschenkel unbedeckt, bis sie weich sind. Dies kann zwischen etwa 90 Minuten für im Laden gekaufte Enten und 3 Stunden für alte Wildenten dauern.
7. Die Entenschenkel etwa alle 30 Minuten mit der Sauce begießen.
8. Lassen Sie die Beine die letzten 20 bis 30 Minuten kochen und behalten Sie sie im Auge, damit die Haut nicht brennt. Sofort servieren.

Nährwerte:

Kalorien: 869 kcal | Kohlenhydrate: 22g | Protein: 95 g | Fett: 40 g |

10.14 Enten Rillettes

Zutaten:

- 1,5 Enten Beine oder Flügel
- 120 g Salz
- 3 Esslöffel getrockneter Thymian
- 2 Liter Enten- oder Gemüsebrühe
- 3 Lorbeerblätter
- 100 g Entenfett oder Butter
- 30 ml Brandy
- 1 Esslöffel gehackte Rue oder 2 Esslöffel Petersilie

Zubereitung:

1. Mischen Sie zunächst die Thymianblätter und das Salz.
2. Massieren Sie diese Mischung in die Entenbeine- oder Flügel und achten Sie darauf, dass alles gut überzogen ist.
3. Wenn noch etwas übrig ist, gießen Sie es in einen Behälter.
4. Legen Sie die gesalzenen Entenbeine oder Flügel in den Behälter, decken Sie sie ab und kühlen Sie sie 12-24 Stunden lang. Je länger Sie einwirken lassen, desto salziger werden Ihre Rillettes.
5. Wenn Sie bereit sind, spülen Sie die Kur gut ab.
6. Die Beine in einen großen Topf geben und mit der Entenbrühe bedecken. Fügen Sie Wasser oder Weißwein hinzu, wenn der Flüssigkeitsstand die Beine nicht bedeckt. Fügen Sie die Lorbeerblätter hinzu.
7. Abdecken, dann entweder auf dem Herd bei schwacher Hitze oder in einem 160-Grad-Ofen 4-8 Stunden kochen. Das Fleisch sollte sich dann leicht vom Knochen lösen. Überprüfen Sie nach ca. 2 Stunden, ob Sie genügend Flüssigkeit haben. Decken Sie den Topf in den letzten ein oder zwei Stunden ab.
8. Wenn das Fleisch vom Knochen fällt, stellen Sie die Hitze ab und lassen Sie die Ente abkühlen. Idealerweise kühlen Sie alles, um das Fett zu verfestigen.
9. Wenn es kalt ist, ziehen Sie die Haut ab und werfen Sie sie weg, zerkleinern Sie das Fleisch und legen Sie es in eine große Schüssel.
10. Probieren Sie die restliche Brühe, um zu sehen, wie salzig sie ist. Sie brauchen ein wenig für die Rillettes, möchten aber wissen, wie viel Sie hinzufügen müssen - ohne die Rillettes zu stark zu salzen.
11. Geben Sie etwas Brühe in die Rillettes und bearbeiten Sie sie mit einem kräftigen Holzlöffel zusammen, bis die Flüssigkeit eingearbeitet ist.
12. Fügen Sie 2 Esslöffel des Entenfetts hinzu und massieren Sie es ein. Fügen Sie weiterhin Entenfett hinzu, bis die Mischung cremig

wird. Mach Sie das nach und nach.

13 Wenn ein Löffel Rillettes cremig und nicht trocken schmeckt, fügen Sie 2 Esslöffel Armagnac und die Hälfte der Rue hinzu. Massieren Sie es gut ein.

14 Sie sollten in der Lage sein, sowohl den Armagnac als auch die Rue zu probieren, aber keiner sollte überwältigend sein. Wenn Sie möchten, fügen Sie den Rest des Likörs und der Kräuter hinzu.

15 Drücken Sie die Rillettes in Auflaufförmchen oder in einen nicht reaktiven Behälter, der funktioniert. Tupperware ist in Ordnung und ein Buttergefäß ist ideal.

16 Mit einem Deckel oder einer Folie abdecken und im Kühlschrank aufbewahren. Es ist am besten, diese vor dem Servieren eine Woche lang reifen zu lassen. Aber sie können dieses Gericht auch sofort essen.

Nährwerte:

Kalorien: 514 kcal | Kohlenhydrate: 4g | Protein: 32 g | Fett: 39 g |

10.15 Thailändische rote Curry-Ente

Zutaten:

1 Esslöffel Erdnussöl

1 Esslöffel gehacktes Zitronengras (optional, nur weiße Teile)

1 Esslöffel gehackter Ingwer

1 Esslöffel gehackter Knoblauch

1 gelbe Zwiebel, dünn geschnitten bis zur Wurzel

2 bis 6 kleine scharfe Chilis, gehackt

30 g Thai rote Curry Paste

1 Dose Kokosmilch

2 Esslöffel Fischsauce (optional)

500 g gewürfelte, geschälte Kartoffeln

2 Esslöffel Zucker

150 g Ananasstücke

500 g Entenbrust, in dünne Scheiben geschnitten

Limettensaft nach Geschmack

40 g grob gehackter Koriander

Zubereitung:

1. Das Erdnussöl in einem Wok oder einer schweren Bratpfanne bei starker Hitze erhitzen. In dem Moment, in dem es raucht, Zitronengras, Ingwer und Knoblauch hinzufügen. Dann anbraten und eine Minuten gut umrühren.

2. Fügen Sie die Zwiebel und die Chilischoten hinzu, braten Sie sie noch ein oder zwei Minuten und mischen Sie dann die Curry-Paste hinein. Braten Sie die Curry-Paste etwa 2 Minuten lang an.

3. Kokosmilch einfüllen und gut umrühren. Füllen Sie die Kokosmilchdose mit Wasser und gießen Sie diese ebenfalls ein. Fügen Sie die Fischsauce und die Kartoffeln hinzu und kochen Sie sie abgedeckt etwa 15 bis 20 Minuten lang, bis die Kartoffeln fast zart sind.

4. Wenn die Kartoffeln gerade zart sind, fügen Sie die Ananasstücke und den Zucker hinzu. Fügen Sie Salz oder mehr Fischsauce hinzu, um es abzuschmecken. Kochen Sie die Ananas ein oder zwei Minuten lang, bevor Sie die geschnittene Entenbrust hinzufügen.

5. Die Entenbrust gibt in ein oder zwei Minuten etwas Saft ab. Wenn dies der Fall ist, rühren Sie das Curry gut um und fügen Sie den Koriander und den Limettensaft nach Geschmack hinzu. Schalten Sie die Hitze aus und servieren Sie sofort über weißem Reis.

Nährwerte:

Kalorien: 610kcal | Kohlenhydrate: 53g | Protein: 30 g | Fett: 33 g |

10.16 Deutsche geschmorte Ente

Zutaten:

1,5 kg Entenschenkel

2 Esslöffel Entenfett, Schmalz oder Pflanzenöl

300 g Kohlschnitzel

1 kleine Zwiebel, von der Wurzel bis zur Spitze dünn geschnitten

3 mittelgroße Karotten, in dünne Scheiben geschnitten

1 Glas Sauerkraut

150 ml Weißwein (Riesling wäre gut)

150 ml Entenbrühe

2 Lorbeerblätter

3 Nelken

1 Teelöffel grob geknackter schwarzer Pfeffer

10 Wacholderbeeren, püriert aber ganz

1 Teelöffel Kümmel

2 geräucherte Würstchen wie rote Bratwurst

Salz

Frisch gehackter Schnittlauch zum Garnieren

Zubereitung:

1. Erhitzen Sie das Entenfett in einem großen Topf mit Deckel wie einen holländischen Ofen bei mittlerer bis hoher Hitze. Die Enten- oder Gänsebeine gut bräunen, besonders auf der Hautseite. Salzen Sie die Beine, während sie kochen. Sobald jedes Bein gut gebräunt ist, nehmen Sie es vorerst auf einen Teller. Der gesamte Vorgang kann 10 bis 15 Minuten dauern.

2. Wenn die Ente vollständig gebräunt ist, fügen Sie die Zwiebel, den Kohl und die Karotte hinzu und braten Sie sie an, bis das Gemüse an den Rändern nur noch eine leichte Bräunung aufweist (ca. 3 bis 5 Minuten). Sauerkraut, Wein, Brühe, Kräuter und Gewürze hinzufügen.

3. Die Enten- oder Gänsebeine in die Krautmischung einlegen und mit etwas Flüssigkeit begießen. Decken Sie den Topf ab und köcheln Sie sehr leicht bei schwacher Hitze, bis das Fleisch leicht der Messerspitze nachgibt. Wie lang? Von ungefähr 90 Minuten für im Laden gekaufte Enten bis zu 3 1/2 Stunden für eine alte Gans.

4. Etwa 15 Minuten bevor Sie glauben, dass die Entenschenkel fertig sind - Sie müssen nicht präzise sein, da die Beine beim Überkochen ziemlich verzeihen -, schneiden Sie die Würste in Scheiben und geben Sie sie ebenfalls in den Topf. Abdecken und durchheizen. Sie möchten die Würste nicht zu lange kochen, da sonst das gesamte Fett abfließt und sie trocken und unangenehm schmecken.

5. Vor dem Servieren den Schnittlauch über das Gericht streuen. Mit gutem Roggenbrot, Kartoffeln in irgendeiner Form (püriert, gekocht, geröstet usw.) oder mit Knödeln servieren.

Nährwerte:

Kalorien: 300kcal | Kohlenhydrate: 9g | Protein: 20 g | Fett: 17 g

10.17 Enten Tacos nach mexikanischer Art

Zutaten:

1 kg Entenkeulen

2 Teelöffel Achiote Verde

120 ml Hühnerbrühe

Für die Salsa:

120 g Tomatillo Salsa Verde

150 g Maiskörner

Taccos

Eine Prise Backpulver

Radieschenwürfel, Käse, Koriander zum Garnieren

Zubereitung:

1 Kaufen oder machen Sie die Achiote Verde und machen Sie die Tomatillo Salsa Verde voraus.

2 Um die Salsa zuzubereiten, mischen Sie die Salsa Verde, den Mais. Beiseitelegen.

3 Legen Sie das Fleisch in einer Schicht in eine große Pfanne mit so viel Fett, wie Sie möchten. Ich benutze eine gute 30 Gramm. Bei starker Hitze 90 Sekunden lang anbraten, ohne dass sich die Keulen berühren, damit Sie einige knusprige Stücke erhalten. Rühren Sie danach alles durch und fügen Sie die Achiote Verde und die Hühnerbrühe hinzu. Kochen Sie dies solange, bis die Pfanne wieder fast trocken ist. Wenn Sie hören, wie der Garvorgang von Kochen zu Brutzeln wechselt, schalten Sie den Herd aus.

4 Mit warmen Tortillas, Salsa und anderen Beilagen servieren.

Nährwerte:

Kalorien: 280 kcal | Kohlenhydrate: 9g | Protein: 30 g | Fett: 13 g |

10.18 Leckere Entenbrust

Zutaten:

1,5 kg hautlose, fettfreie Entenbrust

250 ml Wasser

2 Esslöffel koscheres Salz

30 ml Worcestershire-Sauce

1 TL Knoblauchpulver

1 TL getrockneter Thymian

1 TL Cayennepfeffer

1 TL Steinpilzpulver (optional)

3 EL brauner Zucker

Zubereitung:

1. Schneiden Sie die Entenbrüste in ungefähr 5 mm dünne Streifen. Mischen Sie die restlichen Zutaten in einer großen Schüssel. Legen Sie das Fleisch in die Marinade und massieren Sie es rundherum, um es gleichmäßig zu bestreichen.

2. Gießen Sie alles in eine verschließbare Plastiktüte oder einen Behälter und stellen Sie es in den Kühlschrank. Mindestens 24 und bis zu 72 Stunden marinieren – je länger es in der Mischung ist, desto salziger wird das Fleisch, aber desto geschmackvoller wird es.

3. Massieren Sie während des Marinierens das Fleisch im Beutel herum, um alle Stücke in Kontakt mit der Marinade zu halten.

4. Nehmen Sie die Ente aus dem Beutel und tupfen Sie sie mit Papiertüchern trocken.

5. Befolgen Sie entweder die Anweisungen Ihres Dörreautomat für die Zubereitung (oder legen Sie die Streifen auf einen Rost, der über ein Backblech gelegt wird. Stellen Sie den Rost in einen Ofen, der auf Warm gestellt ist, bis das Fleisch ausgetrocknet, aber immer noch biegsam ist (ca. 6 bis 8 Stunden).

Nährwerte:

Kalorien: 183 kcal | Kohlenhydrate: 5g | Protein: 26 g | Fett: 6 g |

10.19 Entenherz-Tartar

Zutaten:

30 Entenherzen

1 kleines frisches Chili, sehr dünn geschnitten

1 Esslöffel gehackte Schalotte

1 1/2 EL winzige Kapern

1 EL Oliven (grün oder schwarz)

1 TL fein geriebene Zitronenschale

2 bis 3 Esslöffel gerösteter roter Pfeffer, in Stücke von der Größe der Kapern geschnitten

2 TL frisch gepresster Zitronensaft

2 TL gehackte Petersilie

2 TL gehackte Minze

Olivenöl

Salz

1 große Knoblauchzehe

Zubereitung:

1. Schneiden Sie die Oberseite der Herzen ab – das obere Ende mit dem Fett. Die Herzen in Stücke von der Größe der Kapern hacken. Geben Sie diese dann in eine Schüssel. Die Oliven gut hacken und in die Schüssel geben. Fügen Sie alles außer Olivenöl, Zitronensaft und Kräutern hinzu und mischen Sie es vorsichtig, um es zu kombinieren.

2. Knoblauchzehen der Länge nach in dünne Scheiben schneiden. Wenn Sie möchten, bringen Sie etwa 100 ml Milch zum Kochen und fügen Sie die Knoblauchzehen hinzu. 1 Minute köcheln lassen, dann abtropfen lassen und trocken tupfen – dadurch wird der Knoblauch etwas bitterer.

3. Um die Knoblauchchips fertig zu stellen, geben Sie 3 bis 4 Esslöffel Olivenöl in eine kleine Pfanne. Braten Sie die Knoblauchzehen bei mittlerer Hitze etwa 2 Minuten lang knusprig an. Lassen Sie sie nicht bräunen, sonst werden sie sehr bitter. Auf Papiertüchern abtropfen lassen.

4. Zitronensaft, Olivenöl und Kräuter zum Tartar geben und vorsichtig mischen.

5. Zum Servieren einen großen Löffel Tatar auf die Teller geben und mit Olivenöl beträufeln, dann mit Knoblauchchips belegen.

Nährwerte:

Kalorien: 17kcal | Kohlenhydrate: 2g | Protein: 1 g | Fett: 1 g |

10.20 Leicht angebratene Entenleber

Zutaten:

3 Esslöffel Traubenkernöl oder anderes Öl mit hohem Rauchpunkt

2 Entenlebern

Feines Meersalz

Hochwertiger Balsamico-Essig

Zubereitung:

1. Erhitzen Sie eine kleine Pfanne. Fügen Sie etwa einen Esslöffel Traubenkern-, Saflor- oder Reiskleieöl (oder ein anderes Öl mit hohem Rauchpunkt) hinzu. Erhitzen Sie das Öl, bis es raucht. Entfernen Sie die Pfanne vom Herd legen die Lebern vorsichtig hinein.
2. Sobald sie auf das heiße Öl trifft, schütteln Sie die Pfanne ein wenig, damit die Lebern nicht kleben bleiben.
3. Stellen Sie die Pfanne wieder auf die Hitze und braten Sie die Lebern 90 Sekunden lang an. Dann umdrehen und ca. 15-20 Sekunden anbraten.
4. Zum Servieren etwas feines Salz auf die Leber streuen; Fleur de Sel ist eine gute Wahl.
5. Mit etwas hochwertigem Balsamico-Essig beträufeln und sofort servieren.

Nährwerte:

Kalorien: 187 kcal | Kohlenhydrate: 1 g | Protein: 1 g | Fett: 21 g |

10.21 Gekochte „Maulwurf" Ente

Zutaten:

Ente

1,5 kg Entenbeine und Flügel

1 Liter Hühner- oder Entenbrühe

3 Lorbeerblätter

2 Stück Sellerie, gehackt

1 Karotte, gehackt

1 Zwiebel, gehackt

2 heiße, getrocknete Chilis, aufgebrochen (optional)

Salz

Für den „Maulwurf"

10 getrocknete Guajillo-Chilis, gestielt und entkernt

12 ganze schwarze Pfefferkörner

8 ganze Nelken

4 Lorbeerblätter

1 Teelöffel getrockneter Thymian

1 Teelöffel getrockneter Oregano, wenn möglich mexikanisch

1 Teelöffel gemahlener Zimt

1 kleine weiße oder gelbe Zwiebel, gehackt

6 Knoblauchzehen, gehackt

Zubereitung

1. Geben Sie die Ente und die Brühe sowie ein bis zwei Liter Wasser in einen Topf mit Deckel und zum Kochen bringen.

2. Fügen Sie die restlichen Entenzutaten und das Salz nach Geschmack hinzu und köcheln Sie dann teilweise bedeckt, bis das Fleisch zart ist, aber nicht vom Knochen fällt. Dies dauert normalerweise 2 bis 3 Stunden.

3. Maulwurfsauce.

4. Die Zwiebelscheiben in Limettensaft einweichen. Legen Sie dies vorerst beiseite.

5. In der Zwischenzeit machen Sie den „Maulwurf". Beginnen Sie, indem Sie die gestielten und entkernten Guajillo-Chilis in eine Schüssel geben. Gießen Sie kochendes Wasser über sie, um sie zu bedecken, und decken Sie dann die Schüssel ab, damit sie 30 Minuten langziehen kann.

6. Währenddessen die Sesamkörner in eine kleine Pfanne geben und hoch rösten, bis sie nur noch ein wenig braun sind. Behalten Sie sie im Auge, da Sesam leicht brennen kann. In die Schüssel eines Mixers stellen.

7. Mit der gleichen kleinen Pfanne die Pfefferkörner und Nelken aromatisch rösten. Mahlen Sie mit einer Gewürzmühle die Lorbeerblätter, den getrockneten Thymian und Oregano, bis sie größtenteils pulverisiert sind.

8. Fügen Sie dies zusammen mit dem Zimt in die Schüssel des Mixers.

9. Den Knoblauch und die gehackte Zwiebel zusammen mit den eingeweichten Chilis und den blanchierten Mandeln und Rosinen in den Mixer geben. Fügen Sie die optionalen Hoja Santa Blätter hinzu, wenn Sie sie haben. Mixen, bis alles glatt ist. Sie benötigen dafür Brühe, sonst dreht sich der Mixer nicht richtig. Sie können etwas aus dem Ententopf nehmen oder Hühnerbrühe verwenden. Meistens brauche ich mindestens 200ml, manchmal mehr. Fügen Sie nach Belieben Salz hinzu, bevor Sie die Sauce aus dem Mixer

30 g blanchierte Mandeln

40 g Rosinen (golden, wenn möglich)

Etwas Brühe

Salz

2 Hoja Santa Blätter (optional)

50 g Schmalz oder Entenfett

2-4 pürierte Tomaten

50 g Schokolade, gerieben

Für die Garnierung:

30 g grob gehackter Koriander

30 ml Limettensaft

1 kleine weiße Zwiebel, in Ringe geschnitten

nehmen.

10 Das Entenfett oder Schmalz in einem großen Topf mit Deckel erhitzen. Den Inhalt des Mixers sowie die pürierten Tomaten hinzufügen und gut umrühren. Es wird zuerst stottern und dann emulgieren. Diese 10 Minuten köcheln lassen und dann die geriebene mexikanische Schokolade unterrühren. 30 Minuten bis 1 Stunde sehr leicht köcheln lassen. Es sollte die Konsistenz von geschmolzenem Eis entstehen.

11 Zum Schluss die Ente aus dem Topf nehmen und in eine Schüssel geben. Geben Sie eine Kelle der Maulwurfsauce hinzu. Jetzt erkennen Sie auch, warum die Maulwurfsauce diesen Namen hat. Jetzt noch mit gehacktem Koriander und den mit Limetten getränkten Zwiebeln garnieren.

Nährwerte:

Kalorien: 278 kcal | Kohlenhydrate: 18g | Protein: 19 g | Fett: 16 g |

10.22 Ente mit Orangensauce

Zutaten:

1 Ente 2,5 kg oder mehr

1/4 TL Pfeffer

1/2 TL Salz

Für die Sauce:

30 g brauner Zucker

1 EL Butter

2 TL geriebene Orangenschale

40 ml Orangensaft

4 Stück dünn geschnittene Orange optional

Zubereitung:

1. Ente waschen und gründlich trocknen. Entfernen Sie überschüssiges Fett aus dem Hohlraumbereich. Stechen Sie die Haut in Abständen von 2,5 cm über den gesamten Vogel.
2. Ofen vorheizen auf 180 Grad C.
3. Legen Sie die Vogelbrust mit der Seite nach oben auf ein Gestell in einer tiefen Bratpfanne.
4. Pfeffer und Salz mischen und über den Vogel streuen.
5. 40-45 Minuten rösten. Stechen Sie die Haut erneut an und drehen Sie die Vogelbrust nach unten.
6. Weitere 40-45 Minuten rösten. Stechen Sie die Haut erneut an und drehen Sie die Vogelbrust nach oben.
7. Den Vogel aus dem Ofen nehmen, locker mit Folie abdecken. Lassen Sie den Vogel für 20 Minuten ruhen.
8. Bereiten Sie in der Zwischenzeit die Sauce zu. Geben Sie alle Zutaten für die Sauce in einen kleinen Topf. Unter häufigem Rühren zum Kochen bringen. Reduzieren Sie die Hitze auf mittel und kochen Sie vorsichtig, bis die Sauce die Konsistenz von Pfannkuchensirup hat.
9. Dies sollte ungefähr 15 Minuten dauern.
10. Die Ente mit etwas Sauce bestreichen.
11. Ente vierteln und mit zusätzlicher Sauce servieren.

Nährwerte:

Kalorien: 977kcal | Kohlenhydrate: 46g | Protein: 22 g | Fett: 78 g |

10.23 Rosmarinente mit Aprikosen

Zutaten:

3 EL gehackter frischer Rosmarin

2 EL brauner Zucker

1 EL frisch gemahlener schwarzer Pfeffer

2 Teelöffel Salz

2 ganze Entenbrüste, halbiert

40 g Kristallzucker

50 ml Champagneressig oder Weißweinessig

4 Aprikosen, geviertelt

Zubereitung:

1. Marinieren Sie die Entenbrüste: Rosmarin, braunen Zucker, schwarzen Pfeffer und Salz mischen. Reiben Sie die Mischung über die Entenbrüste. Abdecken und zwei Stunden kaltstellen. Danach die Ente mit Wasser gründlich abspülen und trocken tupfen.

2. Ritzen Sie die fettige Haut mit einem Messer ein. Achten Sie darauf, nicht in das Fleisch zu schneiden.

3. Kochen Sie die fette Seite nach unten, in einer kalten Pfanne. Legen Sie die Hauthälften der Entenbrust mit der Haut nach unten in eine kalte Bratpfanne und stellen Sie die Hitze auf mittelhoch. Wenn Sie die Entenbrust zischen hören, stellen Sie die Hitze auf mittel und lassen Sie sie ungestört braten, bis die Haut braun und knusprig ist (ca. 6-8 Minuten).

4. Drehen Sie die Entenbrüste um und kochen Sie weitere 2-3 Minuten, je nachdem, wie gut durch Sie Ihre Ente mögen. Als letzten Schritt kippen Sie die Entenbrüste auf die Seite - dicke Seite nach unten - und lassen Sie sie noch etwa eine Minute brutzeln. Zum Abkühlen auf ein Schneidebrett legen.

5. 5 Aprikosen karamellisieren: Während die Ente kocht, den Kristallzucker und den Essig in einem kleinen Topf vermischen und zum Kochen bringen. Kochen, bis dieser dick und bernsteinfarben ist.

6. Fügen Sie Aprikosen hinzu. Hitze reduzieren und 1 Minute kochen lassen oder bis die Aprikosen weich werden.

7. Zum Servieren die Ente diagonal über das Korn in Scheiben schneiden. Mit karamellisierten Aprikosen servieren.

Nährwerte:

Kalorien: 140 kcal | Kohlenhydrate: 43g | Protein: 28 g | Fett: 75 g |

10.24 Enteneintopf

Zutaten:

2 Teelöffel Rapsöl

500 g Entenbrusthälften ohne Knochen

250 g geräucherte Putenwurst, in Scheiben geschnitten

100 g gehackter Sellerie

100 g gehackte Karotte

100 g gehackte Zwiebel

1 1/2 Teelöffel gehackter Knoblauch in Flaschen

150 ml fettfreie Hühnerbrühe mit weniger Natrium

2 Dosen Bohnen, gespült und abgetropft

1 Dose Tomatenwürfel, nicht entwässert

Zubereitung:

1. In einem Schmortopf bei mittlerer bis hoher Hitze das Öl erhitzen.
2. Fügen Sie Ente und Wurst hinzu. 7 Minuten anbraten lassen oder bis sie braun sind. Ente und Wurst aus der Pfanne nehmen. Fügen Sie Sellerie, Zwiebeln, Karotten und den Knoblauch hinzu. Einige Minuten anbraten. Die Entenmischung wieder in die Pfanne geben. Fügen Sie Brühe, Bohnen und Tomaten hinzu; zum Kochen bringen. Hitze reduzieren und lassen Sie es für ca. 10 Minuten köcheln.

Nährwerte:

Kalorien 296 | Fett 7,8 g | Protein 27,5 g | Kohlenhydrate 30 g

11 Reh Rezepte

11.1 Rehrücken mit Cumberland-Sauce

Zutaten:

500 g – 750 g Rehwild-Rückengurt in einem Stück

Salz

3 Esslöffel ungesalzene Butter, Entenfett oder Speiseöl

Cumberland Sauce

1 Schalotte, gehackt

100 ml Tasse Portwein

150 ml Brühe

Eine Prise Salz

1/2 Teelöffel trockener Senf

1/4 Teelöffel Cayennepfeffer

Zitronenschale und Orange

50 g Gelee mit roten Johannisbeeren

Frisch gemahlener schwarzer Pfeffer

Zubereitung:

1. Nehmen Sie das Rehfleisch aus dem Kühlschrank und salzen Sie es gut. 30 Minuten bei Zimmertemperatur ruhen lassen.

2. Die Butter in einer Bratpfanne schmelzen, die groß genug ist, um den Rückengurt des Rehs bei mittlerer bis hoher Hitze zu halten. Wenn es heiß ist, drehen Sie die Hitze auf mittel und bräunen Sie das Rehfleisch von allen Seiten. Verwenden Sie den Fingertest für den Gargrad, um das Fleisch auf das gewünschte Niveau zu kochen. Denken Sie daran, dass es im Ruhezustand weiter kocht. Nehmen Sie es daher ein wenig heraus, bevor es den gewünschten Gargrad erreicht. Bewegen Sie das Fleisch auf ein Schneidebrett, bedecken Sie es locker mit Folie und lassen Sie es ruhen, während Sie die Sauce zubereiten.

3. Wenn Ihr Fleisch aus der Pfanne genommen wurde, stellen Sie sicher, dass mindestens 1 Esslöffel Butter oder Öl darin ist. Wenn nicht, fügen Sie weitere hinzu. Braten Sie die Schalotte bei mittlerer Hitze 90 Sekunden lang an, bis sie weich ist.

4. Fügen Sie den Portwein hinzu und kratzen Sie mit einem Holzlöffel alle gebräunten Teile an der Pfanne ab. Lassen Sie dies weiter. kochen, bis es um die Hälfte reduziert ist. Fügen Sie die Brühe, das Salz, die Zitrusschale, den Senf und den Cayennepfeffer hinzu und lassen Sie diese ein oder zwei Minuten kochen.

5. Das Johannisbeergelee und den schwarzen Pfeffer unterrühren. Lassen Sie alles kochen, bis es dick, aber noch flüssig ist. Sie können es abseihen, wenn Sie eine raffiniertere Sauce wünschen.

6. Das Fleisch in Medaillons schneiden. Gießen Sie alle Säfte, die aus dem Fleisch gekommen sind, in die Sauce und rühren Sie um, um alles zu kombinieren.

7. Mit der Sauce entweder über oder neben dem Fleisch servieren.

Nährwerte:

Kalorien: 267kcal | Kohlenhydrate: 24g | Protein: 12 g | Fett: 10 g |

11.2 Rehwildsteaks mit karamellisierten Zwiebeln und Pilzen

Zutaten:

40 g ungesalzene Butter, halb und halb

3 geschälte Zwiebeln und von der Wurzel bis zur Spitze geschnitten

Salz

1 TL getrockneter Thymian

2 TL Honig (optional)

500 g Rogen

Steinpilzpulver (optional)

150 g frische Pilze, Maitake, in Scheiben geschnitten

3 EL frisch gehackte Petersilie

Löwenzahnblätter (optional zum Garnieren)

Zubereitung:

1. Beginnen Sie mit dem Karamellisieren der Zwiebeln. 2 Esslöffel Butter in einer großen Bratpfanne bei mittlerer bis hoher Hitze erhitzen. Wenn es heiß ist, fügen Sie die Zwiebeln hinzu und geben Sie sie zum Überziehen. Decken Sie die Zwiebeln ab, drehen Sie die Hitze herunter und kochen Sie langsam unter gelegentlichem Rühren. Sie möchten, dass sie langsam weich und braun werden und nicht an den Rändern braun werden. Nach ungefähr 10 Minuten werden sie weich. Streuen Sie Salz darüber und lassen Sie sie noch etwas kochen. Wenn sie gerade anfangen zu bräunen, fügen Sie den Thymian und den Honig hinzu. Kochen, bis sie ein schönes Braun haben. Dann entfernen und beiseitestellen. Die Zwiebeln können im Voraus gemacht werden.

2. Während die Zwiebeln kochen, nehmen Sie das Rehfleisch aus dem Kühlschrank und salzen Sie es gut. Lassen Sie es die ganze Zeit auf Zimmertemperatur kommen, während Sie die Zwiebeln kochen.

3. Wenn die Zwiebeln fertig sind, wischen Sie die Pfanne aus und fügen Sie die restliche Butter hinzu. Das Rehfleisch mit einem Papiertuch trocken tupfen, bei mittlerer Hitze anbraten und wenden, um sicherzustellen, dass alle Seiten gut gebräunt sind. Verwenden Sie den Fingertest für den Gargrad, um festzustellen, wann Sie ihn aus der Pfanne nehmen müssen. Lassen Sie das Fleisch auf einem Schneidebrett ruhen. Wenn Sie Steinpilzpulver haben, rollen Sie das Rehfleisch in das Steinpilzpulver, während es ruht.

4. Während das Rehfleisch ruht, legen Sie die Pilze in die Pfanne und stellen Sie die Hitze auf hoch. Die Pilze anbraten, bis sie ihr Wasser abgeben. Wenn das Wasser fast abgekocht ist oder wenn die Pilze anfangen zu bräunen, fügen Sie etwas mehr Butter hinzu und braten Sie sie hart an, bis die Pilze schön gebräunt sind. Salzen Sie beim Kochen.

5. Sobald die Pilze fertig sind, die karamellisierten Zwiebeln und die Petersilie wieder hinzufügen und mischen.

6. Durchheizen und auf jeden Teller legen. Fügen Sie die Löwenzahnblätter hinzu, wenn Sie sie verwenden. Das Fleisch in Medaillons schneiden und servieren.

Nährwerte:

Kalorien: 330 kcal | Kohlenhydrate: 13g | Protein: 37 g | Fett: 15 g |

11.3 Reh Stroganoff mit Spätzle

Zutaten

4 Esslöffel Butter

750 g Rehfleisch

2 große Schalotten, gehackt

2 gehackte Knoblauchzehen

125 g geschnittene Cremini oder Champignons

125 g geschnittene Shiitake-Pilze

1/4 Teelöffel gemahlene Muskatnuss

2 Esslöffel gehackter frischer Dill

50 ml Tasse Madeira Wein oder Sherry

120 ml saure Sahne

Dillpollen zum Garnieren (optional)

Sahne, optional (zum Lösen der Sauce)

Für die Spätzle:

2 Tassen Mehl

1/4 Teelöffel Muskatnuss

1/4 Teelöffel schwarzer oder weißer Pfeffer

1 bis 2 Teelöffel Salz

1 Ei, leicht geschlagen

50 ml saure Sahne

Zubereitung:

1. Zuerst bereiten wir die Spätzle zu. Diese können bis zu einem Tag im Voraus hergestellt und im Kühlschrank aufbewahrt werden. Vermischen Sie in einer Schüssel alle Zutaten bis auf die Sahne. Nun den klebrigen Teig zu einem Teig verdünnen, der ein bisschen wie ein wirklich dicker Pfannkuchenteig mit der Sahne ist. Verwenden Sie ein Spätzlesieb oder streichen Sie den Teig einfach mit einem Messer von einem Schneidebrett streichen.

2. Dann geben Sie die Spätzle in kochendes Wasser und warten bis diese an der Wasseroberfläche schwimmen. Mit einem geschlitzten Löffel abschöpfen und beiseitestellen.

3. Um den Stroganoff zuzubereiten, salzen Sie das Fleisch gut und lassen Sie es etwa 20 Minuten lang auf dem Schneidebrett liegen.

4. Geben Sie 2 Esslöffel Butter in eine große Bratpfanne bei hoher Hitze. Tupfen Sie das Fleisch trocken und braten Sie es gut von allen Seiten an. Geben Sie es danach auf ein Schneidebrett und lassen Sie es ruhen.

5. Geben Sie die Pilze in die Pfanne stellen Sie und die Hitze hoch. Bald werden sie ihr Wasser abgeben und wenn sie dies tun, mit einem Holzlöffel alle gebräunten Teile vom Boden der Pfanne abkratzen. Wenn das meiste Wasser abgekocht ist, geben Sie den Rest der Butter zusammen mit den Schalotten in die Pfanne und braten Sie alles 3 bis 5 Minuten lang unter häufigem Rühren an. Fügen Sie den Knoblauch hinzu und braten Sie ihn bei starker Hitze weitere 3 Minuten lang. Streuen Sie etwas Salz über alles.

6. Fügen Sie den Madeira hinzu und rühren Sie die Sauce gut um. Währenddessen etwas Muskatnuss über die Mischung reiben. Wenn der Madeira größtenteils verkocht ist, drehen Sie die Hitze auf niedrig. Das Fleisch in dünne Scheiben schneiden und alle auf dem Schneidebrett angesammelten Säfte in die Pfanne zurückgeben. Umrühren, um den größten Teil des gehackten frischen Dills zu kombinieren und hinzuzufügen.

7. Die saure Sahne einrühren und die Hitze abstellen. Zum

Kombinieren umrühren und von der Hitze in der Pfanne erhitzen lassen. Zum Servieren über die Spätzle verteilen und den restlichen Dill und den Dillpollen, falls verwendet, darüber geben.

Nährwerte:

Kalorien: 806kcal | Kohlenhydrate: 57 g | Protein: 63 g | Fett: 34 g

11.4 Filet vom Reh mit Ancho-Sauce

Zutaten:

Für die Sauce:

1 große weiße Zwiebel, gehackt

3 Esslöffel Schmalz, Maisöl oder Olivenöl

3 oder 4 getrocknete Ancho Chilis, entkernt und entstammt

1 große Knoblauchzehe, gehackt

1 Teelöffel Salz

Für das Reh:

2 Esslöffel Gemüse-, Raps- oder Traubenkernöl (hoher Rauchpunkt)

Salz

1 kg Reh Filet

1 Esslöffel schwarzer Pfeffer, fein gemahlen

1 Esslöffel getrocknete Frühlingszwiebeln (optional)

Zubereitung:

1 Zuerst bereiten wir die Sauce zu.
Erhitzen Sie den Schmalz in einer kleinen Pfanne. Fügen Sie die Zwiebel hinzu und kochen Sie sie langsam, bis sie karamellisiert sind. Möglicherweise müssen Sie die Pfanne abdecken und / oder hier und da einen Esslöffel Wasser hinzufügen, damit die Zwiebeln nicht verbrennen. Nehmen Sie sich Zeit für diesen Schritt, da er für den Geschmack wichtig ist.

2 Entfernen Sie in der Zwischenzeit den Stiel und Samen von den Anchos und übergießen Sie dies mit kochendem Wasser. Wenn die Zwiebeln fertig sind, die Anchos in Stücke reißen und mit Knoblauch und Salz in eine andere Pfanne geben. 5 Minuten kochen, dann alles in einen Mixer geben und pürieren, bis alles glatt ist.

3 Nehmen Sie das Filet aus dem Kühlschrank, salzen Sie es gut und lassen Sie es etwa 30 Minuten lang auf Zimmertemperatur erwärmen, während Sie die Sauce zubereiten.

4 Erhitzen Sie das Öl in einer Pfanne, die bei mittlerer bis hoher Hitze zum Filet passend. Das Reh mit Papiertüchern trocken tupfen und von allen Seiten anbraten. Verwenden Sie den Fingertest für den Gargrad, um festzustellen, wann es fertig ist.

5 Das Fleisch mit schwarzem Pfeffer und getrockneten Zwiebeln bestreichen, falls verwendet. 5 Minuten ruhen lassen. Verteilen Sie etwas Anchosauce auf einem Teller, schneiden Sie das Filet in Medaillons und belegen Sie es mit Pico de Gallo, falls verwendet.

Nährwerte:

Kalorien: 478 kcal | Kohlenhydrate: 22g | Protein: 48 g | Fett: 24 g |

11.5 Griechisches Souvlaki

Zutaten:

Für die Marinade:

750 g Pfund Rehrücken oder Beinfleisch, in 3-4 cm Stücke geschnitten

50 ml Olivenöl

30 ml Zitronensaft

Zitronenschale

2 Esslöffel getrockneter Oregano

2 Teelöffel getrockneter Thymian

Teelöffel schwarzer Pfeffer

TZATZIKI SAUCE

2 Esslöffel Olivenöl

2 Esslöffel Zitronensaft

210 g griechischer Joghurt

60 g Gurkenwürfel, geschält und entkernt

1 Esslöffel Dill

2 gehackte Knoblauchzehen

Salz und schwarzer Pfeffer nach Geschmack

Tomaten

Gurken

rote Zwiebeln

Zitronenscheiben

Fladenbrot

Spieße

Zubereitung:

1. Wenn Sie Ihr Reh schneiden, stellen Sie sicher, dass es frei von Silberhaut und Sehnen ist. Dadurch wird das Fleisch in der Pita leichter zu essen. Schneiden Sie sie in kleine Stücke - denken Sie daran, Sie werden dies als eine Art Sandwich essen, nicht als großen Kebab. Fügen Sie das Fleisch zu allen Marinadenzutaten in einer verschließbaren Plastiktüte hinzu, mischen Sie es gut und stellen Sie es für mindestens 2 Stunden und bis zu einem ganzen Tag in den Kühlschrank.

2. In der Zwischenzeit die Tsatsiki-Sauce zubereiten, indem Sie alle diese Zutaten miteinander mischen. Bewahren Sie diese dann im Kühlschrank auf, bis Sie servierfertig sind.

3. Hacken Sie alle Ihre Beilagen: Tomaten, Gurken, Zitronen, rote Zwiebeln usw. Wenn das Essen von rohen roten Zwiebeln nicht Ihre Sache ist, tränken Sie die geschnittenen Zwiebeln in Zitronensaft oder Weißweinessig, während das Fleisch mariniert. Dies zieht die Härte direkt aus den Zwiebeln.

4. Nun heizen Sie den Grill an. Stellen Sie sicher, dass die Grillroste sauber sind. Salzen Sie das Fleisch großzügig und spießen Sie die Fleischstücke zusammen. Legen Sie die Spieße auf den heißen Grill und grillen Sie sie bei geöffnetem Grilldeckel, bis sie mittelgroß sind, je nach Hitze Ihres Grills etwa 4 Minuten pro Seite.

5. Zum Servieren alles auslegen und lassen Sie die Tischgäste ihre eigenen kleinen Pita-Wraps machen. Mit einem schönen leichten griechischen Rotwein, einer trockenen Rose oder einem Bier servieren.

Nährwerte:

Kalorien: 369 kcal | Kohlenhydrate: 5g | Protein: 30 g | Fett: 26 g |

11.6 Rehwild Tartar

Zutaten:

1 Schalotte, ca. 1 gehäufter Esslöffel, gehackt

3 Esslöffel Rotweinessig

1 gehäufter Teelöffel Wacholderbeeren, ca. 8

1 Level Teelöffel Kümmel

1 Teelöffel schwarze Pfefferkörner

600 g Rehfleisch

Geräuchertes Salz nach Geschmack

4 Eigelb

Waldsauerampfer oder geriebene Zitronenschale zum Garnieren

Zubereitung:

1. Die gehackte Schalotte in einer kleinen Schüssel in Essig einweichen. Die Wacholderbeeren, Kümmel und Pfefferkörner mischen. Rösten Sie die Mischung in einer Pfanne (häufig schütteln, um ein Verbrennen zu vermeiden), bis sie duftend sind (ca. 2 Minuten). Geben Sie die Gewürze in eine Mühle oder in einen Mörser und einem Stößel und mahlen Sie sie zu einem groben Pulver.

2. Hacken Sie das Fleisch mit einem scharfen Messer fein. Es hilft, wenn das Fleisch zuerst teilweise gefroren ist. Geben Sie das Hackfleisch in eine Schüssel und streuen. Sie die gemahlenen Gewürze darüber. Die Schalotten abtropfen lassen und in die Schüssel geben. Fügen Sie ungefähr 1/2 Teelöffel geräuchertes Salz hinzu und mischen Sie den Tartar zusammen. Fügen Sie mehr Salz hinzu, wenn Ihnen dies so besser schmeckt.

3. Geben Sie zum Servieren allen etwas Tatar und machen Sie eine kleine Mulde in der Mitte. Trennen Sie das Eigelb vom Weiß und werfen Sie das Weiß weg (oder verwenden Sie es in einem anderen Rezept). Legen Sie das Eigelb in die kleine Vertiefung. Mit Sauerampfer oder Zitronenschale garnieren.

Nährwerte:

Kalorien: 58kcal | Kohlenhydrate: 2g | Protein: 5 g | Fett: 3 g |

11.7 Äthiopisches gebratenes Rehfleisch

Zutaten:

1 große rote Zwiebel, ca. 2 Tassen, in dünne Scheiben geschnitten

40 g Niter Kebbeh oder Ghee Gewürzbutter

1 kg Rehfleisch, in mundgerechte Stücke geschnitten

1 TL gemahlener Bockshornklee

1/2 TL Kardamom (optional)

1/2 TL gemahlener Ingwer

1/4 TL Kreuzkümmel

1/4 TL gemahlene Nelke

1 TLl schwarzer Pfeffer

3 bis 4 Knoblauchzehen, in dünne Scheiben geschnitten

3-4 ganze geschälte Tomaten, in Stücke geschnitten

1 bis 5 grüne Chilis wie Jalapenos oder Serranos

60 ml Rotwein

Zubereitung:

1. Erhitzen Sie eine Bratpfanne oder einen Wok sehr heiß. Die Zwiebeln einige Minuten ohne Butter anbraten. Fügen Sie die gewürzte Butter und das Fleisch hinzu. Heiß und schnell anbraten, bis die Außenseite des Fleisches braun ist, die Innenseite des Fleisches jedoch immer noch saftig ist. Tun Sie es in zwei Chargen, es sei denn, Sie haben einen sehr großen Wok oder eine Pfanne.

2. Sobald das Fleisch gebräunt ist, geben Sie alles zusammen mit den Gewürzen, dem Knoblauch und den Chilis wieder in die Pfanne. Weitere 30 Sekunden braten, dann die Tomaten und den Wein hinzufügen. Lassen Sie die Zutaten nun für ein oder zwei Minuten kochen. Sofort mit Brot servieren.

Nährwerte:

Kalorien: 444 kcal | Kohlenhydrate: 10g | Protein: 54 g | Fett: 17 g |

11.8 Chinesisches Reh und Brokkoli

Zutaten:

700 g Rehfleisch, dünn gegen das Korn geschnitten

3 Esslöffel Sojasauce

2 Teelöffel gehackter frischer Ingwer

2 Teelöffel chinesischer Shaoxing-Wein oder trockener Sherry

3 gehackte Knoblauchzehen

1 1/2 Esslöffel Mais, Kartoffel oder Tapiokastärke

3 Esslöffel Schmalz, Erdnuss oder anderes Pflanzenöl

2 gehäufte Tassen Brokkoliröschen, 2 Minuten gekocht und abgetropft

2 Teelöffel Hoisinsauce

Sesamöl zum beträufeln

Zubereitung:

1 Geben Sie das Fleisch in eine Schüssel und mischen Sie den Ingwer unter. Wein, Knoblauch und mit 1 1/2 Esslöffel Sojasauce vermengen. Nun die Maisstärke dazu streuen und nochmals sehr gut mischen. Lassen Sie dies nur 10 Minuten oder ein oder zwei Stunden im Kühlschrank stehen.

2 Wenn Sie fertig sind, erhitzen Sie Ihren Wok oder Ihre schwere Bratpfanne bei höchster Hitze. Fügen Sie das Schmalz- oder Erdnussöl hinzu und fügen Sie das ganze Fleisch hinzu, sobald es zu rauchen beginnt.

3 Braten Sie das Fleisch nun 2 Minuten lang um und bewegen Sie es dabei ständig. Fügen Sie alle restlichen Zutaten außer dem Sesamöl und etwa 3 Esslöffel Wasser hinzu. Rühren Sie die Pfanne noch 1 bis 2 Minuten, bis die Sauce etwas eingedickt ist.

4 Schalten Sie die Hitze aus und beträufeln Sie alles mit Sesamöl. Sofort mit gedämpftem Reis servieren.

Nährwerte:

5 Kalorien: 221 kcal | Kohlenhydrate: 5g | Protein: 21 g | Fett: 13 g |

11.9 Scharfes Reh mit Chilli

Zutaten

1 Pfund Pinto oder schwarze Bohnen (optional)

12-16 getrocknete Ancho, Guajillo, Pasilla oder Mulato Chiles

250 g mexikanische Chorizo oder Speck

1-1,5 kg Pfund Rehfleisch, in Würfel geschnitten

1 große Zwiebel, gewürfelt

6 Nelken auf 8 gehackte Knoblauchzehen

2 Esslöffel süßer oder geräucherter Paprika

2 Esslöffel Kreuzkümmel

1 Esslöffel gemahlener Koriander

1 Esslöffel Chipotle-Pulver (optional)

2-3 Esslöffel Tomatenmark

1 Tasse schwarzen Kaffee

3 Esslöffel Melasse

400 ml Rind- oder Rehbrühe

Salz nach Geschmack

Koriander und geriebener Käse zum Garnieren

Zubereitung:

1. Die Bohnen über Nacht in Wasser einweichen. Wenn Sie dies vergessen haben, gießen Sie kochendes Wasser darüber und lassen Sie es 4 Stunden lang einweichen. Wechseln Sie das Wasser nach 2 Stunden.

2. Die Chilis aufbrechen und entkernen und mit kochendem Wasser bedecken. Etwa eine Stunde stehen lassen. Mahlen Sie zu einem Püree mit der Konsistenz von Soße und fügen Sie dazu etwa 1 Tasse des Einweichwassers und des Kaffees hinzu.

3. Die Chorizo oder den Speck hacken und bei mittlerer Hitze in einem holländischen Ofen oder einem anderen großen, ofenfesten Topf mit Deckel braten. Sobald der Chorizo gebräunt ist oder der Speck knusprig ist, entfernen Sie ihn und legen Sie ihn beiseite.

4. Fügen Sie das Fleisch hinzu und bräunen Sie es bei starker Hitze. Sie wollen hier die höchste Hitze auf Ihrem stärksten Brenner.

5. Wenn Sie einen großen Topf Chili machen, bräunen Sie das Fleisch in Chargen. Gelegentlich umrühren, während es bräunt. Salzen Sie es, während es kocht.

6. Sobald das ganze Fleisch fertig ist, die Zwiebel in den Topf geben und 5 Minuten unter häufigem Rühren kochen. Wenn Sie Chorizo verwenden, geben Sie diese in den Topf zurück. Wenn Sie Speck verwenden, lassen Sie ihn vorerst weg.

7. Knoblauch hinzufügen, umrühren und 1 Minute kochen lassen. Fügen Sie die Bohnen, Paprika, Kreuzkümmel, Koriander, Chipotle-Pulver und Salz nacheinander hinzu und rühren Sie jedes Mal um.

8. Fügen Sie Chilipüree und Tomatenmark hinzu und rühren Sie um, um alles gut zu vermengen. Fügen Sie die Melasse und genügend Rinderbrühe hinzu, um alles zu bedecken - Sie möchten, dass sie dünn wie eine Suppe ist.

9. Umrühren, um alles gut zu vermengen, zum Kochen bringen und unter gelegentlichem Rühren etwa 3 Stunden lang leicht kochen lassen. Setzen Sie den Deckel beim Kochen halb über den Topf. Sie möchten, dass es irgendwann abkocht und dick wird.

10 Sobald die Bohnen zart sind, können Sie starten. Wenn Sie Bohnen aus der Dose verwenden, können Sie diese jetzt hinzufügen. Geben Sie den Speck zum Chili zurück, wenn Sie ihn verwenden. Den Chili mit Reis oder Maisbrot servieren und mit Koriander, Käse und vielleicht eingelegten Zwiebeln belegen.

Nährwerte:

Kalorien: 426 kcal | Kohlenhydrate: 56 g | Protein: 33 g | Fett: 10 g |

11.10 Reh Lasagne

Zutaten:

- 500 g gemahlenes Wildschwein (Hackfleisch)
- 1000 g gemahlenes Rehfleisch (Hackfleisch)
- 1 gehackte Zwiebel
- 1 gehackte Knoblauchzehe
- 30 g Dose passierte Tomaten
- 300 ml Tomatensauce
- 1 Dose Tomatenmark
- 150 ml Rotwein
- 1 Teelöffel Fenchelsamen
- 1/2 Teelöffel Fenchelpollen (optional)
- 2 Esslöffel Zucker
- 30-50 g gehackte frische Basilikumblätter
- 2 Esslöffel getrockneter Oregano
- 300 g Ricotta-Käse
- 500 g Mozzarella-Käse, zerkleinert
- 150 g geriebener Pecorino oder Parmesan
- 1/2 Muskatnuss
- 50 g gehackte Petersilienblätter
- 12 Lasagnennudeln
- Salz und Pfeffer

Zubereitung:

1. Das Fleisch in einem großen, schweren Topf wie in einem Schmortopf anbraten. Nehmen Sie sich Zeit und tun Sie dies in Chargen. Es kann bis zu 20 Minuten dauern. Das gesamte gebräunte Fleisch wieder in den Topf geben, die gehackten Zwiebeln hinzufügen und weitere 4 bis 8 Minuten kochen lassen, dann den Knoblauch hinzufügen und weitere 2 bis 3 Minuten kochen lassen. Fügen Sie Gewürze hinzu - Fenchelsamen und Pollen, wenn Sie Oregano, Basilikum verwenden, vielleicht ein wenig Cayennepfeffer, wenn Sie möchten und mischen Sie es gut.

2. Wein und Tomatenmark mischen und in den Topf geben. Bei starker Hitze unter häufigem Rühren zum Kochen bringen. Fügen Sie die Tomatensauce und die Dose zerkleinerte Tomaten hinzu und mischen Sie erneut. Zum Kochen bringen und langsam 1 bis 2 Stunden kochen lassen. Dies kann bis zu zwei Tage im Voraus erfolgen.

3. Bereiten Sie die Lasagne vor. Die Lasagnennudeln 15 bis 20 Minuten in heißem Wasser einweichen. Heizen Sie den Ofen auf 180 °C vor.

4. In der Zwischenzeit die Petersilie mit dem Ricotta-Käse in einer Schüssel mischen.

5. Pecorino oder Parmesan reiben und den Mozzarella zerkleinern. Eine halbe Muskatnuss in den Ricotta reiben. Wenn Sie keine ganzen Muskatnüsse finden können, verwenden Sie 1 Teelöffel.

6. Verteilen Sie eine gute Menge der Fleischsauce auf dem Boden einer Standard-Auflaufform. Die Lasagnennudeln auf die Fleischsauce legen. Die Hälfte der Ricotta-Käsemischung auf die Nudeln verteilen, dann die Hälfte des Mozzarella-Käses und dann die Hälfte des Pecorino.

7. Fügen Sie eine weitere Schicht Fleischsauce hinzu - danach erhalten Sie eine letzte Schicht - und dann den Rest der Nudeln. Fügen Sie den restlichen Ricotta und Mozzarella sowie die Hälfte des restlichen Pecorino hinzu. Die restliche Fleischsauce darauf

verteilen und mit dem letzten Stück Pecorino bestreuen.

8 Zum Kochen die Lasagne mit Folie abdecken. Vielleicht möchten Sie die Unterseite zuerst mit Antihaftspray besprühen, damit der Käse nicht daran haftet. Bedeckt 25 Minuten backen. Nehmen Sie die Folie vorsichtig ab und backen Sie sie weitere 25 Minuten. Lassen Sie die Lasagne 10 bis 15 Minuten ruhen, bevor Sie sie mit einem starken Rotwein servieren.

Nährwerte:

Kalorien: 892 kcal | Kohlenhydrate: 51g | Protein: 65 g | Fett: 45 g |

11.11 Rehrücken

Zubereitung:

- 1,5 kg Rehrücken
- 2 EL Olivenöl
- 6 Pimentkörner
- 1 EL Sternanis
- 3 EL Bratbutter
- 1,5 TL Salz
- 1 Schalotte
- 100 ml Cognac oder Calvados
- 400 ml Rindsbouillon oder Wildfond
- 200 ml Vollrahm
- Pfeffer und Salz, nach Bedarf

Zubereitung:

1. Den Rehrücken ca. 1 Std. vor dem Anbraten auf Zimmertemperatur erwärmen lassen.
2. Zerstoßen Sie in einem Mörser den Sternanis und die Pimentkörner. Mischen Sie diese dann mit Öl und Salz. Bestreichen Sie mit dieser Mischung das Fleisch. Stecken Sie an der dicksten Stelle des Fleisches das Thermometer ein, sodass es nicht auf dem Knochen liegt.
3. Heizen Sie den Ofen auf 240 Grad C vor und schieben Sie das Backblech in der Mitte in den Ofen ein. Erhitzen Sie die Butter in einer kleinen Pfanne. Legen Sie den Rehrücken auf das Backblech und gießen Sie die flüssige Butter über das Fleisch.
4. Ca. 8 min. in der Mitte des Ofens braten. Die Kleine Filets bewegten ca. 2 Minuten. weiterbraten, Filets wenden.
5. Schalten Sie den Ofen aus und lassen Sie das Fleisch fünf Minuten ruhen. Lassen Sie die Ofentür in dieser Zeit einen Spalt geöffnet. Die Kerntemperatur des Fleisches ist im Idealfall um die 50 Grad C. Nehmen Sie dann das Fleisch heraus und decken Sie es mit Alufolie ab.
6. Schneiden Sie die Schalotte fein und kochen Sie den Fond und den Likör mit den Schalotten zu einer Sauce, die Sie zu 50 Prozent einkochen lassen. Dann gießen Sie den Rahm dazu und lassen alles weitere 5 Minuten köcheln.
7. Schneiden Sie das Fleisch von den Knochen in ca. 2 cm breite Stücke. Legen Sie dann das Fleisch neben den Rehrücken und servieren Sie dazu die Sauce.

Nährwerte:

Kalorien: 403 kcal | Kohlenhydrate: 5g | Protein: 21 g | Fett: 43 g |

11.12 Rehbraten

Zutaten:

800 g Reheule

2 große Zwiebel

2 EL Olivenöl

3 EL Tomatenmark

250 ml Rotwein

Salz und Pfeffer nach Belieben

1 Bund Suppengrün

Zubereitung:

1. Schneiden Sie das Suppengemüse in Würfel.
2. Reiben Sie die Rehkeule mit Salz & Pfeffer ein. Erhitzen Sie dann in der Pfanne Öl und braten Sie das Fleisch gut von allen Seiten an. Danach nehmen Sie das Fleisch aus der Pfanne heraus und stellen es beiseite. Löschen Sie den Inhalt der Pfanne mit dem Rotwein ab und lassen Sie den Wein einmal aufkochen
3. Gießen Sie in einen Bräter etwas Öl und geben Sie dann das Gemüse und den Bratenfond hinzu. Rühren Sie dann das Tomatenmark ein und fügen Sie das Fleisch hinzu.
4. Geben Sie den Braten für 90 Minuten in den auf 180 Grad C. vorgeheizten Backofen.

Nährwerte:

Kalorien: 210 kcal | Kohlenhydrate: 8g | Protein: 9 g | Fett: 13 g |

11.13 Reh mit Preiselbeersauce

Zubereitung:

1 kg Rehbraten (aus der Keule)

Salz

Pfeffer

2 EL Butterschmalz

1 EL Mehl

1 EL Butter

1 Zwiebel

1 Bund Suppengrün

250 ml Wildfond (Glas)

250 ml Orangensaft

3-4 Zweige Thymian

100 ml Sahne

Einige EL Preiselbeeren

Zubereitung:

1. Geben Sie eine ofenfeste Form in den Backofen und heizen Sie diesen auf 80 Grad C. vor. Reiben Sie das Fleisch mit Salz und Pfeffer ein und geben Sie einen EL Schmalz in eine heiße Pfanne. Braten Sie dann das Fleisch darin für 7 Minuten an. Geben Sie danach das Fleisch in die ofenfeste Form und garen Sie es für 2 Stunden und 30 Minuten im Ofen.

2. 30 Minuten vor dem Ende der Garzeit:
Schälen und hacken Sie die Zwiebeln fein. Waschen und putzen Sie das Suppengrün und schneiden Sie es dann in kleine Würfel. Erhitzen Sie wieder etwas Schmalz in der Pfanne mit dem Bratenansatz und braten Sie darin die Zwiebeln und das Suppengrün an. Löschen Sie es mit Orangensaft und Fond ab. Den Thymian dazugeben und lassen Sie fast die gesamte Flüssigkeit verkochen und gießen Sie diese dann durch ein Sieb in einen Topf. Geben Sie den Bratensaft auf der Form hinzu und geben Sie auch die Sahne hinzu. Dann wieder für ca. 5 Minuten kochen lassen. Rühren Sie etwas Mehl ein, um die Sauce sämig zu kochen.

3. Rühren Sie nun die Preiselbeeren unter und schmecken Sie alles mit Salz und Pfeffer ab. Schneiden Sie den Braten in Scheiben und servieren Sie die Sauce dazu.

Nährwerte:

Kalorien: 315 kcal | Kohlenhydrate: 8g | Protein: 17 g | Fett: 10 g |

11.14 Reh Filet mit Rotweinsoße und Kräuterkartoffelpüree

Zutaten:

720 g Rehfilets (Teile 4 Stücke à 180 g)

500 g Kartoffeln

190 ml Portwein

190ml Rotwein

1 Lorbeerblatt

360 ml Wildfond

2 EL Rapsöl

1 EL Preiselbeeren

1 TL angedrückte Wacholderbeere

4 EL Butter

1 TL Pfefferkörner

125 ml heiße Milch (3,5% Fett)

3 EL sehr fein gehackte Kräuter geholfen

Salz und Pfeffer

1 Msp. frisch gemahlene Muskatnuss

Zubereitung:

1. Geben Sie die geschälten Kartoffeln in einen Kartoffeldämpfer und garen Sie diese.

2. Geben Sie in den Topf den Portwein, Rotwein und 200 ml des Wildfonds. Dann geben Sie ein Lorbeerblatt hinzu und lassen alles aufkochen. Lassen Sie es dann auf 30% der Menge reduzieren. Entfernen Sie dann das Lorbeerblatt und rühren Sie die Preiselbeeren unter. Schmecken Sie dann die Sauce mit Salz und Pfeffer ab.

3. Geben Sie ein Esslöffel Butter und Rapsöl in eine nicht zu heiße Pfanne. Geben Sie die Pfefferkörner und die angedrückten Wacholderbeeren hinzu. Nachdem Sie das Reh gewaschen und gut getrocknet haben, salzen und pfeffern Sie es. Dann geben Sie es in die Pfanne und braten es gut an. Wenden Sie das Fleisch hin und wieder. Der gesamte Vorgang sollte ca. 8 Minuten betragen. Nehmen Sie dann das Fleisch aus der Pfanne und stellen Sie es beiseite.

4. Geben Sie den restlichen Wildfond in die Pfanne und lösen Sie mit einem Löffel den Bratansatz vom Boden ab. Dann aufkochen lassen und schütten Sie dann die Rotweinsauce durch ein Sieb in einen anderen Topf ab. Geben Sie Salz und Pfeffer hinzu und schmecken Sie die Sauce ab.

5. Pressen Sie die gekochten Kartoffeln durch eine Kartoffelpresse und vermengen Sie den Brei mit einem EL Butter und etwas heißer Milch. Geben Sie die gehackten Kräuter hinzu und würzen Sie den Brei mit Muskat und Salz.

6. Nehmen Sie dann die Sauce vom Herd und rühren Sie 2 EL Butter ein. Richten Sie das in Scheiben geschnittene Rehfilet mit dem Kartoffelpüree und der Sauce an.

Nährwerte:

Kalorien: 215 kcal | Kohlenhydrate: 21g | Protein: 13 g | Fett: 17 g |

11.15 Reh Ragout

Zutaten:

1200 Gramm Rehkeule

Pfeffer

Salz

2 große Zwiebeln

Wildgewürz

2 große Karotten

3 Zehen Knoblauch

2 Scheiben Sellerie

2 Esslöffel Tomatenmark

Rapsöl zum Braten

500 ml Wildfond

500 ml Rotwein leicht

12 Stück Pfefferkörner

250 ml Portwein verrotten

5 Stück Lorbeerblätter

2 Esslöffel Preiselbeeren aus dem Glas

12 Stück Wacholderbeeren

10 Stück Dörrpflaumen

1-2 Orangen unbehandelt

2 Esslöffel Maizena

Tomaten Ketchup

1. Zwiebel, Karotten und Sellerie in Würfel schneiden. Das Rehfleisch von Sehnen und Häuten entfernen und in große Würfel schneiden. Mit den Wildgewürzen Pfeffer und Salz würzen. Braten Sie dann Fleisch an und würzen Sie es.

2. Die Fleischwürfel in heißem Öl scharf anbraten. Tomatenmark zugeben und mit anbraten. Das ganze nun mit dem Rotwein ablöschen. Pfefferkörner, Lorbeerblätter und Wacholderbeeren Wildfond, Knoblauchzehen und Preiselbeeren zugeben.

3. Nun in einer getrennten Pfanne die vorbereiteten Zwiebeln und das Wurzelgemüse anrösten. Das Gemüse mit Portwein ablöschen und zum Fleisch geben und das Ganze für ca. 2 Stunden auf kleinster Flamme ganz sanft garen lassen.

4. Die Fleischstücke aus der Soße holen und warm stellen. Die Soße mit dem Mixstab pürieren und dann mit Orangensaft, Portwein, Preiselbeeren etwas Zucker und Ketchup abschmecken. Das Rehfleisch wieder in die Soße geben und nochmals erwärmen.

Dann das Reh anrichten. Hierzu passen Klöße, Knödel oder Kartoffeln.

Nährwerte:

Kalorien: 380 kcal | Kohlenhydrate: 2,8 g | Protein: 6 g | Fett: 2,7 g |

11.16 Reh in Wurzelsauce

Zutaten:

1 kg Rehschlögel

200 g Karotten

400 g Zwiebeln

1 Petersilienwurzel

100 g Sellerie

Salz & Pfeffer

20 Neugewürzkörner

2 Lorbeerblätter

30 Pfefferkörner

Kümmel (gemahlen)

6 Wacholderbeeren

Majoran

Thymian

125 g Sauerrahm

4 Pfirsichhälften (aus der Dose)

2 EL Mehl

3 EL Preiselbeermarmelade

Zubereitung:

1. Schälen Sie die Zwiebeln und schneiden Sie diese in kleine Würfel. Rösten Sie diese in einem Topf goldgelb an. Danach die Karotten Petersilienwurzel und die Sellerie mitrösten. Geben Sie dann das Fleisch hinzu und braten Sie es an. Danach gießen Sie Wasser auf, um das Fleisch zu bedecken. Geben Sie alle weiteren Gewürze hinzu und lassen Sie alles langsam garen.

2. Rühren Sie in der Zwischenzeit immer mal wieder alles gut durch.

3. Nach ca. 120 Minuten ist das Fleisch weich und Sie können es aus dem Topf herausnehmen und legen Sie es auf ein Schneidbrett. Geben Sie den Gemüsefond durch eine Flotte Lotte und lassen Sie diesen dann etwas abkühlen. Geben Sie nun 2 EL Mehl und 125 ml Rahm hinzu und lassen Sie die Sauce noch etwas kochen.

4. Schneiden Sie den Rehbraten in Scheiben und servieren Sie ihn mit der Sauce. Garnieren Sie die Teller mit der Preiselbeermarmelade und den Pfirsichhälften.

Nährwerte:

Kalorien: 233 kcal | Kohlenhydrate: 4g | Protein: 5,9 g | Fett: 3 g |

11.17 Reh Keule

Zutaten:

750 g Reh Keule

Pfeffer & Salz

2 TL Wacholderbeeren

60 g Speckstreifen

2 Zwiebeln

250 g Suppen Gemüse

2 Lorbeerblätter

1/2 TL Gemahlenes Piment

1/2 TL Schwarze Pfeffer Körner

1 TL Instant Brühe

50 g Butter

250 ml Wild Fond

50 g Creme Fraiche

100 ml Rot Wein

Worcestersauce

2 TL Stärke Mehl

4 EL Preiselbeer Gelee

1/4 TL Zucker Couleur

400 g Rot Spitz Kohl

125 ml Gemüse Brühe

150 g Spätzle Nudeln

180 g Dosen Birnen

Zubereitung:

1. Enthäuten Sie die Rehkeule und würzen Sie diese mit Salz und Pfeffer. Zerdrücken Sie dann 1 TL Wachholderbeeren mit einer Gabel. Reiben Sie mit der zerdrückten Wachholderbeere die Rehkeule ein. Nun heizen Sie Ihren Backofen auf 200 Grad C. vor. Legen Sie in einen Bräter oder eine Auflaufform zwei Scheiben Speck. Geben Sie die Reh Keule dazu. Mit restlichem Speck auslegen. 1 Zwiebel und Gemüse putzen. Grob zerkleinern und zufügen. Würzen Sie dies nun mit den Pfefferkörnern und dem Piment, sowie einen weiteren TL der Wachholderbeeren sowie der Brühe. Giesen Sie dies über die Reh Keule. Geben Sie nun die Auflaufform in den Ofen und garen das Gericht für 30 Minuten bis das Gemüse braun wird. Gießen Sie dann weitere 125 ml Fond hinzu und garen Sie es für weitere 30 Minuten.

2. Bestreichen Sie die Keule mit 20 g des Creme Fraiche. Garen Sie das Gericht für weitere 20 bis 30 Minuten.

3. Nehmen Sie dann die Form aus dem Ofen und wickeln Sie die Keule in Alufolie ein. Lassen Sie diese dann ruhen. Geben Sie die Sauce durch ein Küchensieb in einen anderen Topf. Lassen Sie die Sauce aufkochen und geben Sie den Wein hinzu. Würzen Sie mit der Worcester Sauce. Dann verrühren Sie etwas Stärke oder Mehl mit Wasser in einer kleinen Tasse oder Glas und geben dies in die kochende Sauce. Kräftig umrühren.

4. Den vom Fleisch abgegebenen Bratensaft geben Sie in die Sauce. Schneiden Sie den Kohl in Streifen und schneiden Sie eine Zwiebel in Würfel. Braten Sie den Kohl und die Zwiebelwürfel in einem Topf mit 20 g Butter an. Würzen Sie dies mit Salz und Pfeffer. Brühe zufügen. 30 Minuten garen. Spätzle kochen. Birnen abtropfen und mit dem Preisbeergelee garnieren.

Nährwerte:

Kalorien: 879 kcal | Kohlenhydrate: 75 g | Protein: 29 g | Fett: 30 g |

11.18 Geschmorte Rollbraten aus der Rehkeule

Zutaten:

Für die Birnen:

2-3 Birnen

1 unbehandelte Zitrone

50 ml Weißwein, trocken

60 g Johannisbeergelee

30 g Zucker

Für die Rehkeule:

1500 g Rehbraten aus der Keule

1 Zweig Thymian

1 Zweig Rosmarin

Salz, Pfeffer

150 g Wurzelgemüse (zB: Pastinaken, Karotten, Sellerie)

3 EL Sonnenblumenöl

100 g Knollensellerie

120 g Zwiebel

200 ml Tomatensaft

20 g Tomatenmark

5 Wacholderbeere

150 ml Rotwein

2 Lorbeerblatt

3 Pimentkorn

500 ml Wildfond

50 g Johannisbeergelee

3 EL Honig

1 TL Speisestärke

Zubereitung:

1 Lösen sie alle Sehnen und das Fett von der Rehkeule. Binden Sie die Keule mit Küchengarn locker zusammen. Hacken Sie den Thymian und den Rosmarin fein und reiben Sie die Keule mit den eben gehackten Kräutern, Salz und Pfeffer ein.

2 Erhitzen Sie das Öl in einer Pfanne und dann geben Sie die Rehkeule in die Pfanne, um diese gut anzubraten.

3 Schälen und zerkleinern Sie grob das Wurzelgemüse, die Sellerie und die Zwiebeln. Geben Sie dieses in die Pfanne zur Rehkeule und rösten Sie es mit an. Rühren Sie dann das Tomatenmark mit an. Mit Tomatensaft ablöschen.

4 Heizen Sie dann den Backofen auf 200 ° C vor.

5 Geben Sie das Gemüse zur Rehkeule löschen Sie diese dann mit Rotwein ab. Wacholderbeeren, Lorbeerblätter und Pimentkörner dazugeben. Verringern Sie die Temperatur im Ofen auf 160 ° C. Schieben Sie den Bräter in den Ofen. Nun das Gericht für ca. eine Stunde schmoren.

6 Verrühren Sie den Wildfond und das Johannisbeergelee und gießen Sie diese Mischung alle viertel Stunde über die Keule. Wenden Sie dann auch die Rehkeule. Nach der Garzeit das Fleisch herausnehmen und in Alufolie wickeln.

7 Gießen Sie die Sauce durch ein feines Sieb in einen Topf und lassen Sie diese noch etwas einkochen.

8 Schälen Sie die Birnen und halbieren Sie diese der Länge nach und entfernen Sie das Kerngehäuse. Kochen Sie nun den Weißwein mit 25dl Wasser auf. Geben Sie die Zitronenschalte und den Zucker hinzu. Legen Sie dann die Birnen ein und lassen Sie die Birnen für 5 Minuten köcheln. Dann nehmen Sie diese heraus, lassen diese gut abtropfen und legen diese auf die Teller zum Anrichten.

9 Verflüssigen Sie den Honig mit 2 EL Wasser.

10 Schneiden Sie das Küchengarn von der Rehkeule. Pinseln Sie die eben zubereitete Honigmischung auf die Rehkeule. Schneiden Sie das Fleisch in Scheiben und geben Sie es zusammen mit der Sauce auf die Teller zum Anrichten.

Nährwerte:

Kalorien: 628 kcal | Kohlenhydrate: 54 g | Protein: 33 g | Fett: 12 g |

11.19 Rehragout mit Blutorangen

Zutaten:

Für das Rehragout:

800 g Rehbraten

Salz und Pfeffer

120 g Karotte

100 g Staudensellerie

100 g Lauch

120 g Zwiebel

1 Knoblauchzehe

15 g Peperoni, mittelscharf

15 g Ingwer

4 EL Pflanzenöl

30 g Tomatenmark

2-3 Zweige Thymian

2-3 Zweige Salbei

500 ml Wildfond

4 Blutorangen

1 TL Speisestärke

Zubereitung:

1 Schneiden Sie das Fleisch in 3 cm große Würfel und würzen Sie es mit Salz und Pfeffer.

2 Schälen Sie die Karotten und schneiden Sie diese in feine Würfel. Waschen, putzen und ziehen Sie die Fäden des Staudenselleries ab und schneiden Sie diesen in feine Streifen. Putzen Sie den Lauch und schneiden Sie diesen in feine Ringe. Dann schälen Sie den Knoblauch und die Zwiebeln und hacken diese sehr fein. Halbieren Sie die Peperoni der Länge nach und entfernen sie das nicht essbare der Peperoni. Schälen Sie den Ingwer schneiden Sie den Ingwer in Scheiben und pressen Sie die Blutorangen aus.

3 Öl in einen Schmortopf erhitzen und braten Sie darin das Fleisch kräftig an. Geben Sie das Gemüse hinzu und braten Sie es für 5 Minuten mit an. Dann rühren Sie das Tomatenmark mit ein und geben die Kräuterzweige hinzu. Gießen Sie den Wildfond und den Organgensaft an geben Sie Salz und Pfeffer hinzu und lassen Sie alles aufkochen. Dann decken Sie das Gericht ab und lassen es für 70 Minuten schmoren.

4 Nun filetieren Sie die Blutorgangen. Stellen Sie die Blutorgangen auf die Arbeitsfläche und entfernen Sie die Schale und trennen Sie die Segmente der Frucht mit einem scharfen Messer ab. Geben Sie den hieraus entstehenden Saft in die Ragu Sauce.

5 Nehmen Sie das Rehfleisch mit einer Gabel aus der Sauce heraus und stellen Sie es beiseite. Dann binden Sie die Sauce mit etwas Speisestärke. Nochmal kurz aufkochen lassen und dann mit Pfeffer sowie mit Salz abschmecken.

6 Das Fleisch in Scheiben schneiden und nochmals kurz in die Sauce geben und dann zusammen mit den Blutorgangensegmenten anrichten. Hierzu passen Spätzle sehr gut.

Nährwerte:

Kalorien: 361 kcal | Kohlenhydrate: 12g | Protein: 45 g | Fett: 14 g |

12 Gämsenrezept
12.1 Gämsengulasch

Zutaten:

800 g Schulterfleisch

500 g Zwiebeln

1 große Knoblauchzehe

200 g Schweinebauch nach Belieben

5 Zitronenscheiben

1 Liter Wildbrühe oder Rinderbrühe

Rotwein, Orangensaft, Tomatenmark, Paprikapulver, Worcester-Sauce, Salz, Majoran, Thymian, Wildgewürze, Preiselbeeren nach Belieben

Zubereitung:

1. Das Fleisch in Würfel schneiden und anbraten.
2. Zwiebeln, Knoblauch und Schweinebauch fein schneiden, Zitronenscheiben dazugeben und kurz anbräunen.
3. Tomatenmark und Paprikapulver einrühren, Rotwein hinzufügen und schließlich Wildbrühe oder Rinderbrühe hinzufügen.
4. Fügen Sie Gewürze und etwas Orangensaft hinzu.
5. Kochen, bis das Fleisch weich ist, und dann die Sauce abseihen.

Nährwerte:

Kalorien: 51 kcal | Kohlenhydrate: 2g | Protein: 2 g | Fett: 7 g |

12.2 Gams mit grünem Apfel und Spinat

Zutaten:

600 g Gämsenfleisch in kleine Würfel geschnitten

400 g Spinat

1 grüner Apfel

1 Limette

Sojasauce nach Geschmack

Worcestershire-Sauce nach Geschmack

Salz und Pfeffer nach Geschmack

Zubereitung:

1. Die Gämsenstücke in eine beschichtete Pfanne geben und mit Limettensaft, Sojasauce und Worcestershire-Sauce anbraten. Mit Salz würzen.

2. Den Spinat waschen, die Stängel entfernen und die Blätter aufbewahren, dann mit etwas Olivenöl und Salz anbraten.

3. Den Apfel entkernen und in kleine Würfel schneiden. Legen Sie den Spinat mit den Gämsefleisch auf einen Servierteller, geben Sie die Apfelwürfel darauf und beträufeln Sie ihn mit Olivenöl.

Nährwerte:

Kalorien: 175kcal | Kohlenhydrate: 4g | Protein: 12 g | Fett: 9 g |

12.3 Gamstatr mit Saffron Rositto und Pecorino Käse

Zutaten:

240 g Carnaroli Reis

Sellerie

2 Karotten

1 Zwiebel

2 Nelken

40 g Butter

70 g geriebener Parmesan

2 g Safran

200gr Pecorino-Käse

200gr Bohnen

200gr Gamsfilet

Zitronenschale nach Geschmack

Gehackte Petersilie und frischer wilder Fenchel nach Geschmack

Zubereitung:

1. Bereiten Sie eine Gemüsebrühe mit Sellerie, Karotten und Zwiebeln mit den Nelken vor.

2. Bohnen in kochendem Wasser kochen, abtropfen lassen und in kaltem Wasser abkühlen lassen. Würzen Sie mit Öl, Salz, Pfeffer und gehacktem Wildfenchel.

3. Die Pecorino-Käsescheiben in kleine Würfel schneiden und beiseitestellen.

4. Das Gämsenfleisch mit einem Messer in Würfel schneiden, mit Salz, Pfeffer, geriebenem Parmesan und gehackter Petersilie würzen. Den Reis mit 20 g Butter rösten, die mit Salz gewürzte Brühe hinzufügen. Weiter kochen und nach und nach etwas Brühe hinzufügen.

5. Fügen Sie Safranstempeln etwas lauwarme Brühe hinzu.

6. Kombinieren Sie den verdünnten Safran mit dem Reis und fügen Sie den Rest der Butter und Parmesan hinzu. Den Reis auf einem Teller anrichten, einige Kreise mit Pecorino-Käse ziehen, die Bohnen und Gamstatar mit wildem Fenchel und Petersilie garnieren.

Nährwerte:

Kalorien: 125 kcal | Kohlenhydrate: 9g | Protein: 24 g | Fett: 8 g |

12.4 Trüffel Fleisch Rollen

Zutaten:

500 g Gams in Scheiben geschnitten

200 g Ricotta

30 g schwarzer Trüffel

Zitronenschale nach Geschmack

100 g Zucchini

2 Stück Zucchini

Zahnstocher

Natives Olivenöl extra nach Geschmack

Salz nach Geschmack

Schwarzer Pfeffer nach Geschmack

Zubereitung:

1. Vermengen Sie den Ricotta mit den geriebenen schwarzen Trüffel, Zitronenschale, Salz und Pfeffer. Belegen Sie jede Fleischscheibe mit der Ricotta-Mischung, rollen Sie sie auf und fixieren Sie diese mit 2 Zahnstochern.

2. Die Fleischröllchen von allen Seiten in einer beschichteten Pfanne anbraten. Salz und Wein hinzufügen, abdecken und ca. 8 Minuten köcheln lassen.

3. Mit einer Reibe mit vier Schnitten die Zucchini in Julienne-Streifen schneiden. Einige Minuten in heißem Wasser blanchieren und abkühlen lassen.

4. Zucchinis öffnen, putzen und in Julienne-Streifen schneiden.

5. Die Fleischröllchen auf einem Servierteller anrichten, mit Zucchini und den mit Öl, Salz und Pfeffer gewürzten Blumen garnieren.

Nährwerte:

Kalorien: 200 kcal | Kohlenhydrate: 6g | Protein: 8 g | Fett: 12 g |

12.5 Gams mit gesundem Gemüse

Zutaten:

400 g kleine Stücke Gämsenfleisch

200 g frische Erbsen

100 g Stracchino-Weichkäse

Geriebenes abgestandenes Brot (gewürzt mit Majoran und Zitronenschale) nach Geschmack

Salz und Pfeffer nach Geschmack

Öl nach Geschmack

Zubereitung:

1. Das Gämsenfleisch mit dem aromatisierten Brot, Salz und Pfeffer würzen. Legen Sie das Fleisch auf eine mit Pergamentpapier bedecktes Backbleck und garen Sie es 14 Minuten lang bei 180 ° C im Ofen.

2. Die Erbsen aus den Schoten nehmen, die Schoten einige Minuten in kochendem Wasser blanchieren, abtropfen lassen, abkühlen lassen und mit Salz, Pfeffer und Olivenöl würzen.

3. Die Schoten mit Stracchino-Käse und frischen Erbsen füllen.

4. Reiben Sie etwas Stracchino-Käse auf einen Servierteller und legen Sie die gefüllten Schoten und die heißen Fleischstücke darauf.

Nährwerte:

Kalorien: 340 kcal | Kohlenhydrate: 9g | Protein: 8 g | Fett: 10 g |

12.6 Gams mit Truciolotti Paste

Zutaten:

400 g Truciolotti Nudeln

200 g Gämsehackfleisch

100 g frischer Spinat

40 g Sommer schwarzer Trüffel

1 Knoblauchzehe ungeschält

Olivenöl extra vergine nach Geschmack

Salz und Pfeffer nach Geschmack

Zubereitung:

1. Die Truciolotti-Nudeln in kochendem Salzwasser kochen
2. In einer beschichteten Pfanne mit Olivenöl, Knoblauchzehe und Hackfleisch anbraten. Salz und Pfeffer hinzufügen.
3. Den Spinat waschen und schleudern, um alles überschüssige Wasser zu entfernen, dann die Stängel abschneiden.
4. Die Nudeln abtropfen lassen und mit der Gämsenfleischsauce anbraten.
5. Fügen Sie den Spinat (gewürzt mit Öl, Salz und Pfeffer) hinzu, geben Sie die Nudeln auf einen Servierteller und geben Sie den in winzige Schichten geschnittenen schwarzen Sommertrüffel darauf.

Nährwerte:

Kalorien: 560 kcal | Kohlenhydrate: 22g | Protein: 6 g | Fett: 8 g |

12.7 Gämsefleischspieße mit Limette

Zutaten:

4 Gämsenfleischspieße

300 g frische Bohnen

100 g Pecorino

1 Limette

Ingwer nach Geschmack

geriebenes Brot mit Salvia, Thymian, Knoblauch, Salz und Pfeffer nach Geschmack

Olivenöl extra vergine nach Geschmack

Zubereitung:

1. Waschen Sie die Bohnen, legen Sie sie auf einen Teller und streuen Sie etwas aromatisiertes geriebenes Brot darüber.
2. Die Fleischspieße mit Zitronenschale und geriebenem Ingwer würzen und auf hoher Flamme grillen.
3. Das gegrillte Fleisch auf einen Servierteller geben und mit Pecorino-Spänen und Olivenöl belegen.

Nährwerte:

Kalorien: 130 kcal | Kohlenhydrate: 12g | Protein: 9 g | Fett: 4 g |

12.8 Gämserippen mit Kohl

Zutaten:

8 Rippen Gämsenfleisch

Rosmarin nach Geschmack

Salbei nach Geschmack

Orangenschale

Knoblauch nach Geschmack

2 Vakuumbeutel

400gr Wirsing Kohlblätter

Salz und schwarzer Pfeffer nach Geschmack

Natives Olivenöl extra

Zubereitung:

1. Entfernen Sie alles Fett und die Nerven von den Rippen. Sehr gut unter fließendem Wasser waschen.

2. Mit Salz und Pfeffer würzen und in Vakuumbeutel geben. Knoblauch, Rosmarin, Salbeiblätter, Orangenschale und Olivenöl extra vergine hinzufügen.

3. 1 Stunde bei 63 ° C mit einem Sous Vide Kocher oder einem Topf kochen und die Temperatur mit einem Thermometer prüfen.

4. Öffnen Sie nach dem Kochen die Beutel und reduzieren Sie die restliche Flüssigkeit in einer Pfanne.

5. Die Rippen auf beiden Seiten einige Sekunden in einer beschichteten Pfanne kochen.

6. Waschen Sie die Wirsingblätter und schneiden Sie sie in Pastillen. Gut trocknen.

7. Die Wirsingkohlblätter in eine beschichtete Pfanne geben, natives Olivenöl extra hinzufügen und einige Minuten kochen lassen. Mit Salz und Pfeffer würzen.

8. Servieren Sie die Gämsenrippen in ihrer reduzierten Schmorflüssigkeit zusammen mit dem knusprigen Wirsing.

Nährwerte:

Kalorien: 330 kcal | Kohlenhydrate: 8g | Protein: 3 g | Fett: 7 g |

12.9 Gebratenes Gämse Filet mit Auberginen

Zutaten:

8 Gämsenfiletmedaillons (je 30gr)

Limette nach Geschmack

5 Minzblätter

1 Ei

40 g Mehl

50 g zerbröckeltes abgestandenes Brot

Salz nach Geschmack

Pfeffer nach Geschmack

Erdnussöl zum Braten

Auberginen und Zucchini

100 g lange Auberginen

100 g Zucchini

Majoran nach Geschmack

1 Knoblauchzehe

Einige Majoran Blätter

Zubereitung:

Für die Filetmedaillons

1. Filetmedaillons putzen, mit Limettenschale und Saft würzen und mit den Händen zerbrochene Minzblätter und gemahlenen schwarzen Pfeffer zugeben
2. Die Eier mit zwei Esslöffeln Wasser und Salz würzen.
3. Tauchen Sie die Filets zuerst in das Mehl, dann in das Ei und dann in das zerfallene abgestandene Brot (im Ofen gebacken). Mit nativem Olivenöl extra, Salz und Pfeffer würzen.
4. Panierte Filets in Öl legen und bei 180 ° braten, dann mit Salz abschmecken.

Für die Auberginen und Zucchini

1. Waschen Sie die Auberginen und Zucchini, schneiden Sie sie getrennt in sehr kleine Würfel und entfernen Sie den grünen Keim.
2. Das Öl in einer beschichteten Pfanne erhitzen, die Auberginen mit der Hälfte des Knoblauchs, einigen Majoranblättern vermengen und würzen. Gleiches Verfahren für die Zucchini.
3. Legen Sie die Auberginen und Zucchini auf den Boden der Ringform, legen Sie das Filet darüber, 2 Medaillons pro Person, und servieren Sie es heiß.

Nährwerte:

Kalorien: 300 kcal | Kohlenhydrate: 12g | Protein: 6 g | Fett: 9 g |

12.10 Gämselende mit Pilzen

Zutaten:

800 g Gämsenlende

80 g natives Olivenöl extra

50 g Karottenwürfel

50 g Selleriewürfel

30 g Zwiebelwürfel

1 Knoblauchzehe

400 ml frisches Tomatenpüree

100 ml Milch

300 g Champignonpilze

Petersilie nach Geschmack

Salz und Pfeffer nach Geschmack

Zubereitung:

1. Reinigen Sie das Gämsenfleisch, entfernen Sie alles Fett.
2. Das Fleisch bei starker Hitze in einer beschichteten Pfanne anbraten. Das Olivenöl in einem Topf erhitzen und den Knoblauch, die Zwiebel, den Sellerie und die Karotte anbraten.
3. Das Fleisch vorsichtig hinlegen, das Tomatenpüree dazugeben und zum Kochen bringen. Abdecken und bei schwacher Hitze ca. 10 Minuten kochen lassen.
4. Milch hinzufügen und mit Salz und Pfeffer würzen.

Nährwerte:

Kalorien: 325 kcal | Kohlenhydrate: 9g | Protein: 12 g | Fett: 7 g |

12.11 Gämsefleisch „Straccetti"

Zutaten:

12 dünne Scheiben Gämsenfleisch

Brühe nach Geschmack

200 g Champignon Pilze

150 g Erdbeeren

Salz und schwarzer Pfeffer nach Geschmack

Majoran nach Geschmack

Zitronensaft nach Geschmack

Natives Olivenöl extra nach Geschmack

Zubereitung:

1. Kochen Sie die Fleischscheiben mit einer Kochzange einige Sekunden lang in der heißen Brühe an.
2. Das Fleisch in kleine Streifen schneiden.
3. Die Pilze putzen und in sehr dünne Scheiben schneiden.
4. Waschen Sie die Erdbeeren mit Wasser und schneiden Sie sie in sehr dünne Scheiben.
5. Kombinieren Sie in einer Schüssel Pilze, Erdbeeren und Gämsenstreifen. Fügen Sie einige Tropfen Zitrone, Majoran, Salz, Pfeffer und Olivenöl hinzu.

Nährwerte:

Kalorien: 112 kcal | Kohlenhydrate: 3g | Protein: 2 g | Fett: 2 g |

12.12 Gämsefleischbälle

Zutaten:

400 g Gämsenfleisch zu Hackfleisch verarbeitet

1 Knoblauchzehe

2 Eier

80 g Parmesan

125 g leichter Joghurt

Semmelbrösel nach Geschmack

Misticanza (gemischter Salat) nach Geschmack

Majoran nach Geschmack

Salz und Pfeffer nach Geschmack

Zubereitung:

1. Das Gämse Hackfleisch, die Eier, den Parmesan und den Majoran hinzufügen. Mit Salz und Pfeffer würzen.

2. Formen Sie die Fleischbällchen und rollen Sie sie in die Semmelbrösel, bräunen Sie sie in einer beschichteten Pfanne an und legen Sie sie mit Backpapier auf ein Backblech. Dann 15 Minuten lang bei 180 ° backen.

3. Gießen Sie den Joghurt in eine Servierplatte, legen Sie die Fleischbällchen hinein und garnieren Sie sie mit Misticanza-Salat, gewürzt mit Salz.

Nährwerte:

Kalorien: 122 kcal | Kohlenhydrate: 9g | Protein: 4 g | Fett: 7 g |

12.13 Gämse Steak

Zutaten:

Rückensteak von der Gams

Butter

Zwei Knoblauchzehen

Pasta nach Belieben

Basilikum Pesto

Zubereitung:

1. Heizen Sie den Ofen auf 180 ° C vor. Das Gemüse in Stücke schneiden und in einen gut geölten Teller im Ofen legen. Bringen Sie Wasser auf dem Herd für die Nudeln zum Kochen. Schneiden Sie den Knoblauch in Scheiben und stechen Sie mit einem scharfen Messer in das Gämsenrückensteak und schieben Sie den Knoblauch in das Fleisch.

2. Sobald das Wasser kocht, fügen Sie die Nudeln hinzu, stellen Sie jetzt gleichzeitig das hintere Steak auf die Hitze. Verwenden Sie dazu eine Pfanne in die Sie etwas Öl gegeben haben.

3. Drehen Sie das Steak zweimal in die eine und dann zweimal in die andere Richtung.

4. Dann die Nudeln auf dem Wasser nehmen.

5. Fügen Sie zwei gehäufte Esslöffel Pesto hinzu und rühren Sie es gut um.

6. Geben Sie dann das Steak zusammen mit den Nudeln und dem Pesto auf die Teller.

Nährwerte:

Kalorien: 215 kcal | Kohlenhydrate: 8g | Protein: 6 g | Fett: 8 g |

Nachwort

Vielen Dank dass sie sich für unser Kochbuch entschieden haben.

Wir hoffen das die Rezepte euch gefallen und geschmeckt haben.

Des Weiteren hoffen wir das ihr auch viel Freude mit eurem Kessel habt und viel entspannte Stunden beim Kochen habt.

Wenn euch unser Buch gefallen hat dann würden wir uns freuen, wenn ihr unser Kochbuch weiterempfehlen würdet und uns ein Feedback in Form einer Bewertung hinterlassen würdet.

Quellen

shutterstock.com

Cover Design

Zusammenstellung: fivver.com

Rechtliches

- Impressum:

Sebastian Dorfmeier

- Vertreten durch:

Matthias Gamsjäger Internetmarketing | Markenschlagrotte 39| 3213 Frankenfels | Österreich | Telefon: +436647644927 | E-Mail: gamsjaeger.office@gmail.com

• **Online-Streitbeilegung:**

Die Europäische Kommission stellt unter https://ec.europa.eu/consumers/odr/ eine Plattform zur Online-Streitbeilegung bereit, die Verbraucher für die Beilegung einer Streitigkeit nutzen können und auf den weiteren Informationen zum Thema Streitschlichtung zu finden sind.

• **Außergerichtliche Streitbeilegung:**

Wir sind weder verpflichtet noch dazu bereit, im Falle einer Streitigkeit mit einem Verbraucher an einem Streitbeilegungsverfahren vor einer Verbraucher-Schlichtungsstelle.

Haftungsausschluss

Die Benutzung dieses Taschen- bzw. E-Books und die Umsetzung der darin vermittelten Informationen erfolgt ausdrücklich auf eigenes Risiko. Der Autor kann für Unfälle und Schäden jeder Art, die sich durch die Umsetzung dieses Buches ergeben, aus keinem Rechtsgrund eine Haftung übernehmen. Haftungsansprüche gegen den Autor für Schäden materieller und ideeller Art, die durch die Nutzung, Nichtnutzung oder inkorrekte Nutzung der Informationen bzw. durch die Nutzung fehlerhafter und/oder unvollständiger Informationen verursacht wurden, sind grundsätzlich ausgeschlossen. Rechts- und auch Schadensersatzansprüche sind ebenso ausgeschlossen.

Das Buch, inklusive aller Inhalte und Tipps, wurde unter größter Sorgfalt erarbeitet. Der Verlag und der Autor übernehmen dabei jedoch keine Gewährleistung für die Aktualität, Korrektheit, Vollständigkeit und Qualität der bereitgestellten Informationen. Druckfehler und Falschinformationen können nicht zur Gänze ausgeschlossen werden. Der Autor übernimmt keine Haftung für die Aktualität, Richtigkeit und Vollständigkeit der Inhalte des Buches, ebenso nicht für etwaig vorhandene Druckfehler. Eine juristische Verantwortung sowie Haftung in irgendeiner Art für fehlerhafte Angaben und Informationen und daraus entstandenen Folgen kann vom Autor nicht übernommen werden.

Printed by Amazon Italia Logistica S.r.l.
Torrazza Piemonte (TO), Italy